Hello Coding
워드처럼 쉬운 웹사이트 만들기
HTML5+CSS3

황재호 지음

Hello Coding HTML5+CSS3 : 워드처럼 쉬운 웹사이트 만들기

초판 1쇄 발행 2018년 3월 2일
초판 4쇄 발행 2021년 3월 29일

지은이 황재호 / **펴낸이** 김태헌
펴낸곳 한빛미디어(주) / **주소** 서울시 서대문구 연희로2길 62 한빛미디어(주) IT출판부
전화 02-325-5544 / **팩스** 02-336-7124
등록 1999년 6월 24일 제25100-2017-000058호
ISBN 979-11-6224-050-2 94000, 978-89-6848-352-3(세트) 94000

총괄·책임편집 전정아 / **기획** 조희진 / **편집** 조경숙 / **진행** 김선우
디자인 김연정 / **일러스트** YONZ / **전산편집** 이경숙
영업 김형진, 김진불, 조유미 / **마케팅** 박상용, 송경석, 조수현, 이행은, 고광일 / **제작** 박성우, 김정우

이 책에 대한 의견이나 오탈자 및 잘못된 내용에 대한 수정 정보는 한빛미디어(주)의 홈페이지나 아래 이메일로
알려주십시오. 잘못된 책은 구입하신 서점에서 교환해 드립니다. 책값은 뒤표지에 표시되어 있습니다.

한빛미디어 홈페이지 www.hanbit.co.kr / 이메일 ask@hanbit.co.kr

Published by HANBIT Media, Inc. Printed in Korea
Copyright © 2018 황재호 & HANBIT Media, Inc.

이 책의 저작권은 황재호와 한빛미디어 (주)에 있습니다.
저작권법에 의해 한국 내에서 보호를 받는 저작물이므로 무단 전재와 복제를 금합니다.

지금 하지 않으면 할 수 없는 일이 있습니다.
책으로 펴내고 싶은 아이디어나 원고를 메일(writer@hanbit.co.kr)로 보내주세요.
한빛미디어(주)는 여러분의 소중한 경험과 지식을 기다리고 있습니다.

프로그래밍이 처음이라면,
Hello Coding!

Hello Coding?

프로그래밍이 처음인가요? 배운 적은 있지만, 재미를 느끼지 못했다고요?

그래서 〈Hello Coding〉 시리즈를 준비했습니다!

이 시리즈의 목표는 '쉽고', '재미있게', '끝까지' 책을 읽는 데 있습니다.

이 책 한 권으로 프로그래밍의 고수가 될 수는 없겠지만, 프로그래밍의 재미는

확실하게 느낄 수 있을 겁니다.

이제 시작해 볼까요?

👉 누가 이 책을 읽어야 하나요?

+ 프로그래밍을 전혀 경험해보지 못한 비전공자 (중/고등학생, 대학생, 일반인)
+ 블로그를 직접 꾸며보고 싶은 사람
+ 웹 개발을 처음 접하는 사람

👉 모던 웹 개발자로 거듭나기

이 책을 마치고 웹 개발에 흥미가 생겼다면 이런 책을 더 읽어보세요.

HTML5와 CSS3 심화 과정

웹 표준을 적용한 480개의 코드로 배우는
웹 페이지 제작의 모든 것
모던 웹을 위한 HTML5+CSS3 바이블 3판

윤인성 지음 / 632쪽

파이썬으로 시작하는 웹 프로그래밍

Django(장고)로 배우는 쉽고 빠른 웹 개발
파이썬 웹 프로그래밍, 기본편

김석훈 지음 / 368쪽

파이썬으로 시작하는 웹 프로그래밍 심화 과정

실무 활용 능력을 키워주는 예제
파이썬 웹 프로그래밍, 실전편

김석훈 지음 / 492쪽

프로그래밍이 처음이라면,
Hello Coding!

✌ 혼자 공부하다 궁금증이 생겼다면?

책을 열심히 봤는데도 이해가 되지 않는다고요? 프로그래밍도 처음인데, 주변에 물어볼 사람도 없다면 저자의 〈코딩스쿨〉사이트를 찾아주세요.

입문자도 쉽게 배울 수 있도록 Q&A 게시판을 운영합니다. 언제든지 질문하세요!

http://codingschool.info/

🤟 소스 코드 내려받기

다음과 같은 방법으로 다운로드 받을 수 있습니다. 또는 http://series.hanbit.co.kr로 접속해서 'Hello Coding x 첫걸음 시리즈'를 클릭한 다음 'Hello Coding HTML5+CSS3' 도서를 선택해도 됩니다.

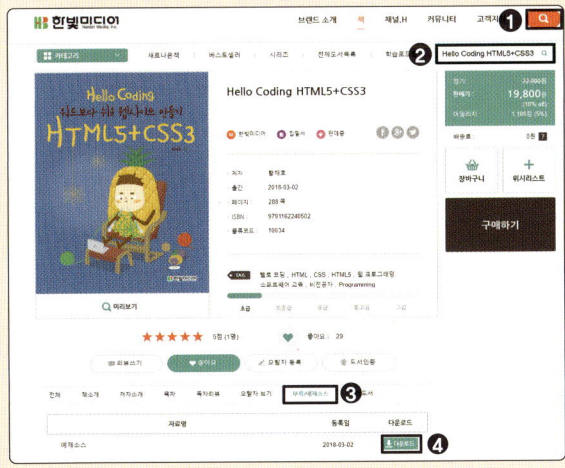

1
한빛미디어(www.hanbit.co.kr)에 접속하여 ❶ [검색] 버튼을 클릭하고 ❷ 'Hello Coding HTML5+CSS3'라고 입력합니다.

2
2. 'Hello Coding HTML5+CSS3' 도서를 선택하면 왼쪽과 같은 화면이 나타납니다. ❸ [부록/예제소스] 메뉴를 클릭하고 예제소스 ❹ [다운로드] 버튼을 눌러서 예제소스를 내려받으세요. 자세한 사항은 본문 5쪽을 참고하세요.

{
실습에 필요한 프로그램
+ 서브라임 텍스트(본문 13쪽)   https://www.sublimetext.com
+ 크롬(본문 14쪽)   https://www.google.co.kr/chrome/browser/desktop/index.html
}

{ 학습로드맵 }

'쉽고', '재미있게', '끝까지'

① { HTML 정의 }
- ☑ HTML과 웹 브라우저
- ☐ 실습 환경 준비
- ☐ HTML 문서 구조 이해
- ☐ CSS 정의

④ { 테이블 }
- ☐ 테이블 삽입
- ☐ 테이블의 행과 열 합치기

③ { 멀티미디어와 링크 }
- ☐ 이미지 삽입과 속성 – ⟨img⟩ 태그
- ☐ 오디오 삽입 – ⟨audio⟩ 태그
- ☐ 비디오 삽입 – ⟨video⟩ 태그
- ☐ 링크 – ⟨a⟩ 태그

⑤ { 폼 양식 }
- ☐ 텍스트와 비밀번호 입력 창
- ☐ 라디오 버튼과 체크 박스
- ☐ 파일 선택 창과 선택 박스
- ☐ 다중 입력 창과 버튼

② { 글자 관련 태그 }
- ☐ 글 제목 – ⟨h1⟩~⟨h6⟩
- ☐ 단락 – ⟨p⟩
- ☐ 글자 두껍게 – ⟨b⟩
- ☐ 줄바꿈과 공백 삽입 – ⟨br⟩
- ☐ 목록 – ⟨ul⟩, ⟨ol⟩, ⟨li⟩
- ☐ HTML 문서 설명

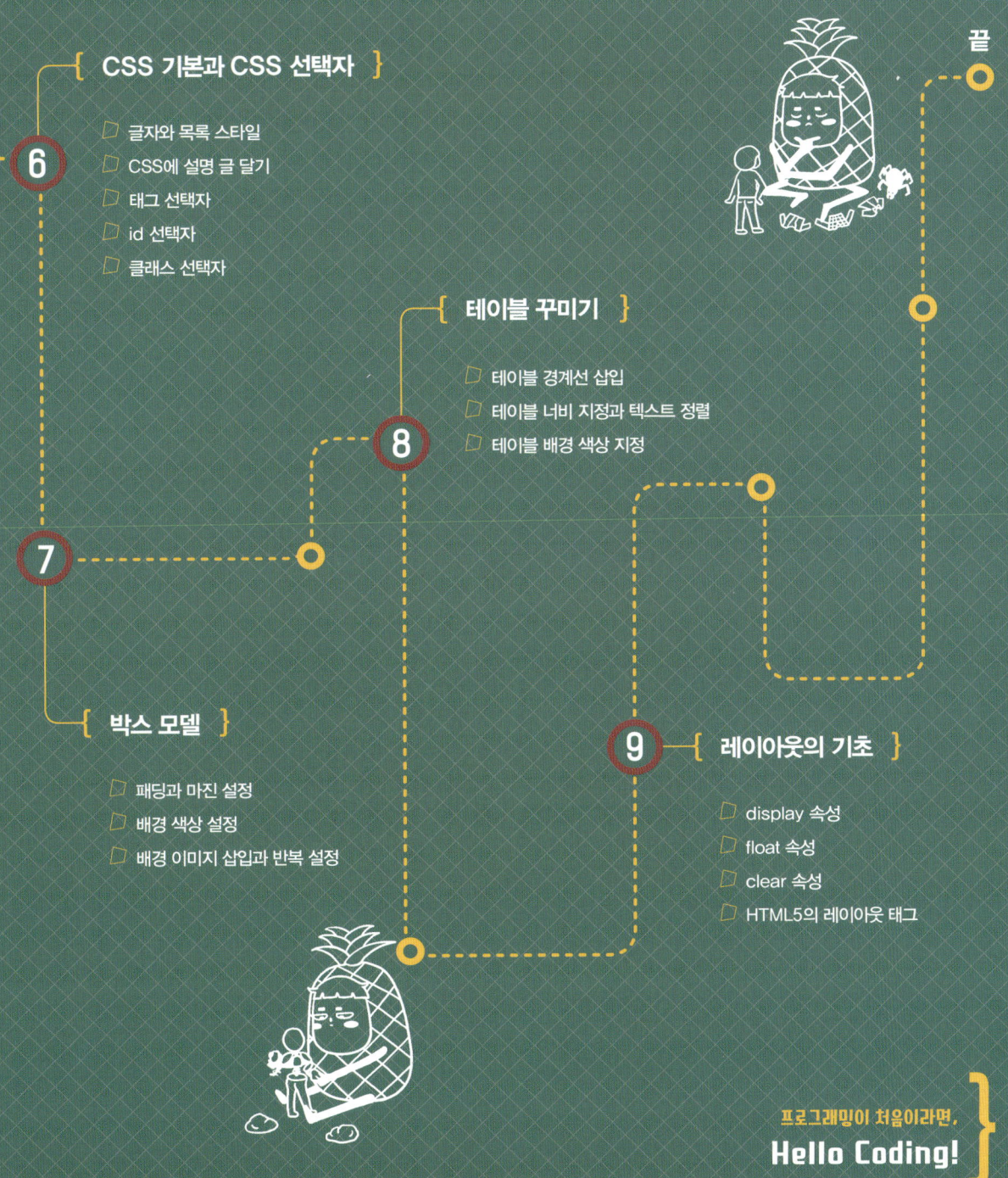

이 책의 구성

{ 이 책은 입문자가 쉽게 읽고 따라 할 수 있도록 구성했습니다. 본문 내용은 단계별로 전개되며, 새로운 개념이 나오면 바로바로 설명하거나 어느 장에 설명되어 있는지 언급해두었습니다.
또, 핵심 개념을 확실히 익힐 수 있도록 퀴즈와 프로젝트를 추가했습니다. }

프로젝트
각 장에서 배운 내용을 기반으로 간단한 웹사이트를 단계별로 만드는 법을 설명합니다. 이 내용을 통해 학습 사항을 복습할 수 있습니다.

이 장에서 배울 내용
이 장에서 앞으로 배울 내용에 대해 한눈에 파악할 수 있습니다.

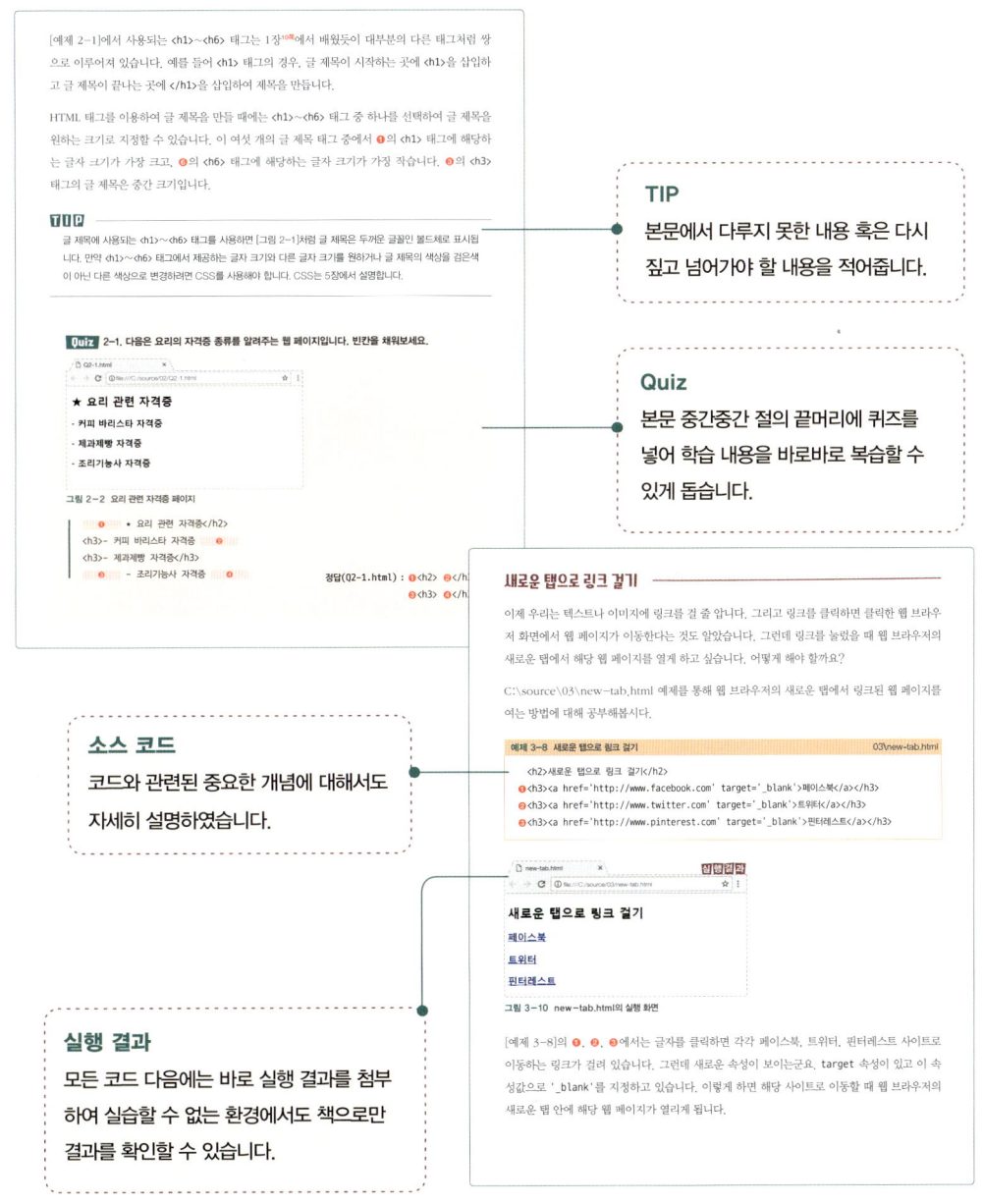

저자의 글

오바마 전 미국 대통령이 코딩 교육을 강조하면서 미국은 물론이고 전 세계에서 조기 코딩 교육 열풍이 불고 있습니다. 우리나라 역시 2018년부터 초·중·고등학교에서 코딩을 의무적으로 가르치고 있습니다. 이에 따라 코딩 교육용 프로그램인 스크래치와 엔트리 등 관련 서적이 많이 출간되고 있습니다. 하지만 웹 분야에 관련해서는 초·중·고등학생이나 비전공 일반인을 대상으로 한 책과 콘텐츠가 절대적으로 부족한 실정입니다.

학생들과 비전공자들이 쉽고 재미있게 코딩을 배울 수 있는 분야 중 하나가 웹 프로그래밍인데 말입니다.

웹과 웹 프로그래밍의 기본이 되는 HTML과 CSS는 웹 프로그래밍을 직업으로 하려는 사람뿐만 아니라 웹 디자이너나 웹에 관심 있는 일반인들에게도 알아 두면 도움이 되는 컴퓨터 언어입니다. 이 책은 앞서와 같은 다양한 이유로 HTML과 CSS를 이제 막 시작하려고 하는 학생이나 비전공, 일반인을 대상으로 집필하였습니다. 즉, 처음 시작하는 사람들을 위해 아주 쉽고 재미있게 끝까지 완독할 수 있도록 다양한 예제 실습을 준비하였습니다. 이러한 실습을 따라 해 보면서 자연스럽게 HTML과 CSS의 원리를 파악하고, 나아가 웹 페이지를 자유자재로 제작하기 위한 기초를 완성하는 데 목적이 있습니다.

저는 수년 동안 다양한 사람들을 대상으로 웹 디자인과 프로그래밍 강의를 진행하면서 누구나 쉽고 재미있게 HTML과 CSS를 배울 수 있는 책의 필요성을 절감했습니다. 어떻게 하면 어린 학생들을 비롯하여 프로그램을 전혀 알지 못하는 일반인들까지도 HTML과 CSS의 원리를 더욱더 쉽게 파악하고 이해하여 실제 웹 페이지까지 제작할 수 있을지 고민한 끝에 이 책을 집필하기로 마음 먹었습니다.

이 책은 장마다 새로운 실습 예제를 담아 지루할 틈 없이 쉽고 재미있게 이해할 수 있도록 구성하였고 장 중간중간에 다양한 퀴즈를 준비하여 복습까지 할 수 있도록 하였습니다. 또한, 각 장이 끝날 때마다 주어진 웹 페이지 제작 미션을 조건에 맞춰 수행해보도록 프로젝트식 연습 문제를 수록했습니다. 아무쪼록 이 책으로 공부하는 독자들이 HTML과 CSS의 기본과 웹 페이지 제작의 기초를 확립하는 데 도움이 되기를 간절히 바랍니다.

끝으로 이 책이 출간될 수 있도록 많은 도움을 아끼지 않은 조희진 님을 비롯한 한빛미디어 관계자분들께 감사의 인사를 전합니다. 그리고 편안하게 집필에 전념할 수 있도록 도움을 준 아내와 원고 검토에 많은 도움을 준 딸 리니에게 사랑의 마음을 전합니다.

| 2018년 봄 언저리에, 황재호 올림

{ Contents }

Part 1 HTML 기본기 다지기

chapter 1 HTML이란?

HTML과 CSS는 웹사이트를 꾸미는 뼈대와 살입니다. 이제 뼈대를 만들 준비를 해볼까요?

01 HTML과 웹 브라우저 알아보기 -- 4
　　HTML의 작동 원리 -- 4
　　웹 브라우저 -- 10

02 실습 준비하기 -- 12
　　편집기 설치하기 -- 12
　　웹 브라우저 설치하기 -- 14
　　HTML 문서 작성하고 실행해보기 -- 15

03 HTML 문서 구조 이해하기 -- 19

04 CSS 맛보기 -- 22

 요점 정리 -- 25

chapter 2 글자 관련 태그를 익혀보자

문단을 나누고 글자에 색칠하고 힘을 줘볼까요?

01 글 제목 만들기 – ⟨h1⟩~⟨h6⟩ 태그 -- 28

02 단락 나누기 – ⟨p⟩ 태그 -- 30

03 글자 두껍게 하기 – ⟨b⟩ 태그 -- 31

04 줄바꿈과 공백 삽입하기 – ⟨br⟩ 태그 -- 33

05 목록 만들기 – ⟨ul⟩, ⟨ol⟩, ⟨li⟩ 태그 -- 37
　　순서가 없는 ⟨ul⟩, ⟨li⟩ 태그를 이용한 목록 -- 37
　　순서가 있는 ⟨ol⟩, ⟨li⟩ 태그를 이용한 목록 -- 38

06 HTML 문서에 설명 글 달기 -- 40

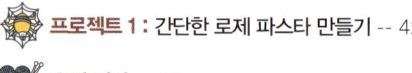 프로젝트 1 : 간단한 로제 파스타 만들기 -- 42

 요점 정리 -- 44

{ Contents }

chapter 3
멀티미디어와 링크에 대해 알아보자

이제 웹사이트에 동영상과 그림, 음악을 추가해봅시다.

01 이미지 삽입하기 – <img> 태그 -- 46

02 <img> 태그의 속성 알아보기 -- 49

03 오디오 삽입하기 – <audio> 태그 -- 53

04 비디오 삽입하기 – <video> 태그 -- 55

05 링크 걸기 – <a> 태그 -- 57
    링크란? -- 57
    새로운 탭으로 링크 걸기 -- 60

 프로젝트 2 : 이미지, 소리, 비디오 보여주기 -- 62

 요점 정리 -- 64

chapter 4
테이블과 폼 양식을 만들어보자

일정(스케줄)표를 만들어보고 싶어요.

01 테이블 삽입하기 -- 68

02 테이블의 행과 열 합치기 -- 71

 프로젝트 3 : 태풍 정보 -- 74

03 폼 양식이란? -- 76

04 텍스트와 비밀번호 입력 창 만들기 -- 78

05 라디오 버튼과 체크 박스 만들기 -- 80

06 파일 선택 창 만들기 -- 82

07 선택 박스 만들기 -- 83

08 다중 입력 창 만들기 -- 84

09 버튼 만들기 -- 85

 프로젝트 4 : 문의 게시판 글쓰기 -- 88

 요점 정리 -- 91

{ Contents }

Part 2 CSS 기초와 응용

chapter 5
CSS 기본을 다지자

드디어 CSS입니다.
이제부터 웹사이트에
살을 붙일 겁니다.

01 CSS란? -- 96

02 글자 스타일 지정하기 -- 99

03 목록 스타일 지정하기 -- 105
   목록의 글머리 형태 변경하기 -- 105
   목록의 글머리 이미지 삽입하기 -- 107

04 CSS에 설명 글 달기 -- 109

 프로젝트 5 : 루바토 펜션 안내 -- 111

 요점 정리 -- 114

chapter 6
CSS 선택자에 대해 알아보자

꾸며주려는 영역을
선택하는 방법을
알아봅시다.

01 CSS 선택자란? -- 116

02 태그 선택자 -- 119

03 id 선택자 -- 124

04 클래스 선택자 -- 128

 프로젝트 6 : 양평 국제 기타 페스티벌 -- 132

 요점 정리 -- 135

{ Contents }

chapter 7
레이아웃의 기초, 박스 모델을 이해하자

> 대체 웹사이트는 어떤 식으로 구성될까요? 레이아웃의 기초를 익혀 꾸며봅시다.

01 박스 모델이란? -- 138

02 경계선 그리기 -- 140

03 패딩과 마진 설정하기 -- 144
　　패딩 설정하기 -- 144
　　마진 설정하기 -- 146

04 패딩과 마진 초기화하기 -- 149

 프로젝트 7 : 주말 야간 개장 안내 -- 155

 요점 정리 -- 158

chapter 8
배경 색상과 이미지를 설정해보자

> 웹사이트의 배경을 꽃무늬로 꾸며보겠습니다.

01 배경 색상 설정하기 -- 160

02 배경 이미지 삽입하기 -- 163

03 배경 이미지 반복 설정하기 -- 165

 프로젝트 8 : 봄맞이 세일 -- 169

 요점 정리 -- 171

chapter 9
테이블을 꾸며보자

> 4장에서 만들었던 표도 조금 더 보기 좋게 만들어봅시다.

01 테이블 경계선 그리기 -- 174

02 테이블 너비 지정과 텍스트 정렬하기 -- 176

03 테이블 배경 색상 지정하기 -- 178

 프로젝트 9 : 일정(스케줄)표 -- 182

 요점 정리 -- 190

{ Contents }

Part 3 레이아웃과 포토 강좌 페이지 제작하기

chapter 10 레이아웃의 기초를 다지자

이제 준비가 됐습니다. 드디어 나만의 레이아웃을 만들어봅시다.

01 레이아웃이란? -- 194

02 display 속성 -- 197

03 float 속성 -- 202

04 clear 속성 -- 206

 프로젝트 10 : 판매 도서 목록 -- 211

 요점 정리 -- 215

chapter 11 웹 페이지 레이아웃에 대해 알아보자

10장에서 만든 레이아웃을 조금 더 다듬어 볼까요?

01 HTML5의 레이아웃 태그 -- 218

02 전체 웹 페이지 레이아웃 -- 222

03 상단 헤더와 내비게이션 메뉴 레이아웃 -- 225
  Step1. 상단 헤더 레이아웃 -- 225
  Step2. 내비게이션 메뉴 레이아웃 -- 227

04 콘텐츠 영역과 사이드바 레이아웃 -- 230

05 하단 푸터 레이아웃 -- 232

06 전체 웹 페이지 레이아웃 완성하기 -- 234

 요점 정리 -- 238

{ Contents }

chapter 12
포토 아카데미 페이지를 만들어보자

지금까지 배운 내용을 기반으로 드디어 완성된 페이지를 만들거에요.

01 실습용 포토 아카데미 페이지 소개 -- 240

02 웹 페이지 기본 틀 만들기 -- 242

03 상단 헤더 만들기 -- 245

04 메인 이미지 만들기 -- 248

05 서브 메뉴와 메인 콘텐츠 만들기 -- 251

06 하단 푸터 만들기 -- 255

07 소스 정리하여 완성하기 -- 257

 요점 정리 -- 264

PART 1
HTML 기본기 다지기

1부에서는

1부에서는 HTML의 기본을 다질 겁니다. HTML의 기본 원리부터 그림이나 동영상을 삽입하는 방법, 간단한 표를 만드는 방법 등을 설명합니다. 각 장에서 배울 내용을 먼저 살펴보겠습니다.

1장에서는 HTML의 작동 원리, 웹 브라우저의 역할, 책의 예제를 실습하는 데 필요한 프로그램의 설치법, HTML 문서 구조, CSS 맛보기 등에 대해 공부합니다. 2장에서는 글 제목과 단락 나누기, 글자 두껍게 하기, 줄 바꿈과 공백 삽입하기, 목록 만들기, HTML 문서에 설명 글 달기 등 글자에 관련된 HTML 태그에 대해 알아봅니다.

3장에서는 웹 페이지에 이미지를 삽입할 때 사용되는 `<img>` 태그, 오디오와 비디오를 삽입할 때 사용되는 `<audio>`와 `<video>` 태그 그리고 웹 페이지에서 링크 거는 방법 등을 익힙니다. 1부 마지막 4장에서는 웹 페이지에서 사용되는 테이블, 회원 가입과 로그인 등에서 사용되는 텍스트 입력 창, 체크 박스, 라디오 버튼 등의 폼 양식에 대해 알아봅니다.

chapter 1
HTML이란?

1장에서는

HTML과 CSS는 웹사이트, 즉 홈페이지를 만드는 가장 기본 요소입니다. HTML은 홈페이지의 뼈대를 만들고 CSS는 살을 붙여 홈페이지를 좀 더 보기 좋게 만듭니다.

1장에서는 먼저 HTML의 작동 원리, 웹 브라우저, HTML 문서 구조에 대해 알아보겠습니다. 그리고 실습에 필요한 프로그램을 설치하겠습니다. 끝으로 간단한 CSS 실습을 통해서 CSS의 역할을 설명하려 합니다.

학습목표

+ HTML 작동 원리 익히기
+ 웹 브라우저 이해하기
+ 실습 프로그램 설치와 실습 준비하기
+ HTML 문서 구조 알아보기
+ CSS 맛보기

HTML과 웹 브라우저 알아보기

학습을 시작하기 전에 먼저 HTML의 뜻과 작동 원리에 대해 알아봅시다. 그리고 학습에 필요한 것이 무엇인지 알아봅시다.

HTML의 작동 원리

HTML은 'HyperText Markup Language'의 약어로 홈페이지의 각 화면, 즉 웹 페이지를 만드는 데 가장 기본으로 사용되는 마크업 언어입니다. 현재 HTML의 최신 버전은 HTML5이며 2014년 10월에 표준안이 확정되었습니다. HTML로 이루어진 파일은 HTML 문서라고 흔히 부르며 확장자는 '.html' 또는 '.htm'입니다.

> **TIP 마크업Markup이란?**
>
> 문서의 구조와 정보를 분류할 수 있도록 문서에 추가하는 정보 혹은 행위를 의미합니다. 예를 들면 글의 제목을 지정하고 문단을 나누는 일 등을 의미합니다. 문서에 이런 정보를 추가하는 게 바로 마크업 언어입니다.
>
> 마크업 언어로는 HTML 외에도 XML이나 TEX 등이 있으며 웹의 확산으로 가장 널리 퍼진 마크업 언어는 HTML입니다.

우리는 평소에 한글 파일(.hwp)은 한컴오피스 프로그램으로, 워드 파일(.doc)은 마이크로소프트 오피스 프로그램으로 내용을 확인합니다. 마찬가지로 컴퓨터에서 HTML 문서를 확인할 때는 웹 브라우저를 사용합니다.

그럼 웹 브라우저란 무엇일까요? 평상시 우리는 컴퓨터로 네이버나 홈페이지 등을 접속할 때 인터넷 익스플로러Internet Explorer나 Chrome크롬 등을 사용합니다. 이때 사용하는 게 바로 웹 브라우저입니다. 자, 그럼 지금부터 HTML이 어떤 형태로 존재하며 어떻게 우리가 이 HTML 문서, 즉 웹 페이지를 컴퓨터 화면에서 볼 수 있는지 간단한 예제를 살펴보며 공부해봅시다.

TIP 예제소스 내려받기

1 웹 브라우저에서 ① http://www.hanbit.co.kr에 접속합니다.

2 상단의 검색 아이콘(② 🔍)을 눌러 ③ 'Hello Coding HTML5+CSS3'를 입력하고 검색 결과에서 해당 도서를 클릭합니다.

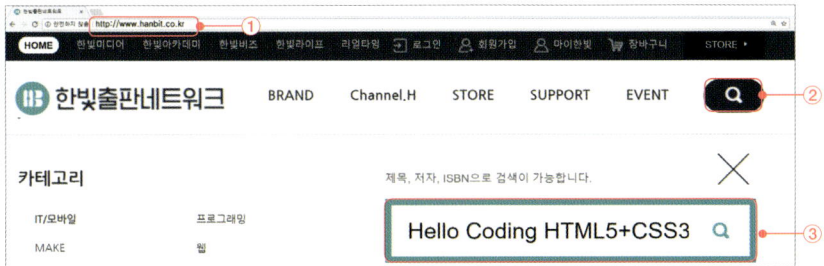

3 도서 하단의 메뉴 중 ④ '부록/예제소스'를 누른 다음 ⑤ '다운로드' 버튼을 누르세요.

4 내려받은 source.zip 파일을 더블클릭한 다음 탐색기 상단의 ⑥ '압축 풀기'를 눌러주세요.

5 '압축을 풀어서 다음 폴더에 저장(F):'에 ⑦ 'C:\source\'를 입력한 다음 ⑧ '압축 풀기'를 누르세요.

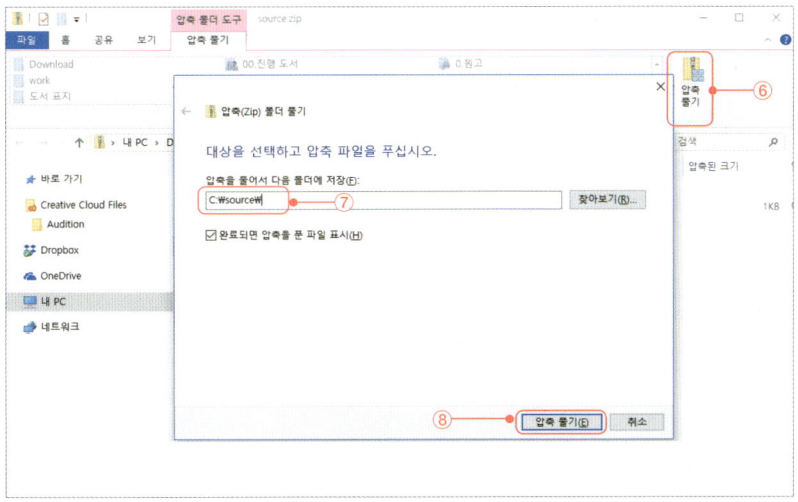

chapter 1 HTML이란? 5

먼저 윈도우 탐색기를 열어 책과 같이 제공된 source.zip 파일을 푼 폴더로 이동하겠습니다. 앞서 설명한 대로[5쪽] C: 드라이브 바로 밑에 source.zip 파일을 풀어두었겠죠? 다음의 [그림 1-1]은 C: 드라이브의 source\01 폴더 안의 HTML 파일인 fish.html을 메모장과 웹 브라우저로 각각 열어본 화면입니다.

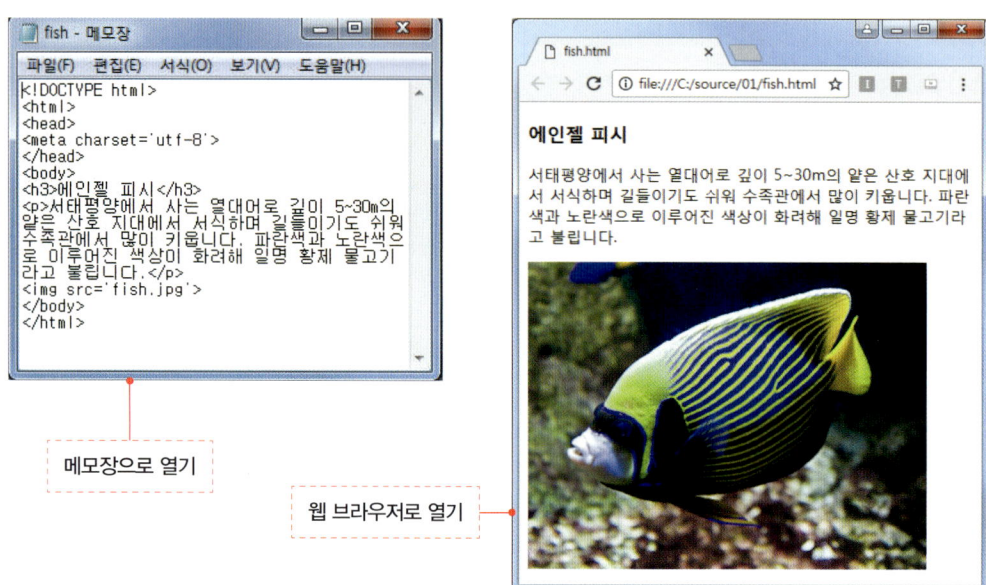

그림 1-1 메모장(왼쪽)과 웹 브라우저(오른쪽)로 연 HTML 문서

HTML 파일인 fish.html을 메모장과 웹 브라우저로 여는 방법을 모르시나요? 그럼 다음 그림과 같이 해보세요.

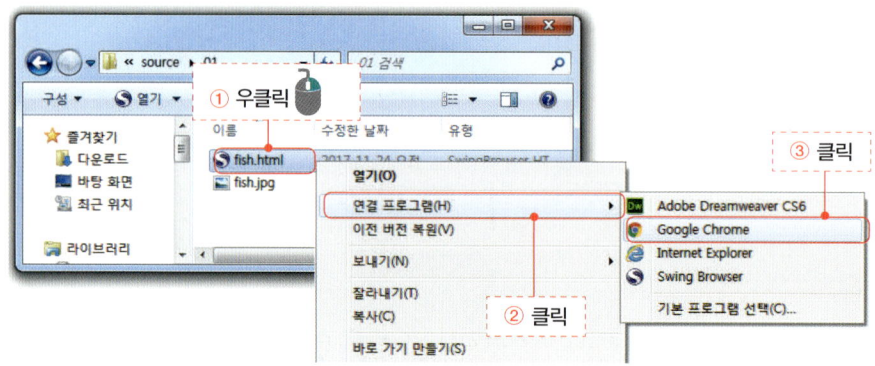

그림 1-2 폴더에 존재하는 HTML 문서(fish.html)

윈도우 탐색기에서 C:\source\01 폴더를 열어봅시다. 그다음 ① 'fish.html' 파일을 선택하고 마우스의 오른쪽을 클릭하세요. 클릭했을 때 오른쪽으로 보이는 메뉴 중 ② '연결 프로그램(H)'을 클릭하세요. 다시 오른쪽에 메뉴가 보이면 ③ 'Google Chrome'을 클릭하세요.

> **TIP**
> 간혹 키보드에 \역슬래시 키가 없거나 입력했더니 ₩원화 기호로 보이는 일이 있을 겁니다. \는 ₩와 같은 키입니다. 두 기호는 서로 같은 역할을 하니 혹시 \가 ₩로 보여도 걱정하지마세요. 이 책에서는 \로 통일했습니다.

Google Chrome이 없는 독자는 14쪽을 참고해서 프로그램을 설치하고 계속 따라 하길 바랍니다. 이 책은 Chrome을 기준으로 설명합니다. 앞으로 Chrome은 발음 그대로 크롬으로 표기하겠습니다.

이제 [그림 1-1]의 오른쪽처럼 크롬으로 fish.html 파일을 열어볼 수 있습니다. 다시 한번 윈도우 탐색기에서 fish.html을 더블클릭해보세요.

> **TIP** 파일 확장자 보기
>
> fish.html에서 '.html'을 우리는 파일 확장자라고 부릅니다. 만약 [그림 1-2]의 fish.html에서 'fish'만 보이고 '.html'인 파일 확장자가 보이지 않을 때는 오른쪽 그림처럼 따라 해주세요.
>
> [그림 1-3]에서와 같이 ③ '알려진 파일 형식의 파일 확장명 숨기기'에서 ✓ 표시를 지우고 ④ 적용을 눌러주세요.
>
> ※윈도우 10 사용자는 24쪽을 참고하세요.

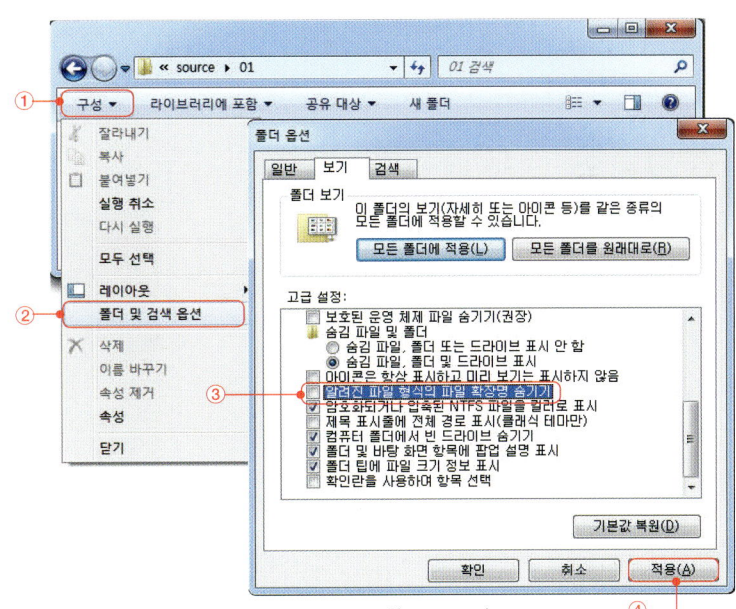

그림 1-3 폴더에 존재하는 HTML 문서(fish.html)

홈페이지는 보통 하나 이상의 웹 페이지로 구성됩니다. 웹 페이지는 HTML 문서이며 [그림 1-1]의 왼쪽 그림처럼 메모장 같은 편집기로 제작할 수 있습니다. 당연히 HTML 문서는 HTML 문법에 따라 작성하며 텍스트, 즉 글자로만 이루어졌습니다. 웹 브라우저는 이 텍스트로 이루어진 HTML 문서를 해석하여 [그림 1-1]의 오른쪽 그림처럼 화면에 보여줍니다.

[그림 1-1]의 오른쪽 그림에서 글 제목인 '에인젤 피시'는 두꺼운 글자로 표시되어 있습니다. 그러면 [그림 1-1]의 왼쪽 메모장에서 이 부분을 찾아볼까요? <h3>에인젤 피시</h3>입니다. 글 제목의 앞뒤에 각각 <h3>와 </h3>가 사용되었습니다. 이 <h3>와 같은 것을 우리는 **'HTML 태그'** 라고 부릅니다.

<h3> 태그는 글 제목을 만드는 데 사용됩니다. 글 제목의 시작에 <h3>를 붙이고 글 제목의 끝에 </h3>를 붙여 사용합니다. 그러면 웹 브라우저는 <h3>와 </h3> 안에 있는 글자를 글 제목으로 인식하여 글 제목에 맞게 웹 브라우저에 표현합니다. 지금 보는 크기의 두꺼운 글자가 바로 <h3> 태그를 적용했을 때 표현하는 형식입니다. 다시 [그림 1-1]을 볼까요.

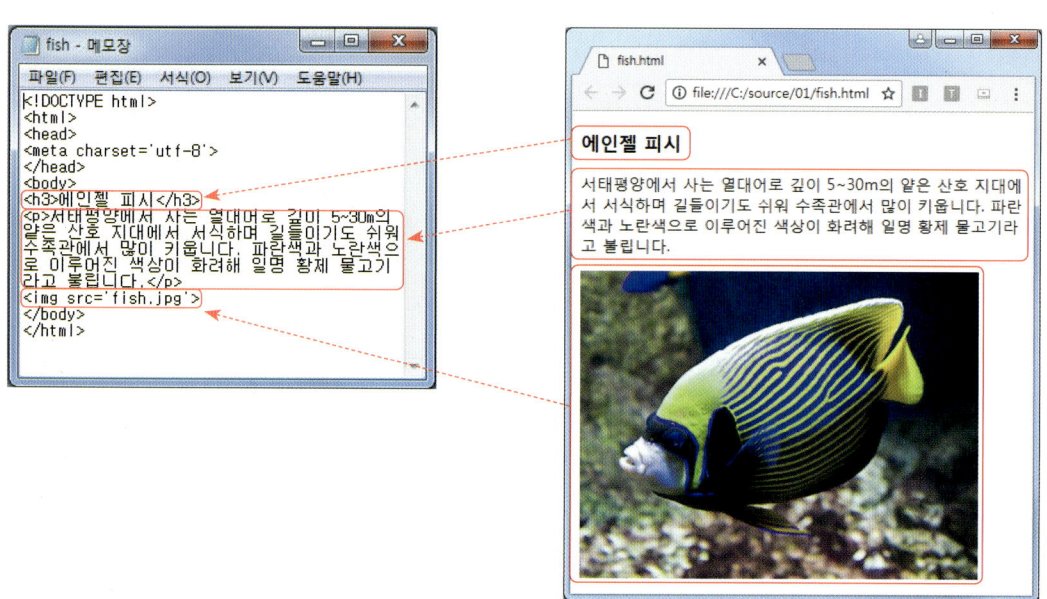

그림 1-1 메모장으로 연 HTML 문서(왼쪽)와 웹 브라우저로 연 HTML 문서(오른쪽)

[그림 1-1]의 오른쪽 웹 브라우저에서 단락 '서태평양에서 사는~물고기라고 불립니다.'는 왼쪽 메모장에서는 <p>서태평양에서 사는~물고기라고 불립니다.</p>입니다. 여기서 사용된 <p> 태그는 웹 페이지에서 단락을 만들 때 사용됩니다. 단락의 앞에 <p>를 붙이고 끝에는 </p>를 붙여 사용하는 식이지요.

그림 [그림 1-1]의 웹 브라우저에 보이는 물고기는 어떻게 삽입했을까요? [그림 1-1]의 왼쪽 메모장에서 보이는 <img src='fish.jpg'>가 바로 물고기 그림을 삽입한 문법입니다. <img> 태그는 딱 보니 image의 약자 같군요. <img> 태그는 이미지를 삽입하는 데 사용되며 src='fish.jpg'처럼 src에 이미지 파일 이름을 입력하면 됩니다. 여기서는 fish.jpg군요.

태그는 HTML의 명령어, 〈와 〉로 표현
<h3>, <p>, <img>

src와 같은 것을 우리는 HTML 태그의 '속성'이라고 부릅니다. 속성 src는 source의 약자입니다. 이제 src가 웹 페이지에서 삽입된 이미지 파일 이름을 지정한다는 것을 직관적으로 알 수 있겠지요?

잠깐 살펴본 <h3>, <p>, <img>를 HTML 태그라 했습니다. 태그^{tag}란 HTML에서 사용되는 명령어이며 홑화살괄호인 〈와 〉로 표현합니다. 우리가 HTML을 배운다는 것은 방금 봤던 <h3>, <p>, <img> 등의 HTML 태그의 사용법을 익히는 것을 말합니다.

Quiz 1-1. 다음은 HTML에 관한 설명입니다. 물음에 답하세요.

❶ HTML 문서의 파일 확장자 형태는 무엇인가요?

　가. *.hwp　　나. *.pptx　　다. *.html　　라. *.jpg

❷ HTML 태그에서 사용되는 기호는 무엇인가요?

　가. 〈 , 〉　　나. [,]　　다. { , }　　라. # , #

❸ HTML은 무엇의 약어인가요?

정답 : ❶ 다　❷ 가　❸ HyperText Markup Language

웹 브라우저

컴퓨터나 스마트폰으로 인터넷 홈페이지(또는 모바일 홈페이지)를 자주 접속하나요? 이렇게 우리가 홈페이지를 볼 때 사용하는 프로그램이 바로 [그림 1-4]의 웹 브라우저입니다. 웹 브라우저는 텍스트로 작성된 HTML 문서를 해석해서 웹 브라우저 화면에 보여줍니다.

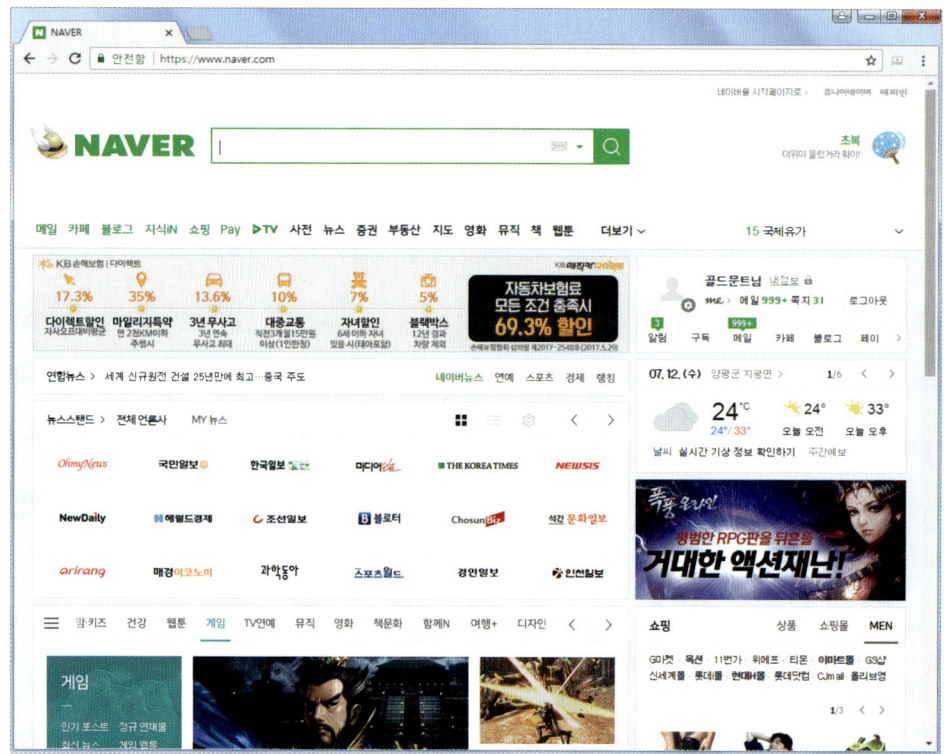

그림 1-4 웹 브라우저 프로그램

웹 브라우저에는 구글의 크롬, 마이크로소프트의 인터넷 익스플로러, 모질라 재단의 파이어폭스^{Firefox}, 오페라소프트웨어의 오페라^{Opera}, 애플의 사파리^{Safari} 등이 있습니다. 그중에서 국내 사용자들은 인터넷 익스플로러를 가장 많이 사용하고 있으며 최근에는 크롬의 사용자가 늘어나는 추세입니다. 전 세계적으로는 크롬 사용자가 가장 많으며 인터넷 익스플로러와 파이어폭스가 크롬 다음으로 사용자가 많습니다. 다음 쪽의 [그림 1-5]는 웹 브라우저의 종류와 전 세계 시장에서 차지하는 점유율을 나타낸 그림으로 웹 브라우저 아이콘 옆의 숫자는 버전과 점유율입니다.

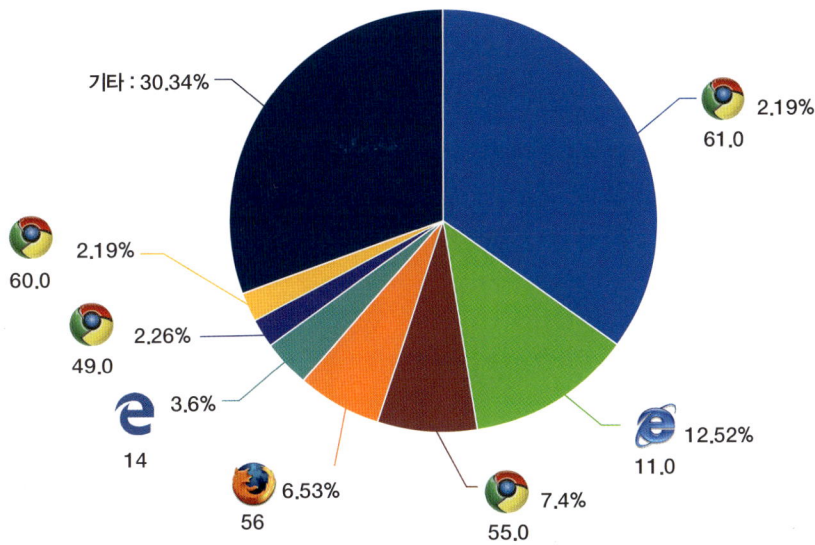

그림 1-5 웹 브라우저 종류와 전 세계 시장 점유율

이 책에서는 HTML의 최신 버전인 HTML5를 가장 잘 지원하고 사용자가 많은 크롬을 기본으로 설명하겠습니다.

Quiz 1-2. 다음은 웹 브라우저에 관한 설명입니다. 물음에 답하세요.

❶ 웹에서 HTML 문서를 해석해서 글자, 이미지, 동영상 등의 정보를 볼 수 있는 프로그램은 무엇인가요?

　가. 파워포인트　　　나. 메모장　　　다. 엑셀　　　라. 웹 브라우저

❷ 마이크로소프트에서 개발한 웹 브라우저 이름은 무엇인가요?

　가. 인터넷 익스플로러　　나. 크롬　　다. 사파리　　라. 파이어폭스

정답 : ❶ 라　❷ 가

실습 준비하기

영어를 배울 때 말하기가 중요한 것처럼 컴퓨터 프로그래밍 언어를 배울 때도 키보드로 프로그램을 직접 입력하면서 공부하면 더 빠르게 실력을 향상시킬 수 있습니다.

앞으로 우리는 이 책을 공부하며 예제 소스를 직접 입력하고 실행하는 실습을 해볼 겁니다. 그러면 지금부터 실습에 필요한 편집기와 크롬 브라우저를 직접 설치해보고 편집기로 프로그램 예제 소스를 작성하고 크롬 브라우저로 실행하는 방법에 대해 설명하겠습니다.

HTML 문서를 작성하고 실행하려면 다음의 두 가지 프로그램이 필요합니다.

- 편집기 : HTML 문서를 작성하고 저장
- 웹 브라우저 : 작성된 HTML 파일을 실행

편집기 설치하기

먼저 HTML 문서를 편집하려면 편집기가 필요합니다. 흔히 메모장, 서브라임 텍스트$^{Sublime\ Text}$, 애크로에디트^{Acroedit}, 에디트플러스^{Editplus} 등을 많이 사용합니다.

여러분이 이미 사용하는 편집기 프로그램이 있다면 그것을 사용해도 좋습니다. 따로 사용하는 편집기 프로그램이 없다면 [그림 1-6]의 서브라임 텍스트 프로그램을 권장합니다.

서브라임 텍스트는 유료 버전과 무료 버전이 있으나 기능상 차이는 없습니다(구매 권유 팝업 창을 무시해도 사용에 문제가 없습니다).

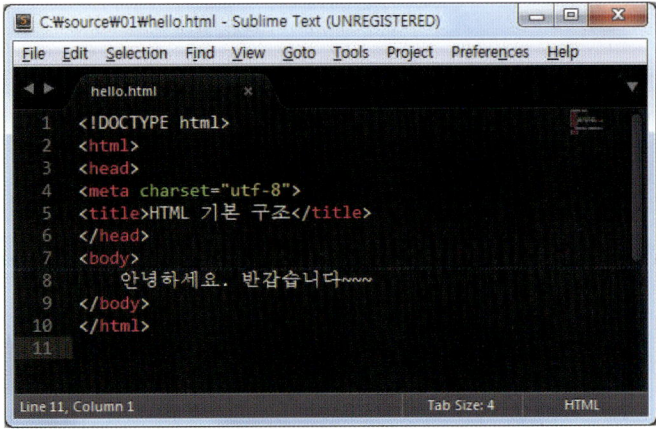

그림 1-6 서브라임 텍스트 편집기 화면

서브라임 텍스트는 서브라임 텍스트 홈페이지(https://www.sublimetext.com)에서 설치 파일을 내려받을 수 있습니다(그림 1-7). 내려받은 파일을 더블클릭하여 안내에 따라 설치하면 간단하게 프로그램을 설치할 수 있으므로 설치에 대한 설명은 생략하겠습니다.

최신 서브라임 텍스트는 버전 3입니다. 대부분의 독자는 윈도우를 사용하리라 생각합니다만, 다른 운영체제를 사용한다면 홈페이지 상단의 'Download' 메뉴를 누른 후 다음 쪽의 [표 1-1]을 참고해서 각자의 사용 환경에 맞는 파일을 골라 내려받으면 됩니다.

그림 1-7 서브라임 텍스트 홈페이지

표 1-1 서브라임 텍스트 중 무엇을 내려받아야 할까요?

OS X	애플 제품을 사용하는 독자에게 맞는 버전입니다.
Windows	윈도우 32비트 버전이며 윈도우가 32비트인지 64비트인지 모른다면 이 파일을 내려받으세요.
Windows 64bit	윈도우 64비트 버전입니다. 윈도우가 32비트인지 64비트인지 모른다면 Windows라 쓰인 버전을 내려받으세요.
Linux repos	독자 중에 리눅스를 사용하는 독자는 드물 테지만, 우분투, 레드햇, 민트 등의 리눅스 사용자는 이 버전을 사용하세요.
portable version	설치하지 않고 압축만 사용하는 버전으로 여러분께는 권하지 않습니다.

웹 브라우저 설치하기

이 책의 실습 예제를 실행하는 데에는 구글의 크롬 브라우저를 사용합니다. 크롬은 국내외에서 많이 사용되는 웹 브라우저로 HTML5를 가장 잘 지원하고 있습니다.

먼저 Ctrl + Esc 키 혹은 ⊞ 키를 누른 다음 프로그램 및 파일 검색 창에 Chrome이라고 입력해보세요. 이미 컴퓨터에 크롬이 설치되어 있다면 프로그램이 뜰 겁니다. 크롬이 설치되어 있지 않다면 구글의 크롬 홈페이지(http://www.google.com/chrome)에서 프로그램을 내려받아 안내에 따라 설치하세요.

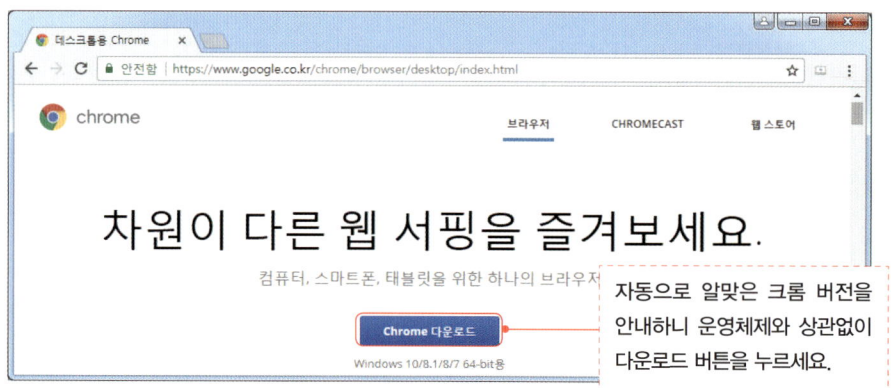

그림 1-8 크롬 내려받기

서브라임 텍스트는 자신의 컴퓨터 환경에 맞는 파일을 직접 찾아 내려받아야 했지만, 크롬은 홈페이지 접속 시 자동으로 여러분의 컴퓨터 환경에 알맞은 크롬 버전을 안내하니 운영체제와 상관없이 화면에 보이는 다운로드 버튼만 누르면 됩니다. 설치 과정은 쉬우니 역시 생략하겠습니다.

HTML 문서 작성하고 실행해보기

작업 폴더 만들기

먼저 윈도우 탐색기를 열고 source.zip 파일은 푼 C: 드라이브의 source 폴더[5쪽]로 이동해주세요. 그리고 source 폴더 안에 'HTML실습' 작업 폴더를 만드세요(그림 1-9). 폴더를 만들 때 폴더 이름을 같게 해야 책에서 설명할 때 헷갈리지 않고 따라 할 수 있을 겁니다. 꼭 폴더 이름을 같게 만드세요.

물론, D: 또는 E: 드라이브에 폴더를 만들어도 됩니다만, 역시 같은 이유로 C: 드라이브에 만들길 권합니다.

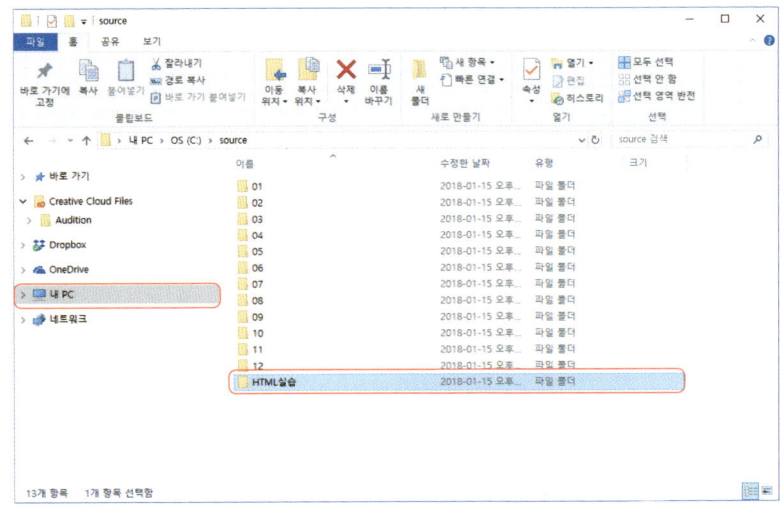

그림 1-9 생성된 작업 폴더 'HTML실습'

HTML 문서 작성하기

서브라임 텍스트 설치에 문제가 없었다면 바탕 화면에서 'Sublime Text 3' 아이콘이 생겼을 겁니다. 혹시 없다면 윈도우 실행 창에서 'Sublime Text 3'를 입력한 다음 실행하세요. 서브라임 텍스트를 실행한 다음 [그림 1-10]의 내용을 입력해보세요.

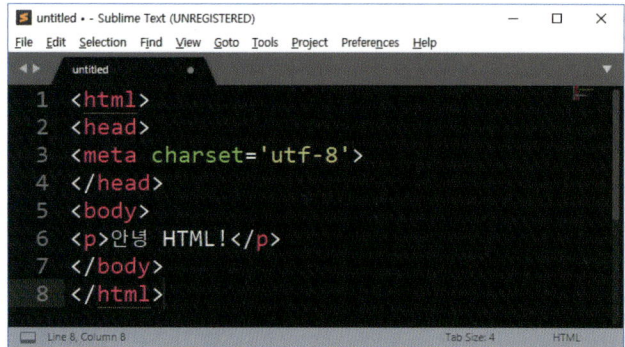

그림 1-10 서브라임 텍스트로 샘플 HTML 문서(sample.html) 작성

여러분이 입력 중인 화면과는 조금 다를 겁니다. 여러분이 입력하는 화면에는 글자에 색이 없죠? 상관없으니 입력하세요. 입력이 끝나면 [그림 1-11]처럼 메뉴에서 ❶File의 ❷Save를 선택하여 작업 폴더 'HTML실습'에 sample.html이란 이름으로 저장하세요. 저장했나요? 이제 저장한 화면이 [그림 1-10]과 똑같이 보이나요?

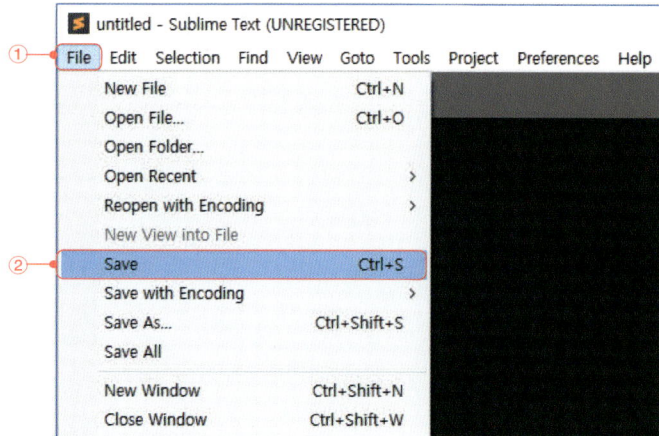

그림 1-11 서브라임 텍스트에서 파일 저장하기 화면

샘플 HTML 문서를 크롬으로 실행하기

이제 윈도우 탐색기에서 C:\source\HTML실습 폴더로 이동해보세요. [그림 1-12]처럼 sample.html이 보이나요? 바로 좀 전에 서브라임 텍스트에서 제대로 저장했다면 여러분의 컴퓨터에도 같은 파일이 있을 겁니다.

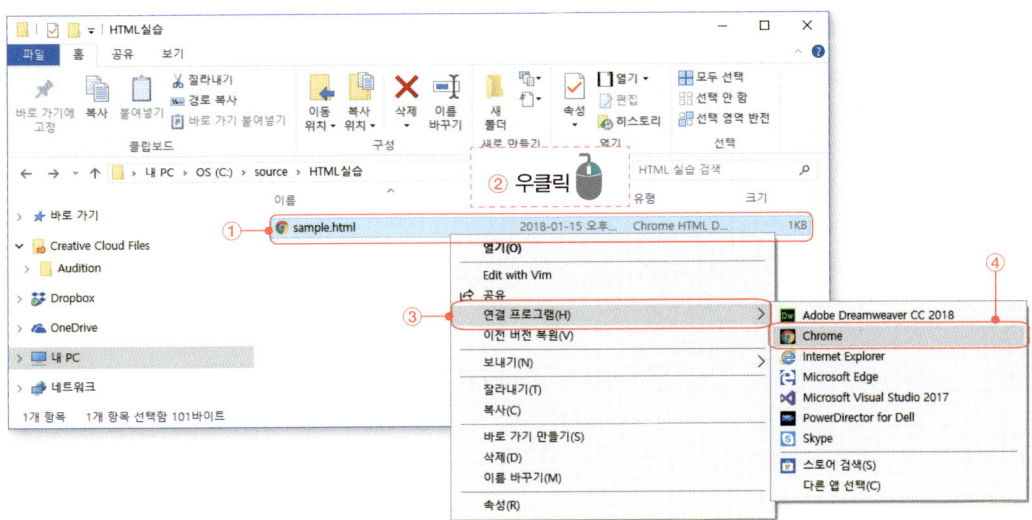

그림 1-12 'HTML실습' 폴더에 sample.html이 존재

'HTML실습' 폴더에 있는 sample.html의 실행 결과를 크롬에서 확인하기 위해 6쪽의 [그림 1-2]와 같이 ①파일 이름(sample.html) 위에 마우스를 올린 다음 ②마우스 오른쪽 버튼을 누르면 나오는 창에서 ③연결 프로그램에 마우스를 올려 나오는 창에서 ④Google Chrome을 선택합니다. 그러면 크롬 브라우저가 열리며 우리가 작성한 샘플 HTML 문서인 sample.html을 [그림 1-13]처럼 화면에 보여줍니다.

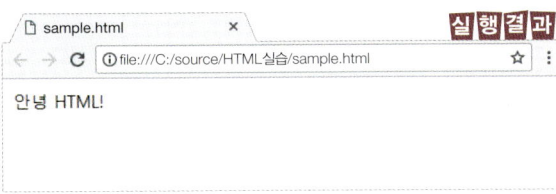

그림 1-13 sample.html 파일을 크롬으로 실행한 화면

만약 [그림 1-13]과 같은 화면이 뜨지 않는다면 입력에 오류가 있는 겁니다. [그림 1-10]의 내용과 여러분이 입력한 내용이 같은지 다시 한번 잘 살펴보고 오류를 수정하세요. 문서의 오류를 수정했다면 저장한 다음 크롬을 재실행해주세요. 그리고 결과가 [그림 1-13]과 같은지 확인해주세요.

> **TIP 크롬에서 HTML 문서 재실행하기**
>
> 크롬에서 HTML 문서를 재실행하는 방법은 두 가지입니다.
>
> ❶ 크롬 브라우저의 왼쪽 상단에 있는 C 아이콘 클릭하기
>
> ❷ 키보드에서 재실행 단축키인 F5 누르기

이 과정은 굉장히 중요합니다. 실습을 따라 하는 동안 원하는 결과를 얻지 못했을 때는 당황하지 말고 작성했던 문서를 열어 책의 입력 내용과 같은지 확인해보세요. 대부분 작은 오타가 있을 겁니다. 누구나 할 수 있는 실수이니 걱정하지 마세요.

지금까지 서브라임 텍스트로 HTML 문서를 작성하고 작성된 문서 파일을 크롬으로 실행하여 결과를 확인했습니다.

지금은 입력했던 내용이 뭔지 몰라도 됩니다. 앞으로 차근차근 이 책을 따라 하다 보면 어느새 HTML 언어를 익히게 될 겁니다.

Quiz 1-3. 다음은 책의 실습 준비에 관한 설명입니다. 물음에 답하세요.

❶ HTML 문서를 작성하고 실행하는 데 필요한 프로그램 두 가지는 무엇인가요?

　가. 엑셀과 파워포인트　　　나. 편집기와 웹 브라우저

　다. 엑셀과 웹 브라우저　　　라. 파워포인트와 웹 브라우저

❷ 이 책의 실습에서 사용하는 웹 브라우저는 무엇인가요?

　가. 인터넷 익스플로러　　나. 사파리　　다. 오페라　　라. 크롬

정답 : ❶ 나　❷ 라

HTML 문서 구조 이해하기

이제 HTML이 무엇인지 조금 알 것 같나요? HTML은 웹 페이지를 만드는 데 가장 기본으로 사용되는 마크업 언어라고 했습니다.

이번에는 '안녕하세요. 반갑습니다~~~'란 문자를 웹 브라우저 화면에 출력하겠습니다. 이 예제를 통해 HTML 문서의 기본 구조에 대해 알아봅시다.

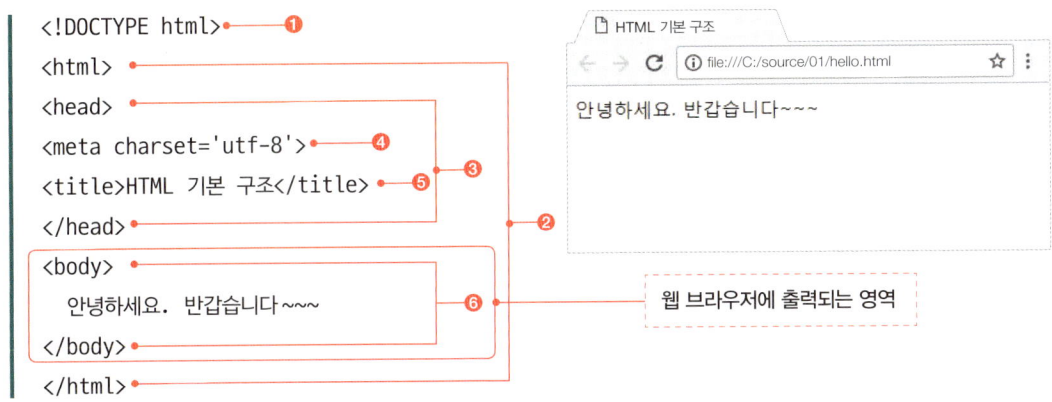

그림 1-14 HTML 문서(hello.html)의 소스 코드(왼쪽)와 웹 브라우저 실행 결과(오른쪽)

> **TIP 소스 코드란?**
>
> 소스 코드^{Source Code}는 컴퓨터 프로그램을 사람이 읽을 수 있는 언어로 작성한 글을 말합니다. 컴퓨터 프로그램의 소스 코드는 주로 영어, 한글, 숫자 등으로 구성되어 있습니다. 웹에서 우리가 HTML 문법에 따라 소스 코드를 작성하면 크롬, 인터넷 익스플로러와 같은 웹 브라우저는 이 소스 코드를 해석해 텍스트, 이미지, 동영상 등을 화면에 보여줍니다.

❶ `<!DOCTYPE html>`

우리는 HTML5를 기준으로 배우고 있는데, HTML은 버전 별로 문법(태그)이 조금씩 다릅니다. 따라서 HTML 문서를 작성할 때 제일 먼저 문서의 타입, 즉 현재 문서에서 사용하는 버전을 정의하고 시작해야 합니다. 그래야 웹 브라우저가 정확히 문서를 해석할 수 있으니까요.

<!DOCTYPE html>은 이 HTML 문서가 HTML5의 문법을 기반으로 작성된 것임을 의미합니다. 웹 브라우저는 이것을 보고 "아! 이 HTML 문서는 HTML5를 기준으로 작성된 것이구나!"라고 이해하고 HTML5 문법에 따라 HTML 문서를 해석해 웹 브라우저 화면에 해당 웹 페이지를 표시합니다.

TIP

우리는 HTML5를 기준으로 HTML을 학습합니다. 따라서 항상 HTML 문서를 작성할 때는 꼭 <!DOCTYPE html>을 입력하세요. 또한 이 책에서 사용되는 모든 예제에도 당연히 제일 첫 줄에 <!DOCTYPE html>이 들어갑니다.

❷ <html>과 </html>

<!DOCTYPE html> 다음에는 HTML 문서의 시작을 알려주는 <html>이 들어갑니다. 그리고 문서의 제일 마지막에는 </html>이 입력됩니다. 이와 같이 <html>과 </html>은 각각 HTML 문서의 시작과 끝을 의미합니다.

❸ <head>와 </head>

<head>와 </head> 사이에는 웹 브라우저 화면에서는 보이지 않지만, HTML 문서에서 필요한 사항, 즉 웹 브라우저의 제목(<title> 태그), 한글 문자셋(<meta> 태그) 등을 설정하는 내용이 들어갑니다. 나중에 배우겠지만, CSS와 자바스크립트 소스 코드 등을 여기에 입력합니다.

❹ <meta charset='utf-8'>

<meta> 태그는 HTML 문서의 내용, 키워드, 작성자, 사용할 문자셋 등 문서에 대한 포괄적인 내용을 기재합니다.

<meta charset='utf-8'>은 이 문서가 utf-8 문자셋을 사용한다는 것을 웹 브라우저에 알리는 역할을 합니다. charset이 잘못 설정되면 웹 브라우저가 한글을 제대로 인식하지 못해 홈페이지의 모든 글자가 깨질 수도 있습니다.

❺ <title>과 </title>

<title>과 </title>은 웹 브라우저의 상단 탭에 나타나는 문서의 제목입니다. [그림 1-14]의 오른쪽에 나타난 웹 브라우저 실행 결과에서 왼쪽 상단의 탭 버튼에 나타난 'HTML 기본 구조'가 보이나요? 이 'HTML 기본 구조'가 HTML 문서의 제목입니다.

❻ <body>와 </body>

[그림 1-14]의 오른쪽 웹 브라우저 화면에는 '안녕하세요. 반갑습니다~~~'가 출력되어 있군요. 여기에 해당되는 것이 왼쪽의 프로그램 소스에서 빨간색 상자로 표시된 <body>안녕하세요. 반갑습니다~~</body>입니다. 웹 브라우저 메인 화면에 들어가는 텍스트, 이미지, 비디오 등의 모든 내용물은 <body>와 </body> 사이에 들어갑니다. <body>는 웹 브라우저 메인 화면에서 보이는 내용의 시작을 나타내고 </body>는 내용의 끝을 의미합니다.

Quiz 1-4. 다음은 웹 브라우저에 '또 만났군요~~~'란 인사말을 출력합니다. 빈칸을 채워보세요.

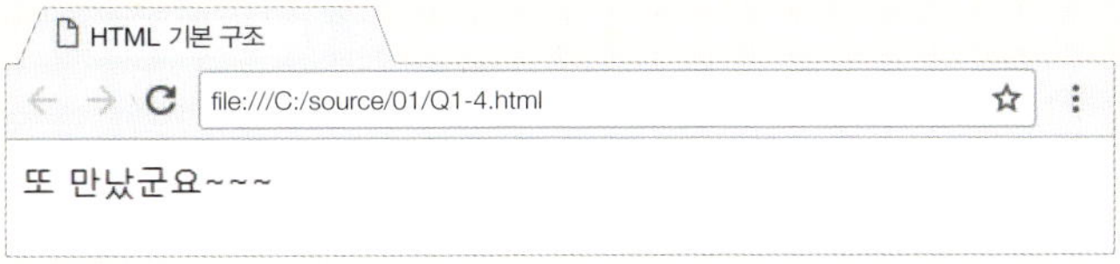

```
🗋 HTML 기본 구조
← → C  file:///C:/source/01/Q1-4.html    ☆  ⋮
또 만났군요~~~
```

그림 1-15 웹 브라우저 화면에 출력된 '또 만났군요~~~'

```
<!DOCTYPE ❶        >
<html>
<head>
<meta charset='utf-8'>
        ❷         HTML 기본 구조</title>
        ❸
<body>
    또 만났군요~~~
</body>
        ❹
```

정답(Q1-4.html) : ❶html ❷<title>
❸</head> ❹</html>

CSS 맛보기

지금까지 HTML의 작동 원리[4쪽], 웹 브라우저[10쪽], 실습 프로그램의 설치 및 준비[12쪽], HTML의 문서 구조[19쪽] 등에 대해서 공부했습니다. 이번 절에서는 HTML과 뗄래야 뗄 수 없는 CSS의 역할에 대해 간단하게 설명하겠습니다. 여기서는 CSS에 대해 맛만 볼 겁니다. CSS에 대한 자세한 설명은 7장부터 할 테니 CSS가 무엇인지만 알고 갑시다. 19쪽의 [그림 1-14]에서 '안녕하세요. 반갑습니다~~~'의 글자 크기를 키우고 색상을 빨간색으로 변경하고 싶습니다. 어떻게 해야 할까요? 이럴 때 필요한 게 바로 CSS입니다.

C: 드라이브의 source 폴더로 가서 1장 예제 폴더 안에 있는 hello-css.html을 실행해볼까요? C:\source\01 폴더 안의 hello-css.html을 더블클릭하면 됩니다. [그림 1-16]처럼 보이나요? 해당 폴더에 예제 코드가 없다면 5쪽을 참고해주세요. 제대로 동작하지 않다면 크롬을 제대로 설치하지 못했을 수도 있으니 14쪽을 참고해주세요.

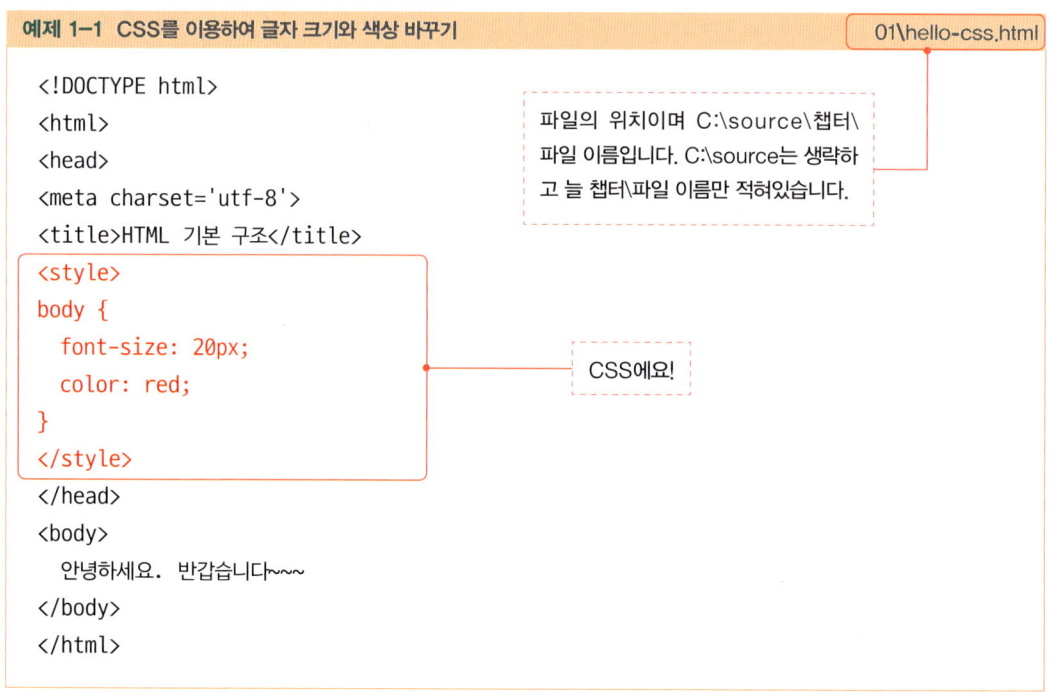

예제 1-1 CSS를 이용하여 글자 크기와 색상 바꾸기   01\hello-css.html

```
<!DOCTYPE html>
<html>
<head>
<meta charset='utf-8'>
<title>HTML 기본 구조</title>
<style>
body {
  font-size: 20px;
  color: red;
}
</style>
</head>
<body>
  안녕하세요. 반갑습니다~~~
</body>
</html>
```

파일의 위치이며 C:\source\챕터\파일 이름입니다. C:\source는 생략하고 늘 챕터\파일 이름만 적혀있습니다.

CSS에요!

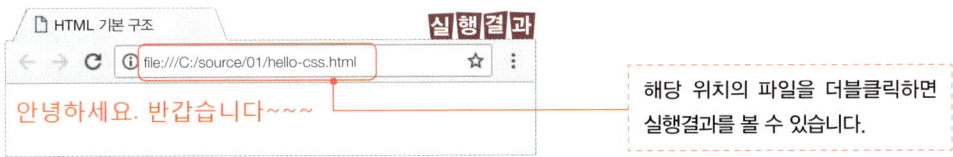

그림 1-16 hello-css.html의 실행 화면

[예제 1-1]에서 상자로 묶은 부분이 CSS입니다. CSS는 `<style>` 태그의 영역, 즉 `<style>`과 `</style>` 사이에 들어갑니다. 그리고 `<style>` 태그는 `<head>`와 `</head>` 내부, 즉 `<head>` 태그 안에서 사용됩니다. `<style>` 태그 안에는 2개의 CSS 명령, `font-size: 20px;`과 `color: red;` 가 있습니다. CSS 명령 `font-size`는 글자 크기를 지정하고 `color`는 글자 색상을 지정하는 데 사용됩니다. 이 두 명령에 의해 [그림 1-16]의 글자 크기가 19쪽의 [그림 1-14]보다 조금 더 커졌고 색상은 빨간색으로 변경되었습니다.

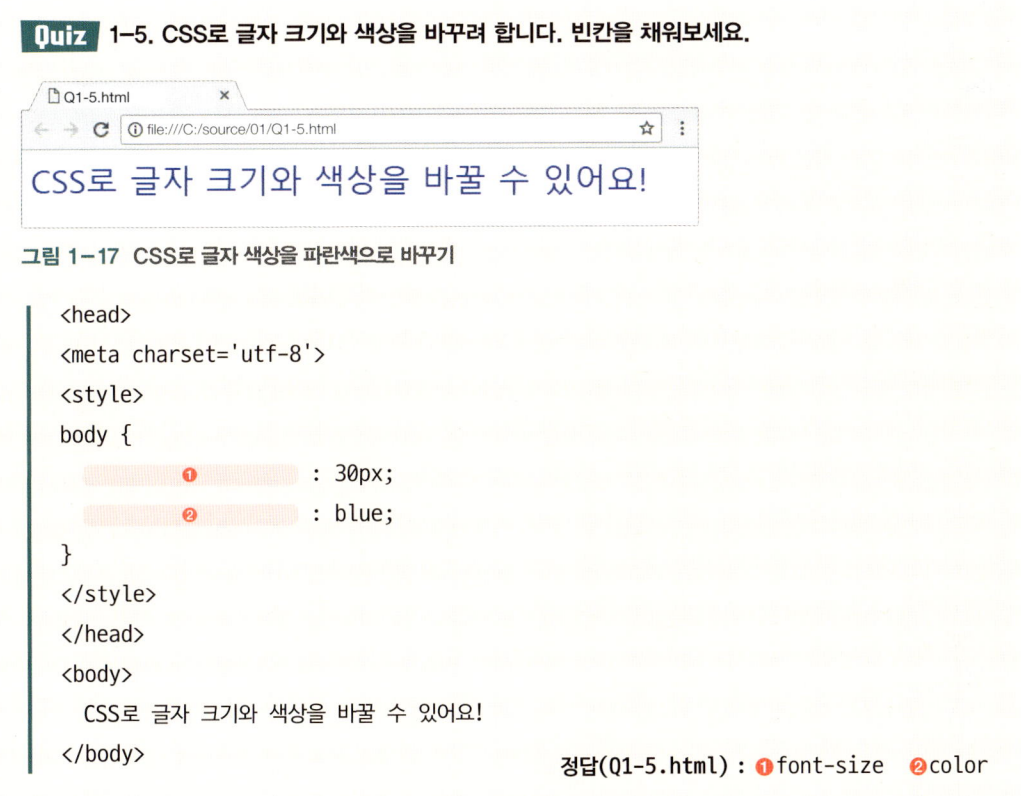

chapter 1 HTML이란? 23

이와 같이 CSS는 HTML 문서에서 웹 페이지에 출력되는 글자의 글꼴, 크기, 색상 등을 지정하는 데 사용됩니다. 또한, 웹 페이지의 배경 색상, 배경 이미지를 삽입하고 글자나 이미지 등의 요소를 배치(레이아웃)하는 데도 사용됩니다.

지금 단계에서 CSS는 주로 HTML을 보조하여 웹 페이지의 글자나 이미지 등의 요소를 꾸미고 웹 브라우저 화면에 배치하는 데 사용된다는 정도만 알고 있으면 됩니다.

이 책의 2~6장에서는 HTML 태그 사용법에 대해 배우고 그다음 7~8장에서는 CSS의 역할과 구조에 대해 좀 더 자세히 배울 겁니다. 그리고 9~12장에서는 HTML과 CSS를 활용하여 다양한 웹 페이지를 제작하는 방법을 공부할 겁니다.

TIP 윈도우 10에서 파일 확장자 보기

윈도우 10 사용자들은 [그림 1-18]을 따라 해주세요. 먼저 파일 탐색기 상단의 ①'보기'를 누른 다음 ②'옵션'을 눌러주세요. 그러면 새로운 상자가 열리는데 이 중 상단 탭에서 ③'보기'를 누르고 '고급 설정' 목록 중에서 ④'알려진 파일 형식의 파일 확장명 숨기기'의 선택 상자를 해제해주세요. 그다음 ⑤'적용(A)'을 누르면 됩니다.

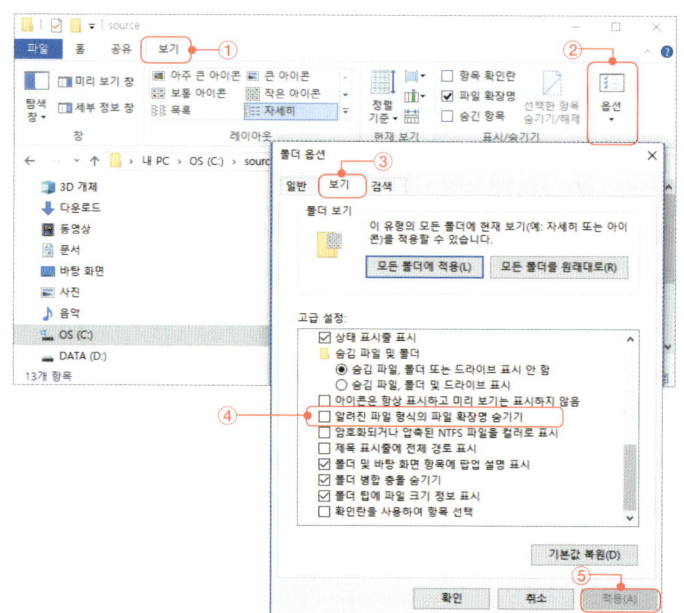

그림 1-18 윈도우 10에서 파일 확장자 보기

요점 정리

01. HTML 작동 원리

홈페이지는 보통 하나 이상의 웹 페이지로 구성되는데 웹 페이지가 바로 HTML 문서이며 메모장 같은 편집기로 제작할 수 있습니다. HTML 문서는 HTML 문법에 따라 작성합니다.

02. 웹 브라우저

웹 브라우저는 소스 코드로 작성된 HTML 문서를 해석하여 웹 브라우저 화면에 보여주는 역할을 수행합니다. 다음처럼 여러 종류의 웹 브라우저가 있으며 국내에서는 인터넷 익스플로러를 가장 많이 사용하고 전 세계적으로는 크롬 사용자가 가장 많습니다.

- 구글의 크롬 Chrome
- 마이크로소프트의 인터넷 익스플로러 Internet Explorer
- 모질라 재단의 파이어폭스 Firefox
- 오페라소프트웨어의 오페라 Opera
- 애플의 사파리 Safari 등

03. 실습을 위해 필요한 것

HTML 학습은 실습 예제를 직접 작성하면서 공부하기를 권합니다. 실습을 위해서는 편집기인 서브라임 텍스트 프로그램과 크롬 브라우저가 필요합니다. 서브라임 텍스트와 크롬은 다음의 홈페이지에서 내려받아 사용하세요.

- 서브라임 텍스트 : https://www.sublimetext.com
- 크롬 : https://www.google.co.kr/chrome/browser/desktop/index.html

04. HTML 문서 구조

HTML 문서는 <html>, <body>, <title>, <h3>, <p>, <img>와 같은 HTML 태그로 이루어졌으며 우리는 HTML 태그를 사용하여 HTML 문서를 작성합니다.

- <html>과 </html> : 모든 HTML 문서는 <html>에서 시작해 </html>로 끝납니다.
- <head>와 </head> : 웹 브라우저의 메인 화면에는 보이지 않지만 HTML 문서에 필요한 웹 브라우저의 제목, 한글 문자셋 설정, CSS 코드, 자바스크립트 코드 등이 삽입됩니다.
- <body>와 </body> : 웹 브라우저 화면에 나타나는 모든 콘텐츠는 이 태그 안에 위치해야 합니다.
- <title>과 </title> : 이 안에 있는 내용은 웹 브라우저의 상단 탭의 문서 제목입니다.
- <meta> : 이 태그는 한글 문자셋 등을 설정하는 데 사용됩니다.

05. CSS란?

<head> 태그 안의 <style>과 </style> 태그 사이에 CSS 코드를 삽입합니다. CSS는 HTML 문서에서 웹 페이지에 출력되는 글자의 글꼴, 크기, 색상 등을 지정합니다. 또한, 웹 페이지의 배경 색상, 배경 이미지를 삽입하고 글자나 이미지 등의 요소를 배치하는 데도 사용됩니다.

chapter 2
글자 관련 태그를 익혀보자

> **2장에서는**

웹 페이지에서 정보를 전달하는 가장 기본 매개체는 바로 글(텍스트)입니다. 2장에서는 HTML로 글자를 어떻게 표현할 수 있는지에 대해 배워보겠습니다.

글 제목을 만들고 단락을 나누는 방법, 글자를 두껍게 하는 방법과 행의 끝에서 줄바꿈을 하고 글자 사이에 공백을 삽입하는 방법 등 HTML에서 글자를 표현하는 방법을 배웁니다. 또 HTML 문서에 목록을 만들고 설명 글을 다는 방법을 배웁니다.

학습목표

- ＋ 글 제목 만들기
- ＋ 단락 나누기
- ＋ 글자 두껍게 하기
- ＋ 줄바꿈과 공백 삽입하기
- ＋ 목록 만들기
- ＋ HTML 문서에 설명 글 달기

01 글 제목 만들기

`<h1>~<h6>` 태그

대부분 글에 제목이 있듯이 HTML 문서에도 제목이 있습니다. 그럼 HTML 문서에는 어떻게 제목을 표현할까요? HTML에는 제목heading을 나타내는 태그가 있습니다. 바로 `<h1>`, `<h2>`, `<h3>`, `<h4>`, `<h5>`, `<h6>`입니다. 이 여섯 개의 태그를 사용해 글 제목을 표현합니다. 예제를 통해 이 여섯 개의 태그가 HTML 문서에서 어떻게 사용되는지 알아봅시다. C:\source\02\heading.html 파일을 더블클릭해서 실행하세요. [예제 2-1]은 해당 html 파일을 편집기로 열었을 때의 코드를 보여주며, [그림 2-1]은 웹 브라우저에서 html 파일이 열린 모습입니다. 따로 실행하지 않고도 책에서 바로 실행 결과를 볼 수 있습니다. 하지만 실습은 여러분이 직접 컴퓨터로 해보길 권합니다.

예제 2-1 글 제목 만들기 `02\heading.html`

```html
<!DOCTYPE html>
<html>
<head>
<meta charset='utf-8'>
</head>
<body>
```
책에서는 학습에 필요한 코드의 일부만 보여줍니다. 음영으로 표기된 코드는 앞으로 나올 예제에서는 삭제될 예정이며, 전체 코드는 예제 파일에 있습니다.

```html
❶ <h1>글 제목 1</h1>
❷ <h2>글 제목 2</h2>
❸ <h3>글 제목 3</h3>
❹ <h4>글 제목 4</h4>
❺ <h5>글 제목 5</h5>
❻ <h6>글 제목 6</h6>
</body>
</html>
```

코드의 빨간 원문자는 설명을 위한 내용이며 실제 코드에 포함되지 않습니다.

실행결과

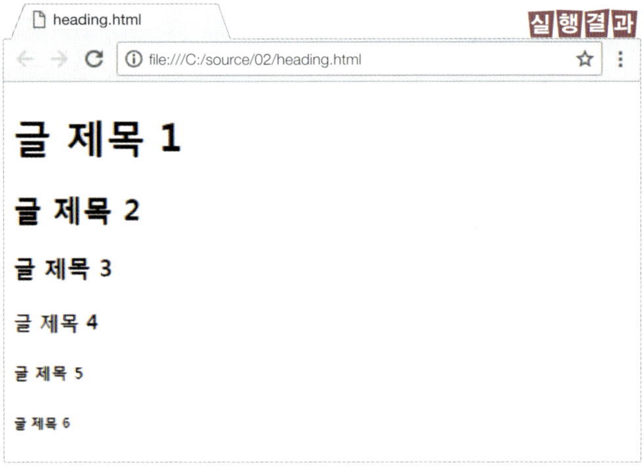

글 제목 1

글 제목 2

글 제목 3

글 제목 4

글 제목 5

글 제목 6

그림 2-1 heading.html의 실행 화면

[예제 2-1]에서 사용되는 <h1>~<h6> 태그는 1장[8쪽]에서 배웠듯이 대부분의 다른 태그처럼 쌍으로 이루어져 있습니다. 예를 들어 <h1> 태그의 경우, 글 제목이 시작하는 곳에 <h1>을 삽입하고 글 제목이 끝나는 곳에 </h1>을 삽입하여 제목을 만듭니다.

HTML 태그를 이용하여 글 제목을 만들 때에는 <h1>~<h6> 태그 중 하나를 선택하여 글 제목을 원하는 크기로 지정할 수 있습니다. 이 여섯 개의 글 제목 태그 중에서 ❶의 <h1> 태그에 해당하는 글자 크기가 가장 크고, ❻의 <h6> 태그에 해당하는 글자 크기가 가장 작습니다. ❸의 <h3> 태그의 글 제목은 중간 크기입니다.

> **TIP**
>
> 글 제목에 사용되는 <h1>~<h6> 태그를 사용하면 [그림 2-1]처럼 글 제목은 두꺼운 글꼴인 볼드체로 표시됩니다. 만약 <h1>~<h6> 태그에서 제공하는 글자 크기와 다른 글자 크기를 원하거나 글 제목의 색상을 검은색이 아닌 다른 색상으로 변경하려면 CSS를 사용해야 합니다. CSS는 5장에서 설명합니다.

Quiz 2-1. 다음은 요리의 자격증 종류를 알려주는 웹 페이지입니다. 빈칸을 채워보세요.

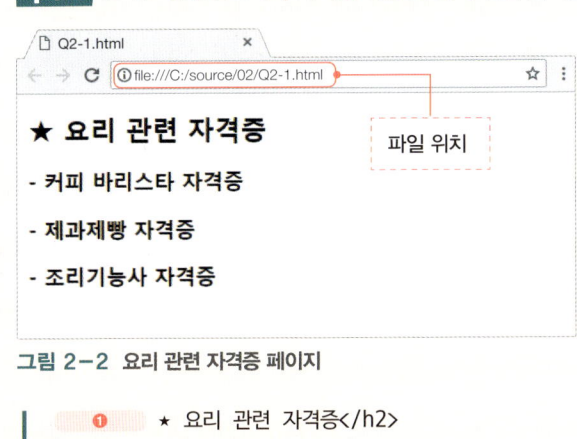

그림 2-2 요리 관련 자격증 페이지

```
    ❶     ★ 요리 관련 자격증</h2>
<h3>- 커피 바리스타 자격증  ❷
<h3>- 제과제빵 자격증</h3>
    ❸     - 조리기능사 자격증   ❹
```

정답(Q2-1.html) : ❶<h2> ❷</h3>
❸<h3> ❹</h3>

02 단락 나누기

<p> 태그

앞 절에서는 HTML 문서에서 글 제목 만드는 방법[28쪽]에 대해 공부했습니다. 이번 절에서는 단락 나누기를 설명합니다. 어떤 내용을 전달할 때 관련 있는 내용끼리 묶어 단락을 나누기만 해도 글을 읽는 데 편하고 내용 파악도 쉽게 할 수 있습니다. HTML에서는 <p> 태그를 사용해서 단락을 나눕니다. 자, C:\source\02\p.html 파일을 더블클릭해서 실행해보세요.

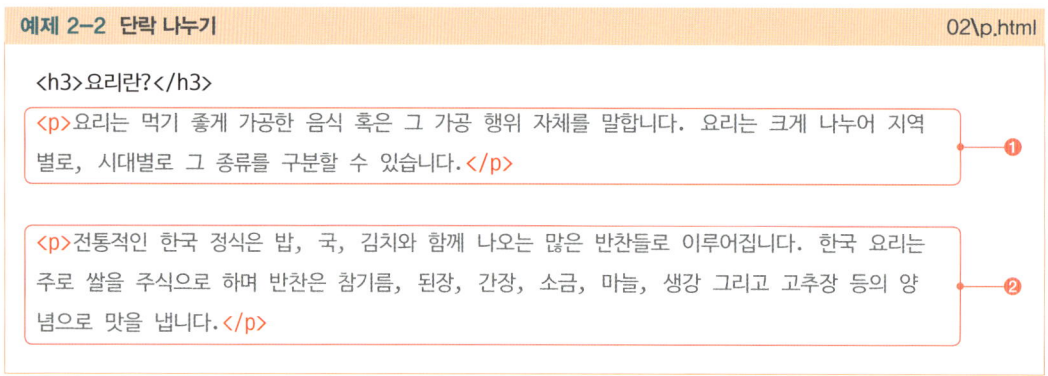

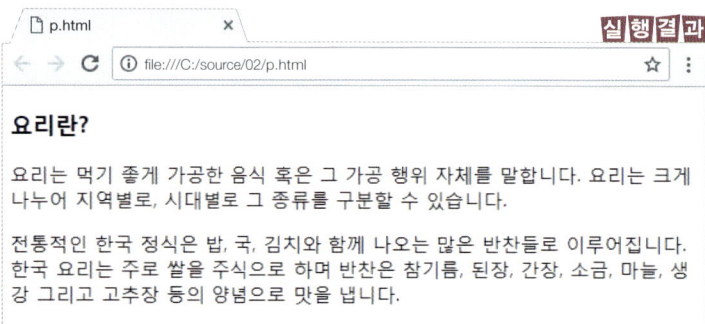

그림 2-3 p.html의 실행 화면

[예제 2-2]의 ❶과 ❷에서는 <p> 태그를 이용하여 두 개의 단락을 만들었습니다. 이에 대한 결과가 [그림 2-3]에 나타난 두 개의 단락입니다.

HTML 문서에서 단락을 만들려면 단락의 앞에 <p>를 붙이고 단락의 끝에는 </p>를 붙입니다.

글자 두껍게 하기

<b> 태그

이번에는 HTML 문서에서 글자를 두껍게 하는 `<b>` 태그에 대해 공부해봅시다. 이제 말하지 않아도 알겠죠? C:\source\02\b.html을 실행해보세요.

예제 2-3 글자 두껍게 하기 `02\b.html`

```
❶<h3>라면 맛있게 끓이는 법</h3>
<p>냄비에 물 2컵 반을 붓고 ❷<b>건더기 수프</b>와 ❷<b>분말수프</b>를 ❷<b>미리</b> 넣고
끓입니다. 면을 넣기 전에 수프를 ❷<b>먼저 넣어 끓이는 것</b>이 비결입니다.</p>
```

그림 2-4 b.html의 실행 화면

[예제 2-3]의 ❶에서는 `<h3>` 태그가 글 제목에 사용되었습니다. `<h3>`는 글 제목 태그라고 했습니다. 따라서 `<h3>` 태그는 [그림 2-4]의 실행 화면처럼 글자를 두껍게 만들고 크기를 키웠습니다.

❷를 볼까요? ❷에서는 `<b>` 태그를 이용하여 단락의 특정 글자를 두껍게 처리했습니다. `<b>` 태그의 사용법은 두껍게 만들고 싶은 글자 앞뒤로 `<b>`와 `</b>`를 삽입하면 됩니다. 간단하지요?

> **TIP**
> `<b>` 태그 외에도 CSS로도 글자를 두껍게 만들 수 있습니다. 이 내용은 5장에서 다시 살펴보겠습니다.

Quiz 2-2. 다음은 HTML 태그를 이용하여 글 제목, 단락, 글자 두껍게 만들기 등의 예입니다. 빈칸을 채워보세요.

그림 2-5 글 제목, 단락, 글자 두껍게 만들기의 예

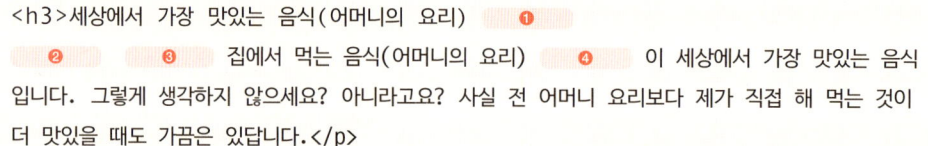

정답(Q2-2.html) : ❶</h3> ❷<p>
❸<b> ❹</b>

04 줄바꿈과 공백 삽입하기   `<br>` 태그

문서를 작성하다 보면 줄을 바꾸거나 글 사이의 공백을 많이 둬야 할 때가 종종 있습니다. 이럴 경우 우리는 엔터 키와 스페이스 바를 사용합니다. 그럼 먼저 엔터 키와 스페이스 바로 HTML 문서에서 줄바꿈과 공백을 표시해보겠습니다.

다음은 C:\source\02\enter-space.html입니다.

예제 2-4 엔터 키와 스페이스 바를 이용한 경우   02\enter-space.html

우리가 하고 싶은 건 '안녕'과 '하세요.', '반갑'과 '습니다!!!' 사이에 각각 세 칸의 공백을 넣는 겁니다. [예제 2-4]를 볼까요? `<p>` 태그 내에서 '안녕'과 '하세요.' 사이에 스페이스 바로 공백 세 개를 입력했고 '하세요.' 뒤에는 엔터 키를 두 번 입력했습니다. 실행하면 어떻게 보일까요? 예제 파일을 더블클릭해서 실행해보세요. 다음의 [그림 2-6]이 실행 결과입니다.

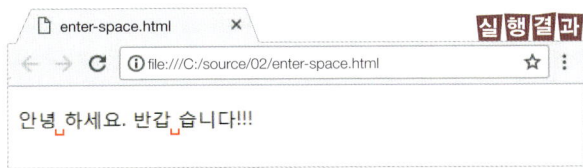

그림 2-6 enter-space.html의 실행 화면

실행 결과가 의도한 바와 다르군요. [그림 2-6]의 웹 브라우저 실행 결과를 보면 줄바꿈과 공백이 적용되지 않고 내용이 한 줄로 표시되어 있는 것을 볼 수 있습니다. HTML 문서에서 스페이스 바로 입력된 공백과 엔터 키로 입력된 줄바꿈은 적용되지 않는군요. 물론 세 번의 공백 중 한 번은 적용되었습니다.

> **TIP** 스페이스 바로 여러 번 공백을 입력해도 적용은 한 번만!
>
> [그림 2-6]의 결과를 잘 살펴보면 '안녕'과 '하세요.' 그리고 '반갑'과 '습니다!!!' 사이에 공백이 하나 있는 것을 발견할 수 있을 겁니다. HTML 문서에서 키보드의 스페이스 바로 여러 번 입력된 공백은 입력된 공백의 개수와 상관없이 웹 브라우저 실행 결과에서는 한 개의 공백만 적용되어 나타납니다.

HTML 문서에서는 줄바꿈을 하려면
 태그를 사용하고 공백을 삽입하려면 HTML의 특수 문자 기호인 를 사용해야 합니다.

그럼 이번에는
 태그와 nbsp;를 이용하여 웹 페이지에서 줄바꿈과 공백을 삽입하는 예제를 봅시다. C:\source\02\br-nbsp.html입니다.

**예제 2-5
 태그와 nbsp;의 사용** 02\br-nbsp.html

```
<p>안녕 ❶   하세요. ❷<br><br>
   반갑    습니다!!!</p>
```

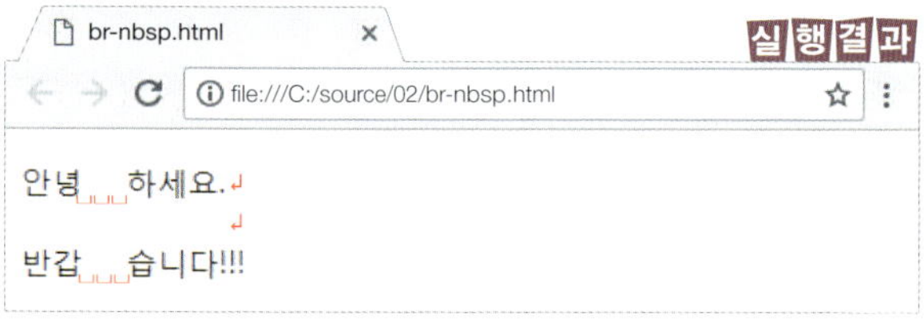

그림 2-7 br-nbsp.html의 실행 화면

이제 드디어 의도한 대로 실행 결과가 보이는군요. [그림 2-7]의 실행 화면과 같이 '안녕'과 '하세요.' 그리고 '반갑'과 '습니다!!!' 사이에 공백 세 개가 입력되었습니다. 이렇게 공백 세 개가 웹 브라우저에 나타난 것은 바로 [예제 2-5]의 ❶에서 세 번에 걸쳐 입력된   덕분입니다.

HTML 문서에서 를 한 번 사용하면 그 위치에 공백이 하나 생깁니다. 만약 공백 세 개를 표현하려면 를 세 번 사용하면 됩니다.

[예제 2-5]를 다시 봅시다. ❷에서
 태그를 두 번 사용했습니다. HTML 문서에서
 태그는 일종의 엔터 키입니다.

 태그를 한 번 쓰면 워드에서 엔터 키를 한 번 누른 것처럼 줄을 바꿉니다. 여기서는
 태그를 두 번 사용했으니 [그림 2-7]처럼 '안녕   하세요.' 뒤에 줄바꿈이 두 번 적용되어 빈 줄이 하나 더 생기고 그다음에 '반갑   습니다!!!'가 출력되었습니다.

TIP

공백 이외에도 〈, 〉, &, ", ⓒ 와 같은 특수 문자를 웹 페이지에서 사용하려면 HTML의 특수 문자 기호를 사용해야 합니다. 자주 사용하는 HTML 특수 문자를 [표 2-1]로 정리했습니다.

표 2-1 HTML 특수 문자

특수 문자	특수 문자 기호	설명
		Non-breaking space(공백)
〈	&lt;	Less than(보다 작다)
〉	&gt;	Greater than(보다 크다)
&	&amp	Ampersand(엠퍼샌드)
"	&quot;	Quotation mark(쌍따옴표)
ⓒ	&copy	Copyright(저작권 표시)

[표 2-1]의 첫 번째 열에 있는 특수 문자를 웹 브라우저 화면에 출력하려면 오른쪽의 특수 문자 기호를 사용해야 합니다. 예를 들어 〈는 HTML 문서에서 <p>, <b>, <body> 등의 HTML 태그의 이름에 사용되는 기호입니다. 따라서 기호 자체인 〈를 웹 브라우저 화면에 출력하려면 HTML의 특수 문자 기호인 <를 사용해야 합니다.

Quiz 2-3. 다음과 같은 실행 결과를 얻으려면 어떻게 해야 할까요? 빈칸을 채워보세요.

그림 2-8 두 개의 질문을 하는 웹 페이지

```
<h3>1.  ❶  h1&gt;~&lt;h6  ❷  태그 중 가장 글자 크기가 큰 것은 무엇일까요?</h3>
<p>정답 : &lth1&gt</p>
<h3>2. 삶에서 가장 중요한 것은 &quot;행복  ❸  일까요 아니면 &quot;사랑&quot;일까요?</h3>
<p>정답 : <b>둘 다  ❹       ...<br>
<br>
<br>
중요하지 않을까요?</p>
```

정답(Q2-3.html) : ❶<   ❷>   ❸"   ❹</b>

TIP 당구장 기호(※)와 같은 특수 문자를 키보드로 입력하기

당구장 기호(※)와 같은 특수 문자를 키보드로 입력하기 위해서는 먼저 자음 'ㅁ'을 입력한 다음 '한자' 키를 누르면 특수 문자가 나타나고 해당하는 특수 문자를 선택하여 입력하면 됩니다. 자음 'ㅁ' 외에도 같은 방식으로 자음 'ㄱ', 'ㄴ', 'ㄷ', 'ㅇ' 등을 입력한 다음 '한자' 키를 누르면 또 다른 다양한 모양의 특수 문자를 입력할 수 있습니다.

혹은 Ctrl + Esc 키를 누른 다음에 '프로그램 및 파일 검색' 창에 '문자표'라고 입력해보세요. 이때 뜨는 문자표에서 원하는 특수 문자를 선택해서 사용해도 됩니다.

05 목록 만들기

`<ul>, <ol>, <li>` 태그

이번에는 문서에서 목록을 표현하는 방법을 살펴봅시다. HTML은 두 가지로 목록을 표현하는데 하나는 순서가 없는 목록, 다른 하나는 순서가 있는 목록입니다.

순서가 없는 `<ul>`, `<li>` 태그를 이용한 목록

먼저 `<ul>`, `<li>` 태그로 순서가 없는 목록Unordered List을 만들어봅시다. 다음은 C:\source\02\food-fair.html입니다.

예제 2-6 `<ul>`, `<li>` 태그로 목록 만들기　　　　　　　　　　　　　　　02\food-fair.html

```
<h3>음식 박람회 입장 안내</h3>
<ul>
  <li>초대권 소지자 : 등록데스크에서 본인 확인 후 교환권 지급</li>
  <li>사전등록자 : 등록데스크에서 본인 확인 후 교환권 지급</li>
  <li>일반 관람객 : 일반 관람객은 매표소에서 입장권을 구입하여 입장</li>
</ul>
```

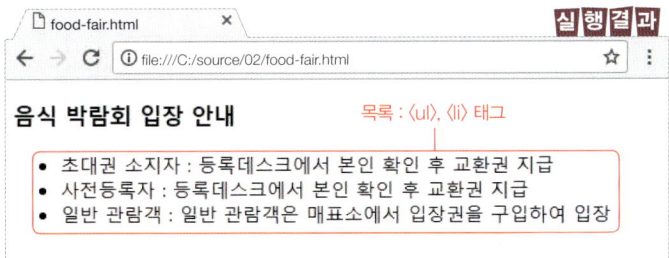

그림 2-9 food-fair.html의 실행 화면

먼저 순서가 없는 목록을 만들 때는 `<ul>`과 `</ul>`로 목록에 들어갈 항목을 감싸줍니다. 그다음 `<li>` 태그로 목록의 개별 항목을 작성합니다.

이때 순서가 없는 목록이라는 의미는 뭘까요? 바로 구성상 항목의 순서가 내용과 무관하다는 의미입니다. 예제에서의 초대권 소지자, 사전등록자, 일반 관람객은 어떤 순서로 표기되어도 문제가 없습니다. 이럴 때는 목록을 나타내는 태그 중 순서가 없는 `<ul>` 태그를 사용합니다.

순서가 있는 <ol>, <li> 태그를 이용한 목록

이번에는 `<ol>`, `<li>` 태그를 이용해 순서가 있는 목록Ordered List을 만들어보겠습니다.

다음은 C:\source\02\fish-cake.html입니다.

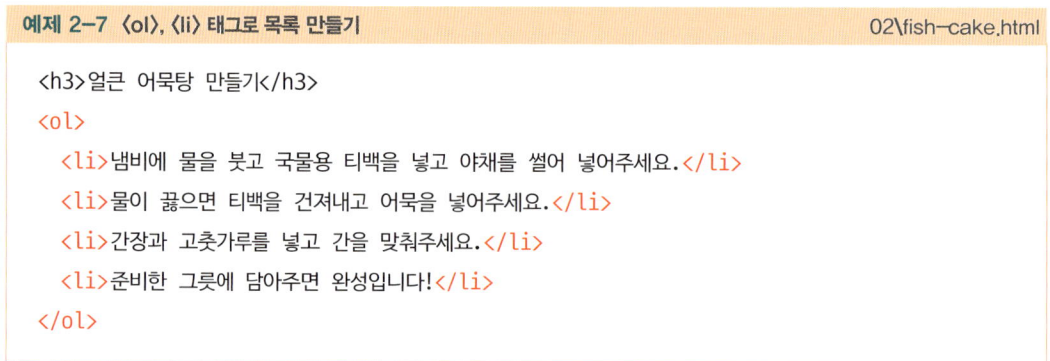

예제 2-7 <ol>, <li> 태그로 목록 만들기   02\fish-cake.html

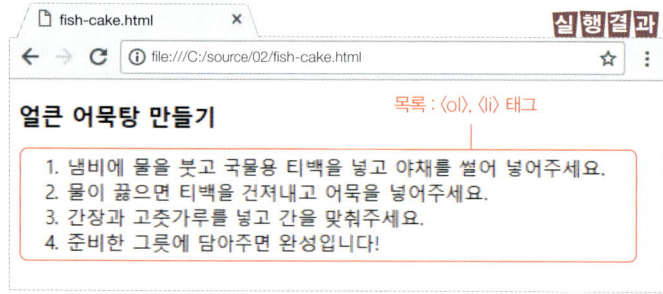

그림 2-10 fish-cake.html의 실행 화면

`<ol>`과 `<ul>`의 사용법은 동일합니다. 목록의 각 항목 또한 `<li>`로 표현합니다. 그렇다면 이 두 목록의 차이는 무엇일까요?

<ol> 태그는 순서가 있는 목록에 사용한다고 했습니다. <ol> 태그 밑에 <li>로 항목을 표기하면 [그림 2-10]처럼 항목에 번호가 표시됩니다. 요리 방법처럼 **순서가 중요한 목록에는 꼭 <ol>과 <li> 태그를 사용**하기 바랍니다.

Quiz 2-4. 다음과 같은 웹 페이지를 만들려면 어떻게 해야 할까요? 빈칸을 채워보세요.

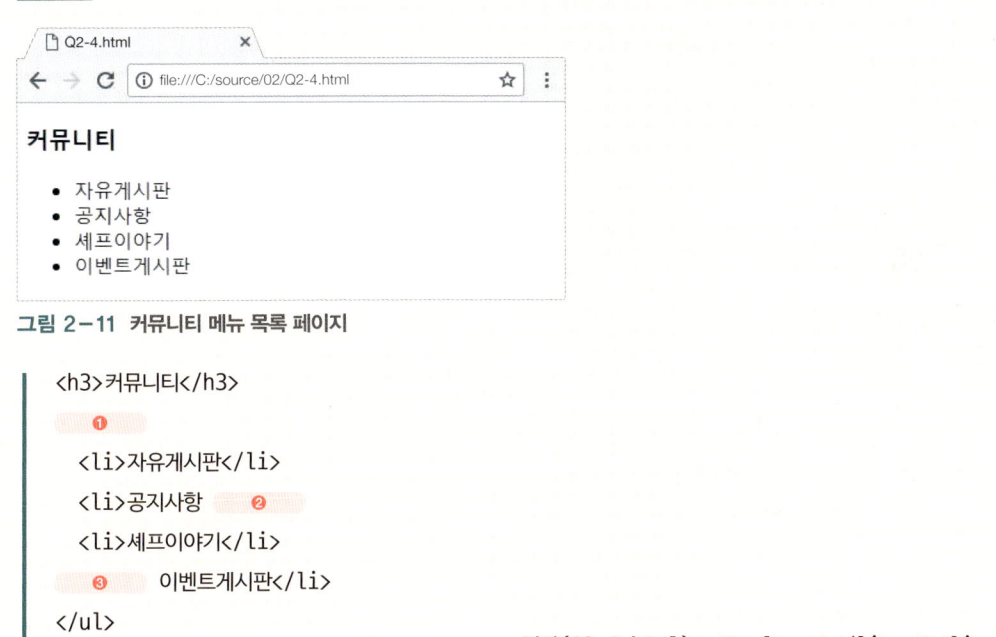

그림 2-11 커뮤니티 메뉴 목록 페이지

```
<h3>커뮤니티</h3>
    ❶
  <li>자유게시판</li>
  <li>공지사항    ❷
  <li>셰프이야기</li>
    ❸    이벤트게시판</li>
</ul>
```

정답(Q2-4.html) : ❶<ul> ❷</li> ❸<li>

HTML 문서에 설명 글 달기

HTML 문서를 작성하다 보면 웹 브라우저에서는 보이지 않는 설명을 추가해야 할 때가 있습니다. 이때에는 <!--과 -->로 설명을 추가할 수 있습니다. HTML 문서에서 설명 글이 시작하는 곳에 <!--을 삽입하고 설명 글이 끝나는 곳에 -->를 삽입합니다. 그러면 웹 브라우저는 이 부분을 해석하지 않습니다.

38쪽의 [예제 2-7]에서 사용된 fish-cake.html에 설명 글을 추가해보겠습니다. 다음은 C:\source\02\comment.html입니다.

예제 2-8 설명 글 달기　　　　　　　　　　　　　　　　　　　　02\comment.html

```
❶<!-- <h1>이 아닌 중간 크기의 <h3> 태그를 사용했습니다. ❷-->
<h3>얼큰 어묵탕 만들기</h3>
<ol>❶<!-- <ol> 태그를 사용하면 순서가 각 항목에 붙습니다. ❷-->
    <li>냄비에 물을 붓고 국물용 티백을 넣고 야채를 썰어 넣어주세요.</li>
    <li>물이 끓으면 티백을 건져내고 어묵을 넣어주세요.</li>
    <li>간장과 고춧가루를 넣고 간을 맞춰주세요.</li>
    <li>준비한 그릇에 담아주면 완성입니다!</li>
</ol>
```

[예제 2-8]의 ❶<!--은 설명 글(주석 혹은 코멘트comment)의 시작을 의미하고 ❷-->는 설명 글의 끝을 의미합니다.

앞서 웹 브라우저는 설명 글을 해석하지 않는다고 했습니다. <!--을 만나는 순간 웹 브라우저는 -->를 만나기 전까지의 모든 내용을 무시합니다. 따라서 ❶의 <!-- 다음에 있는 <h1>과 <h3>, <ol> 태그를 브라우저가 무시합니다.

[예제 2-8]을 크롬으로 실행해보면 더 확실히 알 수 있습니다. 실행 결과는 앞서 봤던 38쪽의 [그림 2-10]과 동일할 겁니다. 이는 <!--과 --> 사이에 있는 내용을 웹 브라우저가 무시했다는 의미입니다.

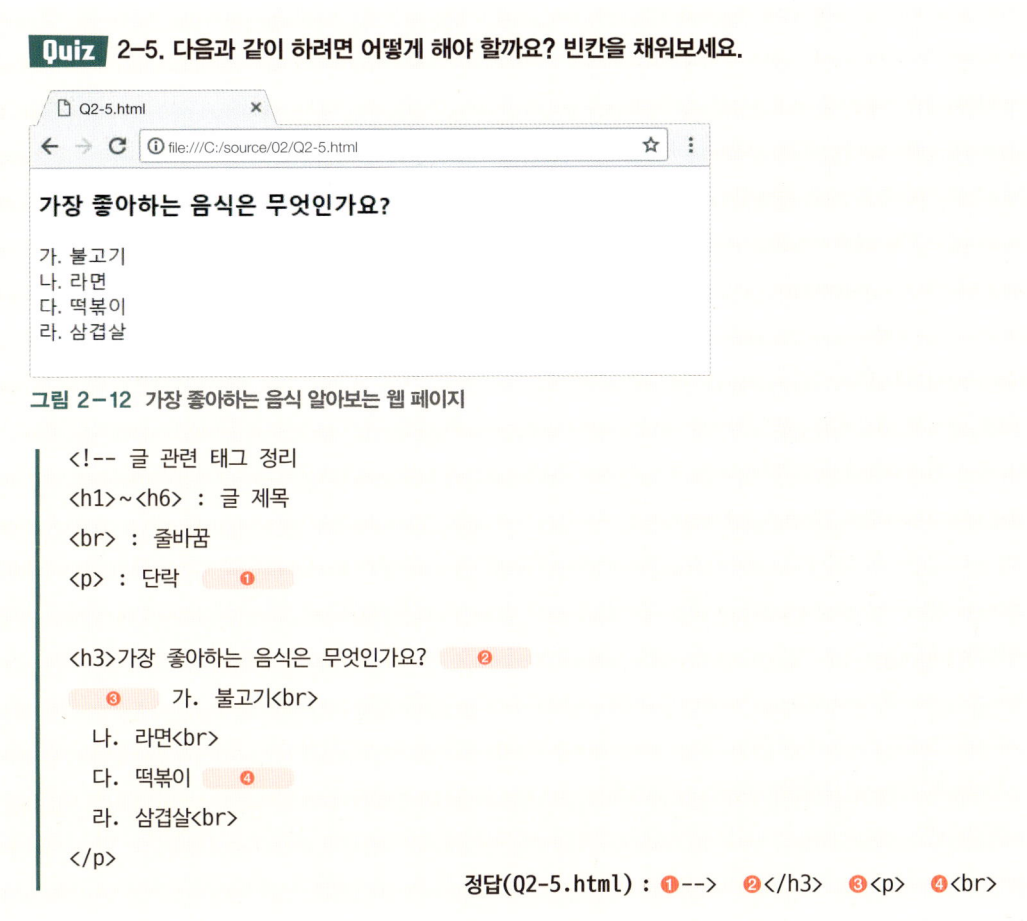

프로젝트 1 : 간단한 로제 파스타 만들기

다음은 로제 파스타를 간단하게 만드는 방법을 설명하는 웹 페이지입니다. 각 단계에서 주어진 조건에 따라 단계별로 직접 코딩해보세요.

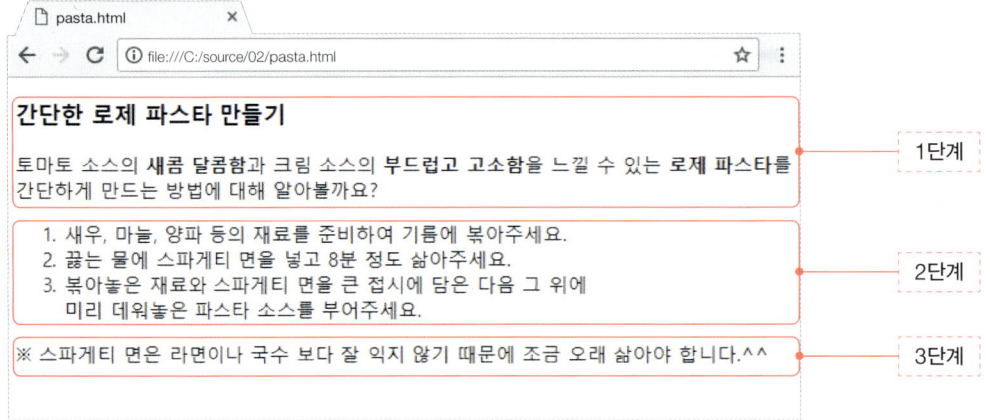

그림 2-13 간단한 로제 파스타 만들기 페이지

조건(힌트)

1단계 <h3>, <p>, <b> 태그 사용

2단계 <ul>, <li> 또는 <ol>, <li> 태그 사용

3단계 <p> 태그 사용

정답 및 해설 (정답 파일 : pasta.html)

1단계

```
<h3>간단한 로제 파스타 만들기</h3>
<p>토마토 소스의 <b>새콤 달콤함</b>과 크림 소스의 <b>부드럽고 고소함</b>을 느낄 수 있는 <b>로제 파스타</b>를 간단하게 만드는 방법에 대해 알아볼까요?</p>
```

해설 `<h1>~<h6>`의 여섯 개의 태그는 글 제목을 만드는 데 사용됩니다. `<b>` 태그는 글자를 두껍게 만드는 데 사용됩니다.

2단계

```
<ol>
    <li>새우, 마늘, 양파 등의 재료를 준비하여 기름에 볶아주세요.</li>
    <li>끓는 물에 스파게티 면을 넣고 8분 정도 삶아주세요.</li>
    <li>볶아놓은 재료와 스파게티 면을 큰 접시에 담은 다음 그 위에<br>
        미리 데워놓은 파스타 소스를 부어주세요.</li>
</ol>
```

해설 `<ol>`, `<li>` 태그는 항목 앞에 순서가 붙는 목록에 사용합니다.

3단계

```
<p>※ 스파게티 면은 라면이나 국수보다 잘 익지 않기 때문에 더 오래 삶아야 합니다.^^</p>
```

요점 정리

01. 글 제목 만들기
HTML에서는 <h1>, <h2>, <h3>, <h4>, <h5>, <h6>의 여섯 개의 태그로 글 제목을 표현합니다.

02. 단락 나누기
HTML 문서에서 단락을 나눌 때는 <p> 태그를 사용합니다.

03. 글자 두껍게 하기
글자를 두껍게 할 때는 <b> 태그를 사용합니다.

04. 줄바꿈과 공백 삽입하기
HTML 문서에서 단락이나 글자의 내용 중에 줄바꿈을 하려면 해당 줄의 맨 뒤에
 태그를 붙입니다. 공백을 여러 개 삽입하려면 HTML 특수 문자 기호인 를 사용해야 합니다.

05. 목록 만들기
웹 페이지에서 목록을 만들려면 <ul>, <ol>, <li> 태그를 사용합니다.

- 순서가 없는 목록 : <ul>, <li> 태그
- 순서가 있는 목록 : <ol>, <li> 태그

06. HTML 문서에 설명 글 달기
HTML 문서에 웹 브라우저가 해석하지 못하는 설명 글을 넣으려면 <!--과 --> 사이에 넣습니다.

chapter 3
멀티미디어와 링크에 대해 알아보자

> **3장에서는**

3장에서는 웹 페이지에 이미지를 삽입하고 오디오와 비디오를 재생하는 방법에 대해 배웁니다. 또한, 웹 페이지에 있는 글자나 이미지를 마우스로 클릭했을 때 다른 웹 페이지로 이동하게 하는 링크에 대해서도 공부합니다.

학습목표
+ 이미지 삽입하기
+ <img> 태그의 속성 알아보기
+ 오디오 삽입하기
+ 비디오 삽입하기
+ 링크 걸기

01 이미지 삽입하기 <img> 태그

먼저 그림이나 사진 등의 이미지를 HTML 문서에 넣는 방법을 배워봅시다.

반려동물에 대한 글을 적으며 반려동물 사진을 한 장 넣으려 합니다. 귀여운 강아지 사진(dog.jpg)을 웹 페이지에 삽입하도록 하죠. 다음은 C:\source\03\image.html 파일입니다. 해당 파일을 더블클릭해서 실행해보세요.

예제 3-1 이미지 삽입하기 03\image.html

```
<h3>반려동물이란?</h3>

<p>사람과 더불어 살아가는 동물이란 의미로 1983년 오스트리아 빈에서 열린 애완동물 국제 심포지엄에서 처음으로 제안되었다 합니다.</p>

❶ <img src='dog.jpg'>
```

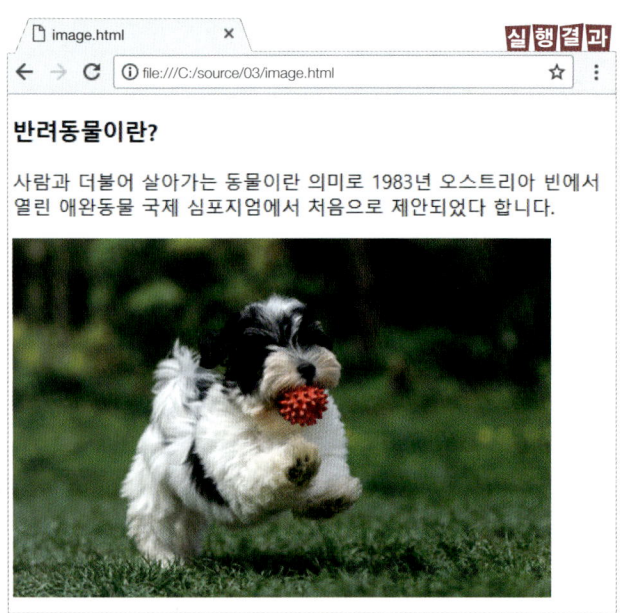

그림 3-1 image.html의 실행 화면

[예제 3-1]에 있는 ❶의 <img>는 처음 보는 태그군요. <img> 태그는 웹 페이지에 이미지를 삽입할 때 사용합니다. <img> 태그는 단독으로 쓰기도 하지만 보통 src 속성과 함께 사용합니다. src 속성은 source를 의미하며 이미지 파일의 이름과 경로를 알려줍니다.

다시 [예제 3-1]의 ❶을 보세요. src='dog.jpg'라고 적혀 있습니다. 이 dog.jpg가 [그림 3-1]의 화면에 보이는 강아지 이미지입니다. 예제의 코드처럼 src 속성에 이미지 파일 이름만 지정할 경우에는 오른쪽의 [그림 3-2]와 같이 dog.jpg와 HTML 문서인 image.html이 같은 폴더 안에 존재해야 합니다.

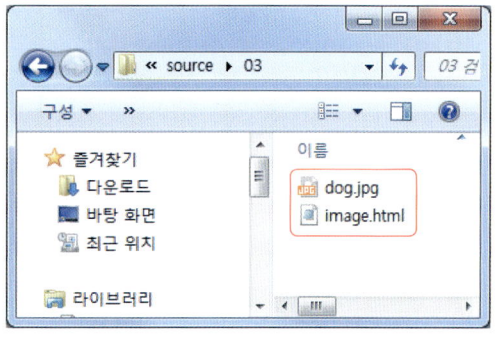

그림 3-2 이미지 파일(dog.jpg)이 HTML 문서(image.html)와 같은 폴더 안에 존재

만약 오른쪽의 [그림 3-3]처럼 img 폴더 안에 이미지 파일(dog.jpg)이 존재한다면 src 속성 값으로써 './img/dog.jpg'와 같이 파일을 찾아가는 길, 즉 경로를 적어주어야 합니다. 점(.)은 현재 폴더를 의미하고 슬래시(/)는 폴더를 구분해주는 기호입니다. 여기서 현재 폴더의 경로를 의미하는 ./는 생략하여 'img/dog.jpg'와 같이 사용할 수도 있습니다.

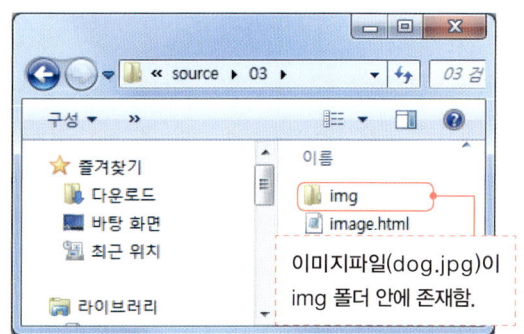

그림 3-3 이미지 파일(dog.jpg)이 img 폴더 안에 존재

[예제 3-1]에서 사용한 이미지 파일(dog.jpg)은 JPG 포맷입니다. JPG 포맷 외에도 다음 쪽의 [표 3-1]에서 정리한 GIF, PNG, SVG 포맷을 사용할 수 있습니다.

표 3-1 웹 페이지에서 사용 가능한 이미지 파일 포맷

이미지 파일 포맷	파일 확장자	주로 사용되는 곳
JPG	.jpg	사진 이미지
GIF	.gif	아이콘과 같은 컴퓨터 그래픽 이미지 간단한 애니메이션 이미지
PNG	.png	사진과 그래픽 이미지에 모두 사용 가능
SVG	.svg	컴퓨터 그래픽 이미지와 로고 이미지

Quiz 3-1. 웹 페이지에서의 이미지 삽입과 이미지 파일 포맷에 관한 설명입니다. 물음에 답하세요.

❶ <img> 태그에서 사용되는 src 속성의 역할은 무엇인가요?

  가. 이미지 파일의 경로와 파일 이름을 지정합니다.

  나. 이미지 파일 이름만을 지정합니다.

❷ 웹에서 사용되는 이미지 파일 포맷 네 가지는 무엇인가요?

  가. TIF, PNG, GIF, SVG   나. PSD, JPG, PNG, GIF

  다. JPG, PNG, GIF, SVG   라. PSD, TIF, JPG, GIF

정답 : ❶ 가　❷ 다

<img> 태그의 속성 알아보기

앞 절에서 <img> 태그의 src 속성은 이미지 파일의 경로와 파일을 지정하는 데 사용된다고 배웠습니다. [47쪽] 이번에는 웹 브라우저에 표시되는 이미지의 너비와 높이를 지정해주는 width와 height 속성에 대해 공부해봅시다. 자, C:\source\03\image-size.html을 봅시다.

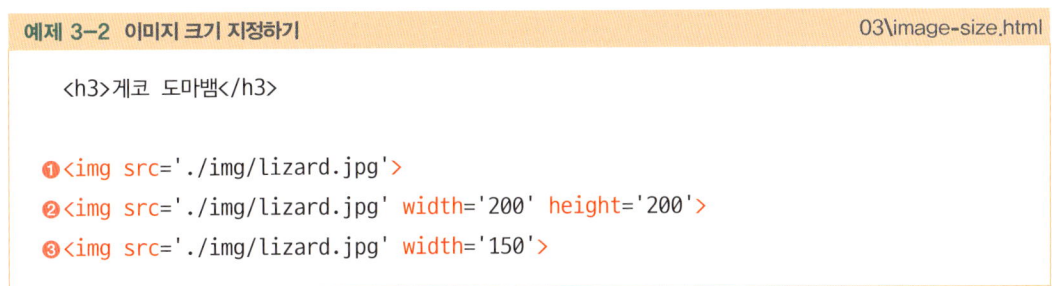

그림 3-4 image-size.html의 실행 화면

[예제 3-2]의 ❶에는 src 속성만 있습니다. 이때는 [그림 3-4]의 ❶처럼 lizard.jpg 파일의 원본 이미지 크기가 그대로 화면에 표시됩니다(lizard.jpg는 가로 300픽셀, 세로 199픽셀입니다).

[예제 3-2]의 ❷에서는 width와 height 속성을 추가했습니다. width 속성은 이미지의 가로 크기를, height 속성은 세로 크기를 지정합니다. 이미지 크기를 width='200' height='200'으로

지정한 ❷의 실행 결과는 [그림 3-4]의 입니다. 이 경우에는 실제 이미지의 크기가 300x199픽셀인 이미지 파일을 200x200픽셀로 강제로 수정했기 때문에 이미지가 찌그러져 보입니다. 이처럼 `width`와 `height` 속성 둘 다를 지정할 때에는 강제로 이미지의 크기를 조정하므로 원본 이미지의 가로와 세로 비율을 잘 고려해야 합니다.

> **TIP**
> 픽셀은 화소라고도 하며, 화면을 구성하는 가장 단위입니다. 앞으로 이미지나 동영상 파일 등을 다룰 때 자주 이 책에서 사용할 용어이며, 단위는 px를 사용합니다.

[예제 3-2]의 ❸을 볼까요. 이번에는 `width` 속성만 지정(`width='150'`)하고 `height` 속성은 지정하지 않았습니다. 이렇게 `width` 속성만 지정하면 웹 브라우저가 원본 이미지의 가로세로 비율을 고려하여 주어진 이미지의 너비(`width` 속성에 설정된 값)에 맞추어 자동으로 높이가 설정됩니다.

> **TIP** 웹에서 height 속성만 지정하는 일은 없나요?
> 이미지 크기 설정 시 height만 설정하는 경우는 거의 없습니다. 왜냐하면 웹 페이지를 레이아웃할 때 가로를 기준으로 하기 때문입니다.

지금까지 웹 페이지에 이미지를 삽입할 때 이미지 크기를 설정하는 세 가지 방법에 대해 설명했습니다. 이를 정리하면 다음과 같습니다.

width 속성값	height 속성값	
×	×	이미지 파일의 원본 크기대로 출력(그림 3-4 ❶)
○	○	지정된 이미지의 너비와 높이대로 출력(그림 3-4 ❷)
○	×	높이는 웹 브라우저가 자동으로 계산하여 출력(그림 3-4 ❸)

속성을 하나 더 살펴봅시다. 마우스를 이미지에 올렸을 때 표시되는 설명 글을 지정하는 `title` 속성입니다. 이번에는 C:\source\03\image-title.html을 볼까요.

예제 3-3 이미지 설명 글 지정하기　　　　　　　　　　　　　　03\image-title.html

```
<h3>크라운 피시</h3>
<img src='./img/fish.jpg' ❶title='영화 니모의 주인공'>
```

그림 3-5 image-title.html의 실행 화면

image-title.html을 웹 브라우저로 연 다음 그림에 마우스를 갖다 놓으면 [그림 3-5]처럼 보이나요? 여기에 해당되는 것이 [예제 3-3]의 ❶title 속성입니다. title 속성은 이미지 위에 마우스를 올렸을 때 보여주고 싶은 메시지를 지정하는 데 사용됩니다.

지금까지 공부한 <img> 태그의 속성을 정리하면 다음의 [표 3-2]와 같습니다.

표 3-2 <img> 태그의 속성

속성	의미
src	삽입되는 이미지 파일의 이름과 경로
width	이미지의 너비 지정
height	이미지의 높이 지정
title	이미지 위에 마우스를 올렸을 때 나타나는 이미지 설명 글

Quiz 3-2. 다음은 〈img〉 태그의 width와 height 속성에 관한 것입니다. 물음에 답하세요.

❶ 이미지를 삽입할 때 width와 height 속성을 지정하지 않았습니다. 웹 브라우저에서 이미지는 어떻게 표시될까요?

가. 이미지가 표시되지 않습니다.

나. 원본 이미지 파일의 너비와 높이로 표시됩니다.

다. 웹 브라우저 화면에 꽉 차게 표시됩니다.

❷ 이미지를 삽입할 때 width 속성만 지정하면 이미지는 어떻게 표시될까요?

가. 이미지가 표시되지 않습니다.

나. 지정된 이미지의 너비가 무시되어 원본 이미지 파일의 크기대로 웹 브라우저 화면에 표시됩니다.

다. 지정된 이미지의 너비에 따라 웹 브라우저가 원본 이미지 파일의 가로세로 비율을 고려해 이미지의 높이를 자동 계산하여 이미지를 화면에 표시합니다.

라. 웹 브라우저 화면에 꽉 차게 표시됩니다.

정답 : ❶나 ❷다

03 오디오 삽입하기

`<audio>` 태그

종종 블로그나 카페에 접속하면 배경 음악이 나옵니다. 이처럼 웹 페이지에 배경 음악이나 효과음 등을 삽입할 때는 HTML5에서 새로 추가된 `<audio>` 태그를 사용합니다. 오디오 파일 포맷으로는 MP3, WAV, OGG 등이 있으며 그 중 MP3 파일 포맷을 가장 많이 사용합니다.

그럼 다음 예제를 통해 오디오 파일인 .mp3를 재생하는 방법을 공부해볼까요?

다음은 C:\source\03\audio.html 파일입니다.

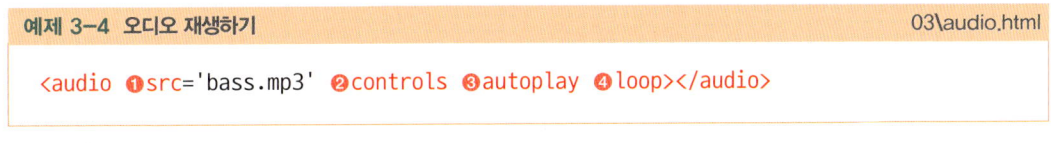

그림 3-6 audio.html의 실행 화면

[예제 3-4]의 `<audio>` 태그는 오디오를 재생시키는 데 사용됩니다. ❶src 속성은 `<img>` 태그와 마찬가지로 경로를 포함한 오디오 파일 이름(bass.mp3)을 지정하는 데 사용됩니다.

❷controls 속성을 사용하면 [그림 3-6]처럼 오디오 플레이어가 화면에 표시됩니다. 당연히 controls 속성이 없으면 화면에 오디오 플레이어가 표시되지 않으며 오디오 소리만 나옵니다.

❸autoplay 속성은 자동 재생을 의미합니다. [그림 3-6]의 실행 화면처럼 웹 페이지의 오디오 플레이어 화면에서 재생 버튼(▶)을 누르지 않아도 웹 페이지가 열리는 순간부터 오디오가 재생됩니다. autoplay 속성이 없으면 오디오가 자동 재생되지 않고 화면 왼쪽에 재생 버튼을 눌러야만 오디오가 재생됩니다.

> **TIP** `<audio>` 태그에 controls 속성도 autoplay 속성도 없으면 어떻게 되나요?
>
> 오디오 플레이어가 화면에 표시되지 않고 음악이 자동으로 나오지 않습니다. 그렇게 하면 안 되겠지요. autoplay가 없을 경우에는 controls가 있어야 합니다. 플레이 버튼을 클릭해서 오디오를 듣게 해야 합니다.

❹ `loop` 속성은 자동 반복을 의미합니다. loop 속성이 존재하면 곡이 무한 반복됩니다.

`<audio>` 태그의 속성을 표로 정리하면 다음의 [표 3-3]과 같습니다.

표 3-3 〈audio〉 태그의 속성

속성	의미
src	삽입되는 오디오 파일의 이름(경로 포함)
controls	플레이어를 화면에 표시
autoplay	자동 시작
loop	무한 반복

[표 3-4]는 웹 브라우저별 지원하는 음악 파일 포맷을 정리한 표입니다.

표 3-4 웹 브라우저별 지원하는 음악 파일 포맷

	IE	크롬	파이어폭스	사파리	오페라
MP3	O	O	X	O	X
OGG	X	O	O	O	O
WAV	X	O	O	X	O

비디오 삽입하기

\<video\> 태그

\<audio\> 태그가 웹 페이지에서 음향을 추가했듯이 비디오 파일을 삽입하려면 \<video\> 태그를 사용합니다. \<video\> 태그는 HTML5에서 새로 추가된 태그입니다.

비디오 파일 포맷은 여러 가지가 있는데 웹에서는 주로 MP4, WebM, OGG 등을 사용합니다. 웹 페이지에서 웹 브라우저가 비디오 파일을 재생시키려면 사용자의 컴퓨터에 해당 포맷의 비디오 코덱 프로그램이 반드시 있어야 합니다.

우리는 사용자가 어떤 비디오 코덱 환경에서 웹을 이용하는지 알 수 없으므로 비디오 파일 하나를 여러 가지 파일 포맷으로 준비했습니다. 포맷만 다를 뿐 내용은 같은 비디오입니다. C:\source\03\video.html을 봅시다.

예제 3-5 비디오 재생하기   03\video.html

```
<video ❶width='320' ❷height='240' ❸autoplay ❹controls ❺loop>
    <source src='sample-video.mp4' type='video/mp4'>
    <source src='sample-video.webm' type='video/webm'>
    <source src='sample-video.ogg' type='video/ogg'>
</video>
```

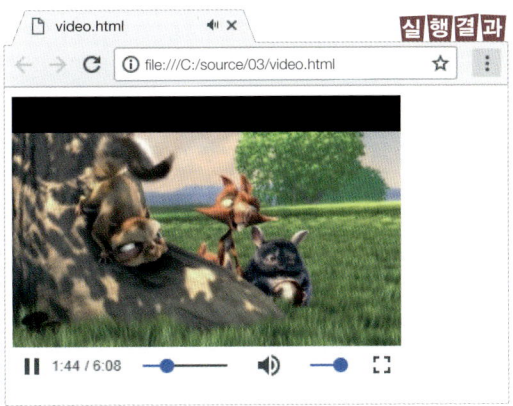

그림 3-7 video.html의 실행 화면

❶width 속성과 ❷height 속성은 <img> 태그와 같이 비디오 플레이어의 너비와 높이를 지정하는 데 사용됩니다. 그리고 ❸autoplay 속성은 <audio> 태그에서와 마찬가지로 비디오를 자동 재생하라는 의미입니다. ❹controls 속성을 사용하면 비디오 화면에 마우스를 올렸을 때 [그림 3-7]처럼 비디오 플레이어가 화면에 표시됩니다. 당연히 controls 속성이 없으면 화면에 비디오 플레이어는 표시되지 않습니다.

❺의 loop 속성도 <audio> 태그에서와 마찬가지로 무한 반복을 의미합니다. 코드에 loop 속성이 있으면 비디오가 무한 반복 재생됩니다. <video> 태그의 속성을 표로 정리하면 다음과 같습니다.

표 3-5 <video> 태그의 속성

속성명	의미
src	삽입되는 비디오 파일의 이름(경로 포함)
controls	플레이어를 화면에 표시
autoplay	비디오의 자동 시작
loop	비디오의 무한 반복 재생
width	비디오 화면의 너비
height	비디오 화면의 높이

Quiz 3-3. 다음은 웹 페이지에서의 오디오와 비디오 삽입에 대한 것입니다. 물음에 답하세요.

❶ 오디오와 비디오 삽입 시 플레이어를 화면에 표시할 때 사용하는 속성은 무엇인가요?

❷ 오디오와 비디오의 자동 시작을 의미하는 속성은 무엇인가요?

❸ 오디오와 비디오의 무한 반복을 의미하는 속성은 무엇인가요?

❹ 삽입되는 오디오와 비디오 파일의 경로와 파일 이름을 지정하는 속성은 무엇인가요?

정답 : ❶controls ❷autoplay ❸loop ❹src

05 링크 걸기

`<a>` 태그

링크에 대해 알아보고 웹 페이지와 웹 페이지 간에 이동할 수 있게 링크를 걸어봅시다.

링크란?

웹 서핑을 할 때 글자나 이미지를 클릭하면 다른 웹 페이지로 이동하는데 이처럼 글자나 이미지에 해당 웹 페이지를 연결하는 걸 '링크'라 합니다. 앞의 예제에서 만든 웹 페이지에 링크를 걸어 웹 페이지간에 이동할 수 있게 만들어봅시다. 다음은 C:\source\03\main.html입니다.

예제 3-6 링크 걸기　　　　　　　　　　　　　　　　　　　　　　　　　　03\main.html

```
<h2>글자에 링크 걸기</h2>
<h3>❶<a href='page1.html'>게코 도마뱀</a></h3>
<h3>❷<a href='page2.html'>크라운 피시</a></h3>

<h2>이미지에 링크 걸기</h2>
❸<a href='page1.html'><img src='img/lizard.jpg' width='100'></a>
❹<a href='page2.html'><img src='img/fish.jpg' width='100'></a>
```

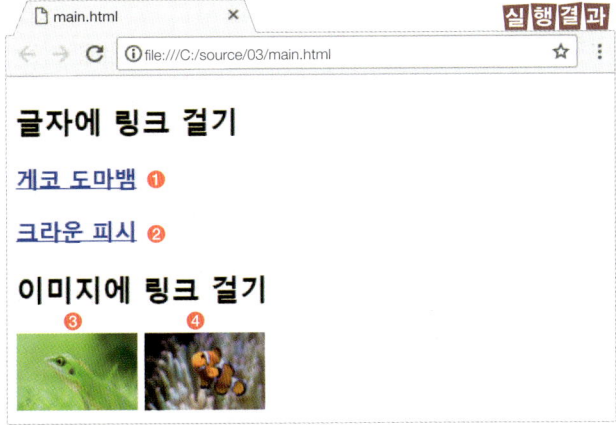

그림 3-8 main.html의 실행 화면

[예제 3-6]의 ❶에는 게코 도마뱀 앞뒤로 <a>와 </a> 태그가 있습니다. [그림 3-8]의 ❶ '게코 도마뱀'을 클릭해보세요. 그러면 page1.html로 이동할 겁니다. 이런 것이 링크입니다. <a> 태그가 링크를 걸어주는 역할을 하며 <a> 태그의 href 속성에는 클릭했을 때 이동할 주소를 적어줍니다. [예제 3-6]을 다시 봅시다. ❶에서 href 속성값이 'page1.html'이죠? 따라서 클릭했을 때 page1.html로 이동합니다.

TIP

[예제 3-6]의 ❶과 ❷처럼 글자에 링크를 걸면 글자의 색상이 바뀌고 밑줄이 생깁니다. 기본으로 지정된 글자 색과 밑줄을 없애는 방법은 5장에서 CSS를 배운 후에 해보겠습니다.

그럼 이번에는 C:\source\03\page1.html을 살펴볼까요?

예제 3-7 page1.html의 소스(source) `03\page1.html`

```
<h3>게코 도마뱀</h3>

<img src='img/lizard.jpg'>
<img src='img/lizard.jpg' width='200' height='200'>
<img src='img/lizard.jpg' width='150'>

❶<h4><a href='main.html'>← 메인으로 이동</a></h4>
```

[예제 3-7]의 page1.html은 게코 도마뱀 페이지인 image-size.html에 단지 ❶의 코드, 즉 ← 메인으로 이동을 클릭하면 웹 페이지의 메인인 main.html로 돌아가는 부분인 <h4><a href='main.html'>← 메인으로 이동</a></h4>코드만 추가됐습니다.

[그림 3-9]의 ❶의 '← 메인으로 이동'을 클릭해보세요. 메인 페이지인 [그림 3-8]로 이동하나요? 이와 같은 방식으로 [그림 3-8]의 메인 페이지 ❷, ❸, ❹를 번갈아가며 클릭해보세요. 그럼 메인 페이지에서 각각의 웹 페이지로 어떻게 이동해가는지를 이해할 수 있을 겁니다.

그림 3-9 page1.html의 실행 화면

예제 3-6 링크 걸기　　　　　　　　　　　　　　　　　　　　　　　　　　03\main.html

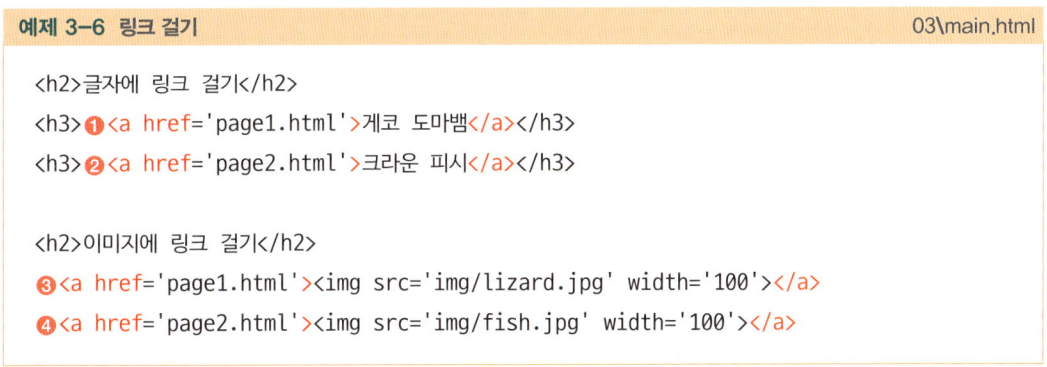

[예제 3-6]의 ❸과 ❹에서는 이미지에 링크가 걸려 있습니다. 이미지에 링크를 거는 방법은 글자와 같습니다. `<img>` 태그의 앞과 뒤에 각각 `<a>`와 `</a>`를 사용하고 href 속성에 이동할 웹 페이지의 주소를 적어주면 끝입니다. 간단하지요?

C:\source\03 폴더에서 page2.html 파일을 편집기로 열어 살펴보세요. page2.html의 마지막 부분에도 page1.html과 마찬가지로 메인 페이지로 가는 링크가 걸려있지요? 이 부분은 page1.html과 동일하기 때문에 별도의 설명은 생략합니다.

새로운 탭으로 링크 걸기

이제 우리는 텍스트나 이미지에 링크를 걸 줄 압니다. 그리고 링크를 클릭하면 클릭한 웹 브라우저 화면에서 웹 페이지가 이동한다는 것도 알았습니다. 그런데 링크를 눌렀을 때 웹 브라우저의 새로운 탭에서 해당 웹 페이지를 열게 하고 싶습니다. 어떻게 해야 할까요?

C:\source\03\new-tab.html 예제를 통해 웹 브라우저의 새로운 탭에서 링크된 웹 페이지를 여는 방법에 대해 공부해봅시다.

예제 3-8 새로운 탭으로 링크 걸기 03\new-tab.html

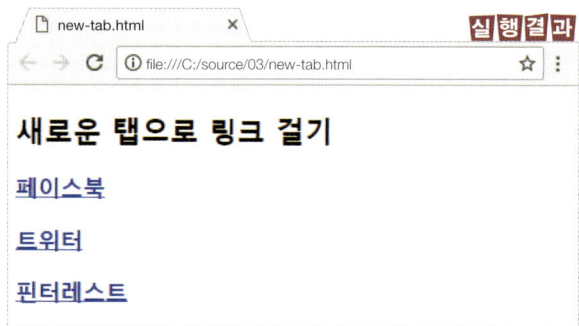

그림 3-10 new-tab.html의 실행 화면

[예제 3-8]의 ❶, ❷, ❸에서는 글자를 클릭하면 각각 페이스북, 트위터, 핀터레스트 사이트로 이동하는 링크가 걸려 있습니다. 그런데 새로운 속성이 보이는군요. **target** 속성이 있고 이 속성값으로 **'_blank'**를 지정하고 있습니다. 이렇게 하면 해당 사이트로 이동할 때 웹 브라우저의 새로운 탭으로 해당 웹 페이지가 열립니다.

[그림 3-10]의 '페이스북', '트위터', '핀터레스트'를 차례대로 클릭해보세요. 새로운 탭이 열리면서 해당 사이트로 이동하나요?

표 3-6 ⟨a⟩ 태그의 속성

속성	속성값	주로 사용되는 곳
href	• HTML 파일 이름(예 : company.html) • 웹사이트 주소(예 : https://www.naver.com)	• HTML 파일 이름으로 명시된 웹 페이지로 이동 • 해당 웹사이트로 이동
target	_blank	웹 브라우저의 새로운 탭에 해당 웹 페이지 또는 웹사이트를 보여줌

Quiz 3-4. 다음은 웹 페이지의 글자나 문자를 클릭하면 웹 페이지가 이동하는 링크에 관한 것입니다. 물음에 답하세요.

❶ 링크 걸기에 사용되는 태그는 무엇인가요?

❷ ⟨a⟩ 태그에서 이동할 웹 페이지 주소를 의미하는 속성은 무엇인가요?

　가. href　　　나. src　　　다. http　　　라. source

❸ 웹 브라우저에서 링크를 클릭했을 때 새로운 탭으로 이동하는 웹 페이지를 보여주려 합니다. 이때 사용되는 속성과 속성값의 지정은 무엇인가요?

　가. target = '_blank'　　　나. taget = '_top'

　다. href = '_blank'　　　라. src = '_blank'

정답 : ❶ ⟨a⟩ 태그　❷ 가　❸ 가

프로젝트 2 : 이미지, 소리, 비디오 보여주기

반려동물의 이미지를 보여주고 개 짖는 소리와 동물 비디오를 웹 브라우저 화면에서 재생하는 웹 페이지를 다음처럼 만들려고 합니다. 각 단계에서 주어진 조건에 따라 직접 코딩해보세요.

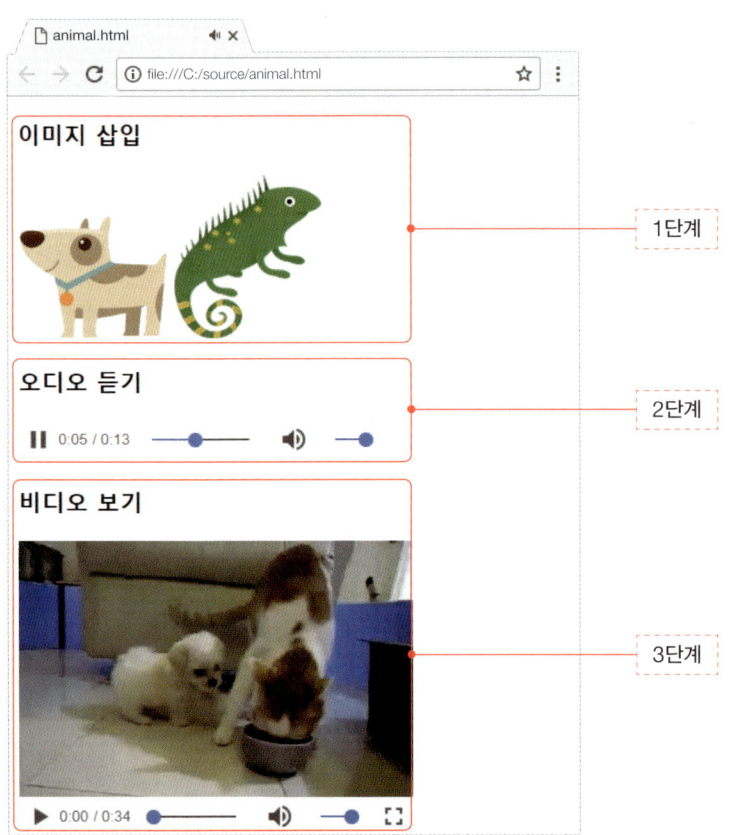

그림 3-11 이미지, 오디오, 비디오 삽입 페이지

조건(힌트)

1단계 글 제목에 〈h3〉 태그 사용, 강아지 이미지(dog.png)의 너비는 120픽셀로 지정,
이구아나 이미지(iguana.png)는 원본 이미지의 크기로 표시,
이구아나 이미지에 마우스를 올렸을 때 '녹색 이구아나'란 설명 글 표시

2단계 오디오(dog-sound.mp3)의 플레이어 표시, 자동 시작, 무한 반복

3단계 비디오(dog-cat.mp4)의 플레이어를 너비는 320픽셀, 높이는 240픽셀로 표시하고 mp4, webm, ogg 포맷이 재생 가능하도록 설정

정답 및 해설(정답 파일 : animal.html)

1단계

```
<h3>이미지 삽입</h3>
<img src='img/dog.png' width='120'>
<img src='img/iguana.png' title='녹색 이구아나'>
```

해설 width 속성만 지정하면 웹 브라우저가 높이를 자동 계산하여 화면에 표시합니다. 이미지의 원본 크기로 표시할 경우에는 width와 height 속성을 지정할 필요가 없습니다.

2단계

```
<h3>오디오 듣기</h3>
<audio src='img/dog-sound.mp3' controls autoplay loop></audio>
```

해설 오디오 플레이어 표시는 controls 속성, 자동 반복에는 autoplay 속성, 오디오의 무한 반복에는 loop 속성을 사용합니다.

3단계

```
<h3>비디오 보기</h3>
<video width='320' height='240' controls>
    <source src='img/dog-cat.mp4' type='video/mp4'>
    <source src='img/dog-cat.webm' type='video/webm'>
    <source src='img/dog-cat.ogg' type='video/ogg'>
</video>
```

해설 <source> 태그를 이용하여 다양한 비디오 포맷을 지원할 수 있습니다.

요점 정리

01. 이미지 삽입

웹 페이지에 이미지를 삽입할 때에는 `<img>` 태그를 사용합니다. `src` 속성은 이미지 파일의 이름과 경로를 알려줍니다. 웹에서 사용할 수 있는 이미지 파일 포맷은 다음 네 가지입니다.

- JPG
- GIF
- PNG
- SVG

02. `<img>` 태그의 속성

이미지를 삽입하는 `<img>` 태그의 속성은 다음과 같습니다.

- `src` 속성 : 삽입되는 이미지 파일의 이름과 경로 지정
- `width` 속성 : 이미지의 너비 지정
- `height` 속성 : 이미지의 높이 지정
- `title` 속성 : 이미지 위에 마우스를 올렸을 때 나타나는 이미지 설명 글 지정

03. 오디오 삽입

웹 페이지에 배경 음악이나 효과음 등을 삽입할 때는 HTML5에서 새로 추가된 `<audio>` 태그를 사용합니다. 오디오 파일 포맷으로는 MP3, WAV, OGG 등이 있으며 그중 MP3 파일 포맷을 가장 많이 사용합니다. `<audio>` 태그의 속성은 다음과 같습니다.

- `src` 속성 : 삽입되는 오디오 파일의 이름 지정
- `controls` 속성 : 오디오 플레이어의 화면 표시 여부 지정
- `autoplay` 속성 : 자동 시작
- `loop` 속성 : 무한 반복 여부를 지정

04. 비디오 삽입

비디오 파일을 삽입하는 데는 HTML5에서 새로 추가된 `<video>` 태그를 사용하며 웹에서 주로 사용되는 비디오 포맷은 MP4, WebM, OGG 등입니다. 웹 페이지에서 웹 브라우저가 비디오 파일을 재생시키려면 사용자의 컴퓨터에 해당 포맷의 비디오 코덱 프로그램이 반드시 있어야 합니다.

`<audio>` 태그의 속성으로 사용되는 `src`, `controls`, `autoplay`, `loop` 속성은 같은 맥락으로 `<video>` 태그에서도 그대로 사용됩니다. 그리고 `width` 속성은 비디오 화면의 너비, `height` 속성은 비디오 화면의 높이를 지정하는 데 사용됩니다.

05. 링크 걸기

웹 서핑을 할 때 글자나 이미지를 클릭하면 다른 웹 페이지로 이동합니다. 이와 같이 글자나 이미지에 해당 웹 페이지를 연결하는 것을 '링크'라고 합니다. `<a>` 태그로 해당 문자나 이미지에 링크를 겁니다. `<a>` 태그의 속성은 다음과 같습니다.

- `href` 속성 : 이동할 웹 페이지의 경로를 지정
- `target` 속성 : 웹 브라우저의 새로운 탭에서 해당 웹 페이지를 열게 하려면 `target` 속성값으로 '_blank'를 사용

chapter 4
테이블과 폼 양식을 만들어보자

4장에서는

웹에서 자주 보는 열차 시간표, 일기예보, 버스 시간표, 수업 시간표, 달력 등은 표 형태의 테이블입니다. 4장에서는 `<table>`, `<tr>`, `<th>`, `<td>` 태그 등의 사용법을 익혀 테이블 형태로 된 요소를 제작하는 방법을 배웁니다. 또 회원가입, 로그인, 게시판 글쓰기 등에서 사용되는 폼 양식도 배웁니다. 폼 양식을 배우면 텍스트 입력 창, 비밀번호 입력 창, 라디오 버튼, 체크 박스, 파일 선택 창, 선택 박스, 다중 입력 창, 버튼 등을 만들 수 있습니다.

학습목표

+ 테이블 삽입하기
+ 테이블 행과 열 합치기
+ 텍스트 입력 창 만들기
+ 비밀번호 입력 창 만들기
+ 라디오 버튼과 체크 박스 만들기
+ 파일 선택 창 만들기
+ 선택 박스 만들기
+ 다중 입력 창 만들기
+ 버튼 만들기

01 테이블 삽입하기

웹 페이지에서 테이블을 만들 때 사용하는 태그는 `<table>`, `<tr>`, `<th>`, `<td>` 태그입니다.

C:\source\04\train.html 예제를 통해 이러한 테이블 태그 사용법을 공부해봅시다.

예제 4-1 열차 시간표 만들기   04\train.html

```html
<!DOCTYPE html>
<html>
<head>
<meta charset='utf-8'>
<style>
table, tr, th, td {
  border: solid 1px black;
  border-collapse: collapse;
  padding: 8px;
}
</style>
</head>
<body>
<h3>KTX 열차 시간표</h3>
❶<table>
  ❷<tr>
    ❸<th>출발</th> <th>도착</th> <th>객실</th> <th>요금</th>
  </tr>
  ❷<tr>
    ❹<td>서울(17:25)</td> <td>부산(20:07)</td> <td>일반실</td> <td>50,800원</td>
  </tr>
  <tr>
    <td>서울(18:00)</td> <td>부산(20:35)</td> <td>특실</td> <td>83,700원</td>
  </tr>
  <tr>
    <td>서울(18:15)</td> <td>부산(20:50)</td> <td>일반실</td> <td>50,800원</td>
```

> 편의를 위해 추가한 CSS 코드입니다.
> 자세한 내용은 2부에서 배울 예정입니다.

```
        </tr>
    </table>
</body>
</html>
```

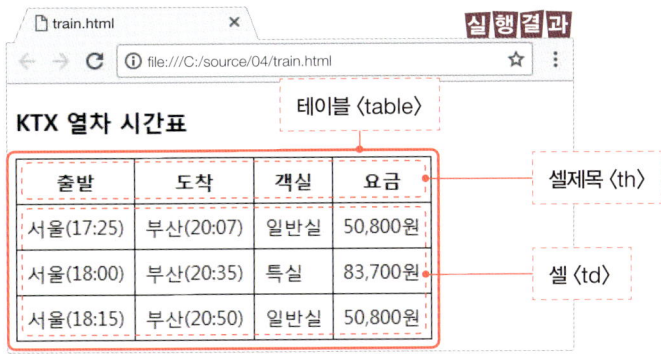

그림 4-1 train.html의 실행 화면

[예제 4-1]에서 파란색으로 표시된 부분은 편의를 위해 삽입한 CSS 코드로 테이블의 테두리와 여백을 지정하는 부분입니다. CSS는 2부에서 자세히 다룰 테니 지금은 그냥 넘어갑시다.

❶ **<table> 태그**

표를 만들려면 [예제 4-1]의 ❶처럼 <table>과 </table>로 표에 넣으려는 내용을 감싸야 합니다.

❷ **<tr> 태그**

❷의 <tr> 태그는 하나의 행을 의미합니다. [그림 4-1]의 테이블에는 네 개의 행이 사용되고 있습니다. 테이블에 행이 총 네 개이므로 [예제 4-1]을 보면 <tr> 태그를 총 네 번 사용했습니다. 테이블의 행은 <tr>로 시작해서 </tr>로 끝납니다.

❸ **<th> 태그**

❸의 <th> 태그는 테이블의 각 열의 제목을 의미합니다. table header라는 뜻이죠. [그림 4-1]에서 '출발', '도착', '객실', '요금' 등 열 제목은 총 네 개입니다. 따라서 [예제 4-1]을 보면 <th> 태그가 총 네 번 사용됩니다. <th>는 열 제목의 시작, </th>는 열 제목의 끝을 나타냅니다. <th> 태그를 사용하면 열 제목은 두꺼운 글자로 셀의 중앙에 배치됩니다.

❹ **<td> 태그**

❹의 <td> 태그는 열 제목을 나타내는 첫 번째 행의 셀(<th> 태그 사용)을 제외한 각각의 셀을 표현할 때 사용합니다. [그림 4-1]의 테이블에서 첫 번째 제목 행을 제외하고 3행 4열의 셀이 있습니다. 따라서 각 행을 나타내는 <tr> 태그 내에 각각 네 개의 <td> 태그가 사용됩니다. <td> 태그는 셀의 시작, </td>는 그 셀의 끝을 의미합니다.

Quiz 4-1. 다음은 고속버스 시간표 페이지입니다. 빈칸을 채워보세요.

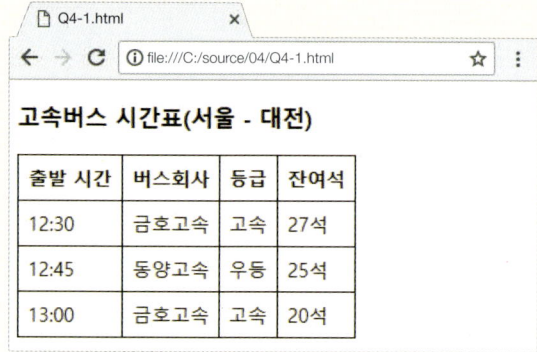

그림 4-2 고속버스 시간표 페이지

```
<h3>고속버스 시간표(서울 - 대전)</h3>
  ❶
  <tr>
    <th>출발 시간</th><th>버스회사</th><th>등급</th><th>잔여석</th>
    ❷
  <tr>
    <td>12:30</td>    ❸   금호고속</td><td>고속</td><td>27석</td>
  </tr>
  <tr>
    <td>12:45</td><td>동양고속</td><td>우등</td><td>25석</td>
  </tr>
  ❹
    <td>13:00</td><td>금호고속</td><td>고속</td><td>20석</td>
  </tr>
</table>
```

정답(Q4-1.html) : ❶<table> ❷</tr> ❸<td> ❹<tr>

02 테이블의 행과 열 합치기

앞 절에서는 웹 페이지에 테이블을 삽입하는 방법[68쪽]을 알아보았습니다. 이번 절에서는 테이블의 행과 열을 합치는 방법에 대해 공부해봅시다.

다음은 C:\source\04\weather.html입니다.

예제 4-2 일기예보 만들기 04\weather.html

```
<h3>일기예보</h3>
<table>
  <tr>
    <th ❶rowspan='2'>지역</th><th ❷colspan='2'>27일(목)</th><th ❷colspan='2'>28일(금)</th>
    <th ❷colspan='2'>29일(토)</th>
  </tr>
  <tr>
    <td>오전</td><td>오후</td><td>오전</td><td>오후</td><td>오전</td><td>오후</td>
  </tr>
  <tr>
    <td>서울<br>경기도</td>
    <td><img src='img/shine.png'></td><td><img src='img/shine.png'></td>
    <td><img src='img/shine.png'></td>
    <td><img src='img/rain.png'></td><td><img src='img/rain.png'></td>
    <td><img src='img/rain.png'></td>
  </tr>
  <tr>
    <td>제주도</td>
    <td><img src='img/shine.png'></td><td><img src='img/shine.png'></td>
    <td><img src='img/shine.png'></td>
    <td><img src='img/rain.png'></td><td><img src='img/rain.png'></td>
    <td><img src='img/rain.png'></td>
  </tr>
</table>
```

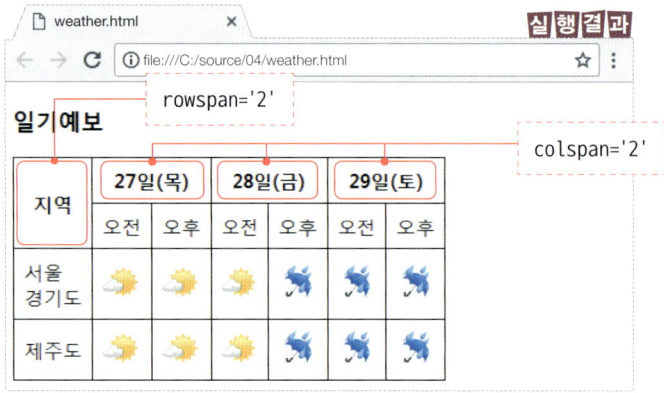

그림 4-3 weather.html의 실행 화면

- **rowspan 속성**

    [예제 4-2]의 <th> 태그에서 사용된 ❶rowspan 속성은 행을 합치는 데 사용됩니다. [그림 4-3]의 제일 왼쪽 위에 '지역' 셀을 볼까요? 이 셀은 두 개의 행이 하나로 합쳐져 있습니다. 이렇게 두 개의 셀을 합치려면 [예제 4-2]의 ❶에서와 같이 rowspan 속성값을 '2'로 하면 됩니다.

- **colspan 속성**

    [예제 4-2]의 <th> 태그에서 사용된 ❷colspan 속성은 열을 합치는 데 사용됩니다. [그림 4-3]에서 날짜와 요일이 적힌 가장 윗줄의 셀은 두 개의 열이 하나로 합쳐져 있습니다. 여기에 해당하는 것이 바로 [예제 4-2]의 ❷colspan='2'입니다.

> **TIP 행과 열 합치기**
>
> rowspan 속성에서 사용된 'row'는 우리 말로 '행'을 의미하기 때문에 rowspan은 테이블에서 행을 합치는 데 사용됩니다. rowspan='2'는 두 개의 행을 합치게 되고, rowspan='3'은 세 개의 행을 합치는 것을 의미합니다.
>
> colspan 속성에서 사용된 'col'은 'column'의 약어로써 우리 말로 '열'을 의미하며 colspan은 테이블에서 열을 합치는 데 사용됩니다. 테이블에서 열을 합칠 때 합치고자 하는 열의 개수를 colspan에 지정합니다. 예를 들어 colspan='3'은 세 개의 열을 합칩니다.

Quiz 4-2. 다음은 기상청의 해상예보 페이지입니다. 빈칸을 채워보세요.

그림 4-4 해상예보 페이지

```
<h3>서해 앞바다 해상예보</h3>
<table>
  <tr>
    <th    ❶   ='2'>날짜</th><th>날씨</th><th>풍향</th><th>풍속(m/s)</th>
  </tr>
  <tr>
    <td>24일(월)</td><td>오후</td><td><img src='img/rain.png'></td>
    <td>남-남서</td><td>3~7</td>
  </tr>
  <tr>
    <td    ❷   ='2'>25일(화)</td><td>오전</td>
    <td><img src='img/rain.png'></td><td>서-북서</td><td>3~6</td>
  </tr>
  <tr>
    <td>오후</td><td><img src='img/shine.png'></td>
    <td>북서-서</td><td>3~6</td>
  </tr>
</table>
```

정답(Q4-2.html) : ❶ colspan ❷ rowspan

프로젝트 3 : 태풍 정보

다음은 기상청의 태풍 정보 페이지입니다. 각 단계에서 주어진 조건에 따라 단계별로 직접 코딩해보세요.

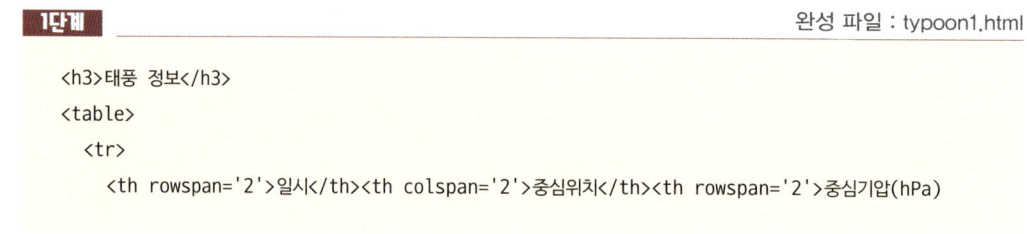

그림 4-5 태풍 정보 페이지

조건(힌트)

1단계 글 제목 '태풍 정보', 테이블의 틀, 테이블의 제목 만들기
사용 태그 : <h3>, <table>, <tr>, <th>, <td>

2단계 테이블의 세 개 행 만들기
사용 태그 : <table>, <tr>, <td>

정답 및 해설(정답 파일 : typoon.html)

1단계   완성 파일 : typoon1.html

```
<h3>태풍 정보</h3>
<table>
  <tr>
    <th rowspan='2'>일시</th><th colspan='2'>중심위치</th><th rowspan='2'>중심기압(hPa)
```

```
        </th><th colspan='2'>최대풍속</th>
    </tr>
    <tr>
        <td>위도</td><td>경도</td><td>초속(m/s)</td><td>시속(km/h)</td>
    </tr>
</table>
```

해설
- 테이블 전체에는 <table> 태그, 행에는 <tr> 태그, 테이블의 제목에는 <th> 태그, 일반 셀은 <td> 태그 사용합니다.
- 행 두 개를 합칠 때는 rowspan='2'를 사용합니다.
- 열 두 개를 합칠 때는 colspan='2'를 사용합니다.

2단계　　　　　　　　　　　　　　　　　　　　　　　　　　　　　완성 파일 : typoon2.html

```
<table>
    <tr>
        <td>24일 09시 현재</td><td>17.2</td><td>111.2</td><td>1000</td><td>18</td>
        <td>64</td>
    </tr>
    <tr>
        <td>25일 09시 예상</td><td>18.1</td><td>108.5</td><td>1000</td><td>18</td>
        <td>64</td>
    </tr>
    <tr>
        <td>26일 09시 예상</td><td>18.5</td><td>104.9</td><td>1002</td><td></td><td></td>
    </tr>
</table>
```

해설 빈 셀은 <td> 태그 안에 아무 것도 넣지 않습니다.

폼 양식이란?

다음의 [그림 4-6]은 온라인 영어 사이트의 회원 가입 페이지입니다. 회원 가입 페이지를 보면 사용자명, 비밀번호, 성별 등의 정보는 사용자가 직접 입력해야 합니다. 이처럼 사용자가 사용자명이나 이메일 주소를 입력할 때 사용하는 텍스트 입력 창, 비밀번호를 입력하는 비밀번호 입력 창, 성별을 표시하는 라디오 버튼, 생년월일을 표시하는 선택 박스, 기억하기 등의 체크 표시할 때 사용하는 체크 박스, 로그인할 때 누르는 버튼 등을 폼 양식이라고 부릅니다.

그림 4-6 온라인 영어 사이트의 회원 가입 페이지

왼쪽 회원 가입 페이지에서 보듯이 웹 페이지를 만들 때 많이 사용되는 폼 양식을 표로 정리하면 [표 4-1]과 같습니다.

표 4-1 폼 양식의 종류와 사용되는 HTML 태그 및 속성

이름	형태	사용 태그 및 속성
텍스트 입력 창	happy	⟨input type='text'⟩
비밀번호 입력 창	●●●●●●●●●	⟨input type='password'⟩
라디오 버튼	◉ 남성 ○ 여성	⟨input type='radio'⟩
체크 박스	☐ 영화감상 ☑ 게임 ☑ 음악듣기	⟨input type='checkbox'⟩
파일 선택 창	파일 선택 선택된 파일 없음	⟨input type='file'⟩
선택 박스	---선택--- ▼	⟨select⟩ 태그
다중 입력 창		⟨textarea⟩ 태그
버튼	확인	⟨button⟩ 태그

[표 4-1]의 폼 양식은 평소 인터넷을 하면서 회원 가입이나 게시판의 글쓰기 등을 통해 많이 접해보았던 형태로 HTML 태그 및 속성에 대해서 쉽게 이해하실 수 있을 겁니다.

그럼 지금부터 [표 4-1]의 폼 양식에 대해 하나씩 차근차근 살펴보겠습니다.

텍스트와 비밀번호 입력 창 만들기

텍스트 입력 창은 사용자가 텍스트, 즉 글자를 입력하는 창을 말합니다. 비밀번호 입력 창도 똑같이 사용자가 입력하지만 입력한 글자가 보이지 않는 대신 *로 표시되는 창입니다.

다음의 C:\source\04\text-pass.html을 통해 텍스트와 비밀번호 입력 창의 차이점에 대해 알아볼까요?

예제 4-3 텍스트와 비밀번호 입력 창   04\text-pass.html

```
<form>
아 이 디 : ❶<input type='text'><br>
비밀번호 : ❷<input type='password'>
</form>
```

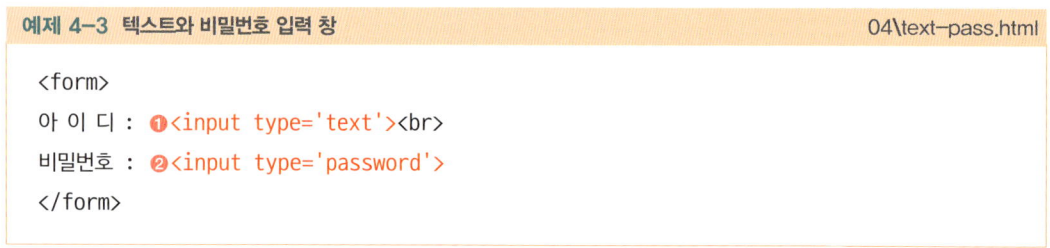

그림 4-7 text-pass.html의 실행 화면

폼 양식의 시작과 끝

웹 페이지에서 폼 양식(텍스트 입력 창, 비밀번호 입력 창, 라디오 버튼 등)을 사용할 때에는 [예제 4-3]처럼 `<form>` 태그를 사용합니다. 폼 양식이 시작하는 지점에 `<form>`을 삽입하고 폼 양식이 끝나는 지점에 `</form>`을 삽입합니다.

텍스트 입력 창

[그림 4-7]의 '아이디 :' 다음에 있는 사각형이 텍스트 입력 창입니다. 텍스트 입력 창에 글자를 입력하면 입력되는 글자가 화면에 그대로 보입니다. 텍스트 입력 창은 [예제 4-3]의 ❶과 같이 <input> 태그를 사용하고 type 속성에 'text'란 값을 지정해야 합니다.

비밀번호 입력 창

[그림 4-7]의 '비밀번호 :' 다음에 있는 사각형의 비밀번호 입력 창은 텍스트 입력 창과 마찬가지로 ❷<input> 태그를 사용하고 type 속성에는 'password'란 값을 지정합니다. 그리고 비밀번호는 남에게 공개하면 안 되는 정보이므로 비밀번호 입력 창에 사용자가 입력하는 값은 [그림 4-7]에서 보이는 것과 같이 *로 표시됩니다.

라디오 버튼과 체크 박스 만들기

77쪽의 [표 4-1]에서 정리한 것과 같이 라디오 버튼과 체크 박스는 사용자가 특정 항목을 선택할 수 있게 해줍니다. 다음 예제를 통해 라디오 버튼과 체크 박스의 차이점에 대해 알아봅시다. C:\source\04\radio-checkbox.html입니다.

예제 4-4 라디오 버튼과 체크 박스   04\radio-checkbox.html

```
<form>
정보공개 : ❶<input type='radio' checked> 공개
         ❷<input type='radio'> 비공개 <br>
취      미 : ❸<input type='checkbox'> 탁구
         ❹<input type='checkbox'> 배드민턴
         ❺<input type='checkbox' checked> 음악감상
         ❻<input type='checkbox' checked > 악기연주
</form>
```

그림 4-8 radio-checkbox.html의 실행 화면

라디오 버튼

[그림 4-8]의 '정보공개' 줄에 있는 동그라미 형태의 폼 양식이 라디오 버튼(◉)입니다. 라디오 버튼은 여러 항목 중에서 단 하나만 선택할 때 사용합니다. 예를 들어 공개 또는 비공개, 남성 또는 여성 처럼 동시에 하나 이상을 선택할 일이 없는 항목에서 사용합니다. 이와 같이 항목 중에서 하나만 선택할 수 있게 해주는 것이 라디오 버튼입니다.

라디오 버튼은 [예제 4-4]의 ❶과 ❷에서 사용한 <input> 태그를 사용하고 type 속성값에 'radio'를 지정합니다. 그리고 ❶처럼 checked 속성을 넣으면 [그림 4-8]의 '정보공개' 항목처럼 실행했을 때 처음부터 선택된 항목으로 표시됩니다.

체크 박스

[그림 4-8]의 '취미 :' 줄에서는 '탁구', '배드민턴', '음악감상', '악기연주' 중에서 본인의 취미를 선택할 수 있습니다. 여기서 사용된 조그만 사각형 박스가 체크 박스(☑)입니다. 체크 박스는 항목 중에서 여러 개를 선택할 수 있는데 ❸~❻에서와 같이 <input> 태그를 사용하고 type 속성값에 'checkbox'를 지정해주면 됩니다. 예로 든 취미 중에서 취미가 아예 없을 수도, 여러 가지일 수도 있을 겁니다. 이렇게 선택할 수 있는 항목이 여러 개일 때 체크 박스를 사용합니다.

[예제 4-4]의 ❺와 ❻처럼 checked 속성을 사용하면 [그림 4-8]의 실행 화면에서 보이는 것처럼 체크 박스의 항목이 미리 선택된 상태로 표시되어 보여집니다.

06 파일 선택 창 만들기

게시판이나 이미지 갤러리 등에서 첨부파일을 업로드하려면 컴퓨터에서 파일을 선택해야 합니다. 이런 기능은 파일 선택 창에서 하는데 다음의 C:\source\04\file.html 예제를 보며 파일 선택 창의 동작과 쓰임새에 대해 알아봅시다.

오른쪽의 [그림 4-9]에 '파일 선택' 버튼이 보이죠? 이 버튼을 클릭하면 다음의 [그림 4-10]과 같은 창이 뜨며 사용자가 해당 파일을 선택할 수 있게

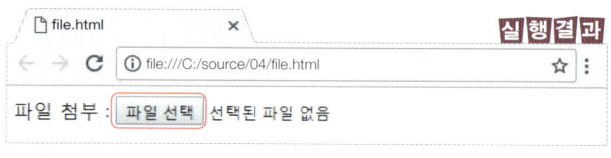

그림 4-9 file.html의 실행 화면

해줍니다. 이런 기능을 수행할 수 있게 하려면 [예제 4-5]의 ❶처럼 `<input>` 태그의 `type` 속성값을 `'file'`로 지정하면 됩니다.

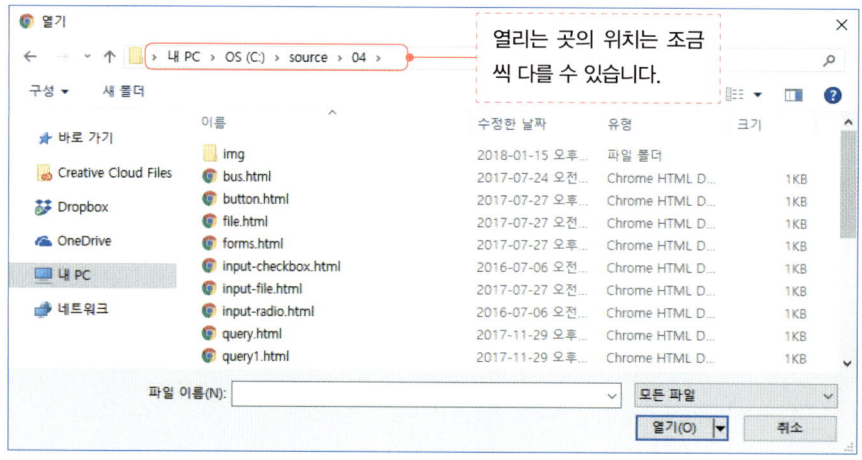

그림 4-10 그림 4-9의 '파일 선택' 버튼을 클릭하면 나타나는 창

07 선택 박스 만들기

선택 박스는 [그림 4-11]의 실행 화면에서 보듯이 @ 오른쪽의 '선택' 부분을 클릭했을 때 나오는 항목 중 하나를 선택하는 폼 양식입니다. 선택 박스를 만드는 데는 <select>와 <option>, 두 개의 태그가 필요합니다.

다음의 C:\source\04\select.html 예제를 살펴봅시다.

예제 4-6 선택 박스　　　　　　　　　　　　　　　　　　　　　　04\select.html

```
  <form>
   이메일 : <input type='text'> @
❶<select>
   ❸<option>선택</option>
   ❹<option>naver.com</option>
   ❺<option>hanmail.net</option>
   ❻<option>gmail.com</option>
   ❼<option>직접입력</option>
❷</select>
  </form>
```

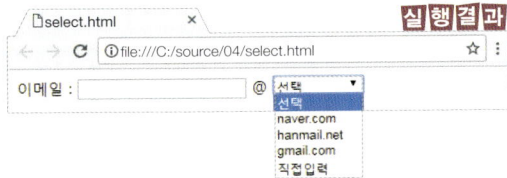

그림 4-11 select.html의 실행 화면

선택 박스를 만들기 위해서는 [예제 4-6]의 ❶과 같이 선택 박스의 시작에는 <select>를 붙이고 선택 박스의 끝에는 ❷의 </select>를 붙입니다.

그리고 선택 박스에 들어갈 항목에는 ❸~❼처럼 <option>과 </option> 태그로 감싸줍니다.

chapter 4 테이블과 폼 양식을 만들어보자 83

08 다중 입력 창 만들기

앞서 우리는 `<input type='text'>`로 텍스트 입력 창을 만드는 방법[78쪽]을 살펴봤습니다. 그런데 긴 텍스트를 입력받고 싶으면 어떻게 할까요? [그림 4-12]처럼 말이죠. 이때 사용하는 입력 창이 다중 입력 창입니다.

다중 입력 창은 `<textarea>` 태그로 만듭니다. C:\source\04\textarea.html 파일을 열어 다중 입력 창에 대해 알아봅시다.

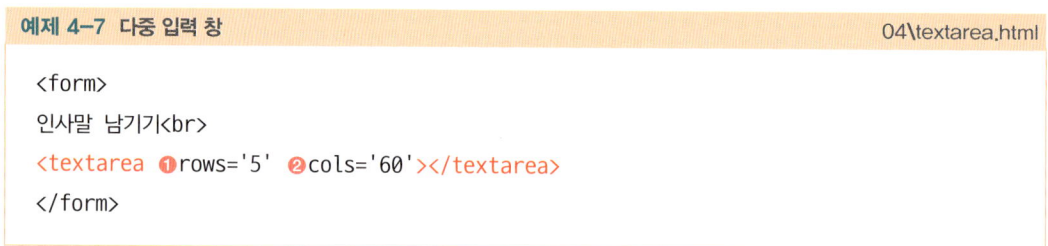

예제 4-7 다중 입력 창 04\textarea.html

```
<form>
인사말 남기기<br>
<textarea ❶rows='5' ❷cols='60'></textarea>
</form>
```

오른쪽 [그림 4-12]의 다중 입력 창은 [예제 4-7]에서 사용한 `<textarea>` 태그를 사용하여 만듭니다. 이 `<textarea>` 태그 역시 쌍으로 이루어져 있습니다.

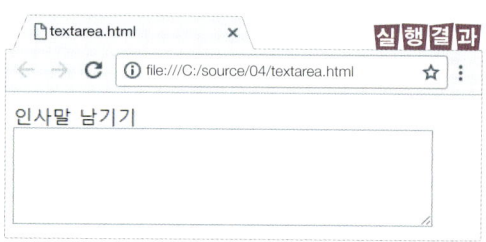

그림 4-12 textarea.html의 실행 화면

❶ rows 속성

[예제 4-7]의 `<textarea>` 태그에서 사용된 rows 속성값은 '5'로 지정되었습니다. rows는 행을 지정하는 속성이며 rows='5'이므로 [그림 4-12]의 다중 입력 창은 다섯 줄을 입력할 수 있는 크기로 설정되었습니다.

하지만 rows가 입력하는 줄을 결정하지는 않습니다. 그저 보이는 창의 크기가 다섯 줄이라는 것 뿐입니다. 만약 다섯 줄 이상의 텍스트를 입력하면 자동으로 세로 스크롤 바가 생깁니다.

❷ cols 속성

[예제 4-7]에서 사용된 cols 속성은 한 줄에 입력 가능한 글자 수, 즉 너비를 의미합니다. cols='60'이므로 60자까지 영문자나 숫자를 입력할 수 있습니다. 하지만 **한글은 한 글자가 영문자 두 자리를 차지**하므로 30자까지만 입력할 수 있습니다.

09 버튼 만들기

이미지를 이용하거나 HTML 태그를 이용하여 웹 페이지에서 사용되는 버튼을 만들 수 있습니다.

그럼 가장 쉽게 클릭 가능한 버튼을 만드는 방법은 무엇일까요? 바로 `<button>` 태그를 이용하는 겁니다. C:\source\04\button.html을 살펴봅시다.

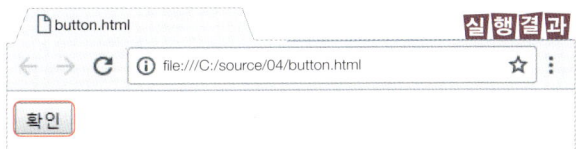

그림 4-13 button.html의 실행 화면

[예제 4-8]에서 `<button>` 태그를 사용하여 간단하게 [그림 4-13]의 '확인' 버튼을 만들었습니다. 정말 간단하고 쉽지 않나요? `<button>` 태그도 앞에서 봤던 `<textarea>` 태그[84쪽]와 마찬가지로 쌍으로 이루어져 있습니다.

Quiz 4-3. 다음은 개인 신상 정보를 입력하는 웹 페이지입니다. 빈칸을 채워보세요.

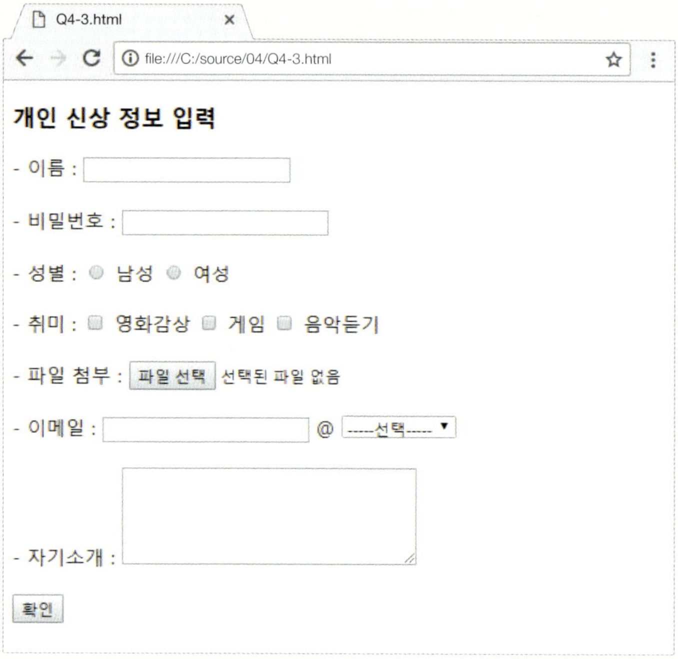

그림 4-14 개인 신상 정보 입력 페이지

```
<h3>개인 신상 정보 입력</h3>
<form>
 - 이름 : <input type='  ❶  '><br><br>
 - 비밀번호 : <input type='  ❷  '><br><br>
 - 성별 : <input type='  ❸  '> 남성 <input type='radio'> 여성<br><br>
 - 취미 : <input type='  ❹  '> 영화감상
<input type='checkbox'> 게임
<input type='checkbox'> 음악듣기<br><br>
 - 파일 첨부 : <input type='  ❺  '><br><br>
 - 이메일 : <input type='text'> @
     ❻
   <option>-----선택-----</option>
```

```
    <option>naver.com</option>
    <option>hanmail.net</option>
    <option>직접입력</option>
  </select><br><br>
- 자기소개 : < ❼ rows='5' ❽ ='32'></textarea>
<br><br>
  ❾ 확인</button>
</form>
```

정답(Q4-3.html) : ❶text ❷password ❸radio ❹checkbox
❺file ❻<select> ❼textarea ❽cols ❾<button>

프로젝트 4 : 문의 게시판 글쓰기

다음은 문의 게시판 글쓰기 페이지의 예입니다. 단계별로 직접 코딩해보세요.

그림 4-15 문의 게시판 글쓰기 페이지

조건(힌트)

1단계 글 제목, 이름, 비밀번호, 이메일 입력 창 만들기

사용 태그 : <h3>, <table>, <tr>, <td>, <form>, <input>, <select>, <option>

2단계 제목, 내용, 파일 첨부, '확인' 버튼 만들기

사용 태그 : <table>, <tr>, <td>, <form>, <input>, <textarea>

정답 및 해설(정답 파일 : query.html)

1단계 완성 파일 : query1.html

```html
<h3>문의 게시판 글쓰기</h3>
<form>
<table>
  <tr>
    <td>이름</td><td><input type='text'></td>
  </tr>
  <tr>
    <td>비밀번호</td><td><input type='text'></td>
  </tr>
  <tr>
    <td>이메일</td>
    <td><input type='text'> @
      <select>
        <option>선택하세요</option>
        <option>naver.com</option>
        <option>hanmail.net</option>
        <option>직접 입력하세요</option>
      </select>
    </td>
  </tr>
</table>
</form>
```

해설
- 전체 틀을 잡는 데 <table>, <tr>, <td> 태그를 사용합니다.
- 이름, 비밀번호 그리고 이메일 @ 앞부분의 입력 창에는 <input> 태그를 사용하고 이메일 @ 뒷부분의 선택 박스에는 <select>와 <option> 태그를 사용합니다.

2단계 완성 파일 : query2.html

```html
<form>
<table>
  <tr>
    <td>제목</td><td><input type='text'></td>
  </tr>
  <tr>
    <td>내용</td><td><textarea rows='6' cols='50'></textarea></td>
  </tr>
  <tr>
    <td>파일 첨부</td><td><input type='file'></td>
  </tr>
  <tr>
    <td></td><td>5M 이하의 파일만 첨부 가능합니다.</td>
  </tr>
  <tr>
    <td colspan='2'><button>확인</button></td>
  </tr>
</table>
</form>
```

해설

- `<textarea>` 태그는 쌍으로 사용하고 `<textarea>`의 rows 속성은 텍스트 영역 박스의 높이를, cols 속성은 너비를 의미합니다.
- '확인' 버튼에 해당하는 테이블의 셀은 `<td>` 태그의 colspan 속성값을 '2'로 합니다.

요점 정리

01. 테이블 삽입
웹 페이지에 테이블을 삽입하려면 `<table>`, `<th>`, `<tr>`, `<td>` 등의 태그를 사용합니다. `<table>` 태그는 전체 테이블의 내용을 감싸는 데 사용됩니다. 그리고 `<th>` 태그는 테이블의 열 제목, `<tr>` 태그는 테이블의 행, `<td>` 태그는 열 제목을 제외한 각각의 셀을 표현하는 데 사용됩니다.

02. 테이블의 행과 열 합치기
테이블의 행을 합치는 데는 `rowspan` 속성을 사용하고 열을 합치는 데에는 `colspan` 속성을 사용합니다.

03. 텍스트와 비밀번호 입력 창
텍스트와 비밀번호 입력 창을 만드는 데는 둘 다 `<input>` 태그를 사용합니다. 그리고 텍스트와 비밀번호 입력 창의 `<input>` 태그의 `type` 속성값으로 각각 `'text'`와 `'password'`를 사용합니다.

04. 라디오 버튼과 체크 박스
라디오 버튼과 체크 박스도 텍스트와 비밀번호 입력 창과 마찬가지로 `<input>` 태그를 사용하고 `type` 속성값은 각각 `'radio'`와 `'checkbox'`입니다. 라디오 버튼은 여러 개의 항목 중 단 하나의 항목만 선택할 때 사용하고 체크 박스에서는 항목의 중복 선택이 가능합니다.

05. 파일 선택 창
파일 선택 창은 웹에서 업로드하고자 하는 파일을 선택할 때 주로 사용됩니다. `<input>` 태그를 사용하고 `type` 속성값으로는 `'file'`을 사용합니다.

06. 선택 박스

선택 박스를 만드는 데에는 <select>와 <option> 태그가 사용됩니다. <select> 태그는 전체 선택 항목을 감싸는 데 사용되고, <option> 태그는 각각의 선택 항목을 표현하는 데 사용됩니다.

07. 다중 입력 창

다중 입력 창은 게시판의 글쓰기처럼 여러 줄의 글을 입력할 때 사용됩니다. 다중 입력 창을 만드는 데는 <textarea> 태그가 사용됩니다. <textarea> 태그의 rows 속성은 입력할 수 있는 행의 개수, 즉 창의 높이를 의미하고 cols 속성은 하나의 행에 입력 가능한 글자 수, 즉 창의 너비를 의미합니다.

08. 버튼

웹 페이지에서 버튼을 만드는 데에는 <button> 태그를 사용합니다.

Part 2
CSS 기초와 응용

2부에서는

1부에서는 웹 페이지의 구조를 잡아주는 HTML의 기본에 대해 공부했습니다. 2부에서는 CSS로 웹 페이지를 보다 보기 좋게 꾸며보겠습니다. 각 장에서 배울 내용을 먼저 살펴보겠습니다.

5장에서는 CSS란 무엇인지 알아보고 글자와 목록의 스타일을 지정하는 방법을 공부합니다. 그리고 6장에서는 CSS 선택자의 역할에 대해 알아보고 태그 선택자, id 선택자, 클래스 선택자에 대해 알아봅니다.

7장에서는 CSS 박스 모델의 원리를 배웁니다. 또 CSS를 이용한 박스 모델의 경계선 그리기, 글자와 이미지의 여백을 지정하는 패딩과 마진에 대해 배웁니다. 8장에서는 CSS를 이용하여 웹 페이지의 배경 색상을 지정하고 배경 이미지를 삽입하는 방법에 대해 공부합니다.

2부 마지막 9장에서는 CSS를 이용하여 테이블의 경계선 그리고 테이블의 너비와 텍스트 정렬, 테이블의 배경 색상을 지정하는 방법을 익힙니다.

chapter 5
CSS 기본을 다지자

5장에서는

4장까지는 HTML의 기본기였습니다. 5장에서는 CSS가 HTML 문서에서 하는 역할과 CSS의 기본 구조를 공부하겠습니다. 그리고 글자에 CSS를 적용하여 글자의 글꼴, 크기, 색상을 변경하는 방법을 익힙니다. 또한, 2장에서 배운 목록 태그인 <ul>, <ol> 태그에 CSS 스타일을 지정하는 방법에 대해서 학습합니다.

학습목표
+ CSS의 역할 이해하기
+ CSS의 기본 구조 익히기
+ 글자 스타일 지정하기
+ 목록 스타일 지정하기
+ CSS의 설명 글 달기

01 CSS란?

CSS는 'Cascading Style Sheets'의 약어로서 웹 페이지에서 HTML 태그를 보조하여 웹 페이지를 꾸미는 역할을 합니다. 웹 페이지의 글꼴, 크기, 색상 등을 지정하고 배경 색상, 배경 이미지를 삽입하고 글자나 이미지 등의 요소를 배치하여 디자인을 더욱 풍부하게 하는 역할을 합니다.

다음 C:\source\05\css.html 예제를 통해 CSS가 HTML 문서에서 어떻게 사용되는지 봅시다.

예제 5-1 CSS를 이용한 글자 색상 바꾸기 05\css.html

```
<!DOCTYPE html>
<html>
<head>
<meta charset='utf-8'>
<style>
❸h3 {
  ❹color: red;
  }
❺p {
  ❻color: blue;
  }
</style>
</head>
<body>
  ❶<h3>여행(travel)의 어원</h3>

  ❷<p>여행을 뜻하는 영어 단어 'travel'의 어원은 'travail(고통, 고난)'이라고 합니다. 교통이 발달하지 않은 과거에는 여행이 고통이나 고난이었던 거지요. 여행이 오락이나 쾌락으로 여겨지게 된 것은 교통수단이 조금 더 발달된 19세기에 이르러서입니다.</p>
</body>
</html>
```

`<style>` 부분: <head> 안에 위치하며 `<style>` `</style>`로 둘러싸여 본문을 꾸며줍니다.

`<body>` 부분: CSS 설정은 `<body>` `</body>`로 둘러싸인 이 부분에 적용됩니다.

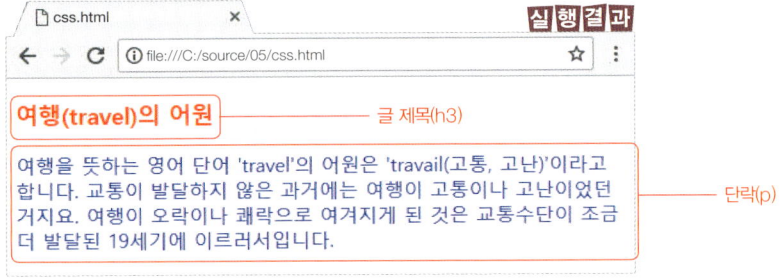

그림 5-1 css.html의 실행 화면

[예제 5-1]의 빨간색으로 표시된 코드 부분이 CSS입니다. HTML 문서에 CSS를 삽입할 때는 `<head>` 태그 내에 `<style>` 태그를 이용합니다. 그럼 좀 더 자세히 살펴볼까요?

[그림 5-1]을 보면 글 제목 '여행(travel)의 어원'은 빨간색이고 단락의 글자는 파란색입니다. [예제 5-1]을 살펴보면 글 제목에는 ❶`<h3>` 태그, 단락에는 ❷`<p>` 태그를 사용했습니다.

그 위의 `<style>` 태그 부분을 봅시다. ❸h3는 ❶`<h3>` 태그의 영역을 가리킵니다. 이때 `<style>` 태그 안의 h3(❸)를 'CSS 선택자'라고 합니다. CSS 선택자는 말 그대로 HTML 문서에서 꾸미고자 하는 영역을 선택하는 역할을 합니다. 예제에서 `<h3>` 태그를 사용한 곳은 '**여행(travel)의 어원**' 글자가 전부입니다.

❹`color: red;`는 선택자 h3(❸)가 선택한 글자의 색상을 빨간색으로 변경하는 'CSS 명령'입니다. 따라서 ❸과 ❹에 의해 [그림 5-1]에서 '여행(travel)의 어원' 글자가 빨간색으로 변경된 것입니다.

같은 맥락에서 ❺와 ❻에서 사용된 선택자 p의 CSS 명령 `color: blue;`에 의해 [그림 5-1]의 단락에 있는 글자의 색상이 파란색으로 표시됩니다.

여기서 사용된 CSS의 구조를 좀 더 자세히 살펴봅시다.

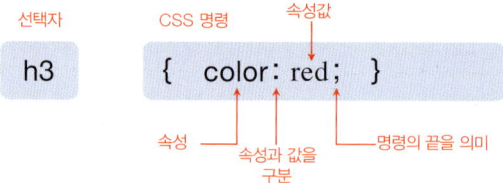

그림 5-2 CSS의 기본 구조

- **선택자**

    CSS 선택자는 CSS를 적용할 영역을 선택할 때 사용합니다. [그림 5-2]에서와 같이 선택자로 h3가 사용되면 HTML 문서에서 <h3> 태그가 사용된 영역, 즉 글 제목을 선택합니다. 선택자 다음에 오는 CSS 명령은 선택자가 선택한 영역에 적용됩니다.

- **CSS 명령**

    CSS 명령은 속성과 값으로 구성됩니다. 예를 들어 [그림 5-2]와 같이 속성이 color이고 속성값이 'red'이면 글자의 색상을 빨간색으로 지정합니다. 속성과 값을 서로 구분하기 위하여 그사이에 콜론(:)을 사용합니다. 그리고 하나의 CSS 문장 뒤에는 반드시 CSS 명령의 끝을 의미하는 세미콜론(;)을 붙여야 합니다.

02 글자 스타일 지정하기

이제 CSS의 역할과 구조에 대해서 이해했나요?

이번 절에서는 CSS를 이용하여 글자의 색상, 크기, 글꼴을 지정하는 방법에 대해 알아봅니다. 또한, 글자를 두껍게 하고 글자에 그림자를 넣는 것에 대해서도 학습합니다.

다음은 C:\source\05\text-style.html 파일입니다.

예제 5-2 글자 스타일 지정하기 05\text-style.html

```html
<!DOCTYPE html>
<html>
<head>
<meta charset='utf-8'>
<style>
❶ h2 {
    color: blue;
    text-shadow: 2px 2px 10px gray;
  }
❷ p {
    color: #444444;
    font-size: 18px;
    font-family: '바탕';
    line-height: 150%;
  }
❸ span {
    font-weight: bold;
    color: #0e9bdc;
    text-decoration: underline;
  }
</style>
</head>
```

❶ <h2> </h2>로 둘러싸인 콘텐츠를 꾸며주는 부분입니다.

❷ <p> </p>로 둘러싸인 콘텐츠를 꾸며주는 부분입니다.

❸ <span> </span>으로 둘러싸인 콘텐츠를 꾸며주는 부분입니다.

```
<body>
<h2>세렝게티 국립공원</h2>
<p><span>탄자니아의 킬리만자로산 서쪽</span>에 위치한 세렝게티(Serengeti)의 광활한 평원은 면적
이 1,500,000㏊이며, 사바나 지역에 있습니다.<span>사자, 코끼리, 들소, 얼룩말</span> 등 약 300
만 마리의 대형 포유류가 살고 있습니다.</p>
</body>
</html>
```

그림 5-3 text-style.html의 실행 화면

[예제 5-2]의 HTML 부분, 즉 <body> 태그 안을 살펴보면 <h2>, <p>, <span> 태그가 있습니다. 그리고 각 태그의 영역을 꾸미는 게 바로 빨간색으로 표시된 CSS입니다. 이 코드를 실행한 결과가 [그림 5-3]입니다.

❶ 글 제목의 글자 색상 지정과 그림자 넣기

[예제 5-2]의 ❶선택자 h2는 <h2> 태그가 사용된 '세렝게티 국립공원'의 글자를 선택합니다. 선택자 h2 다음에는 CSS 명령이 두 개 있습니다.

1. color: blue;
   color 속성은 글자 색상을 지정합니다. color 속성값으로 blue를 지정하면 글자 색상은 파란색으로 변경됩니다.

2. text-shadow: 2px 2px 10px gray;
   text-shadow 속성은 글자에 그림자를 넣기 위한 속성입니다. 이때 속성값인 2px 2px 10px gray는 그림자 색상과 형태를 지정하는 값인데 좀 더 자세히 알아봅시다.

그림 5-4 text-shadow 속성

text-shadow 속성은 네 개의 값으로 구성됩니다. ①은 오른쪽 그림자 길이(2픽셀), ②는 아래쪽 그림자 길이(2픽셀), ③은 그림자의 흐린 정도(10픽셀), ④는 그림자의 색상(회색)을 의미합니다. 여기서 ③의 그림자의 흐린 정도는 픽셀값이 클수록 그림자가 좀 더 흐려지게 됩니다.

❷ 단락의 글자 스타일 지정하기

[예제 5-2]의 ❷선택자 p는 <p> 태그가 사용된 단락 '탄자니아의 킬리만자로산~살고 있습니다.'를 선택합니다.

1. **color: #444444;**

   color 속성은 글자의 색상을 의미한다고 했습니다. 이 명령은 단락의 글자 색상을 #444444로 변경합니다. #444444는 색상 코드입니다. 색상 코드는 #과 6개의 숫자(또는 영문자)로 구성됩니다. color 속성값으로는 색상의 영문 이름 'red, blue, green, yellow, black, white, purple, gray' 등과 색상 코드를 사용할 수 있습니다.

> **TIP**
>
> 색상 코드 #444444는 짙은 회색입니다. 색상 코드에 대한 설명은 7장의 '2. 경계선 그리기'의 RGB 색상과 색상 코드 좀 더 자세히 설명하겠습니다. 지금 단계에서는 색상 코드는 #과 6개의 숫자(또는 영문자)로 구성되고 각 색상 코드가 특정 색상을 표현한다는 정도만 알고 있으면 됩니다.

2. `font-size: 18px;`

    `font-size` 속성은 글자 크기를 의미합니다. 여기서는 속성값으로 18px이 사용되었기 때문에 단락 글자의 크기가 18픽셀로 지정됩니다. 예제에서는 px을 글자의 크기 단위로 사용했는데 em과 %도 있습니다.

3. `font-family: '바탕';`

    `font-family` 속성은 글자의 글꼴을 나타냅니다. 값으로 '바탕'이 사용되었으니 단락의 글꼴이 '바탕'으로 지정되었습니다. `font-family` 속성값으로 사용될 수 있는 글꼴은 '굴림', '돋움', '바탕', '맑은고딕' 등이 있습니다.

4. `line-height: 150%;`

    `line-height` 속성은 줄 간격을 의미합니다. 이 속성값의 단위로는 %를 주로 사용합니다. 속성값으로 150%를 사용했으니 기본 줄 간격보다 1.5배 넓은 줄 간격으로 보일 겁니다.

❸ 특정 영역의 글자에 스타일 지정

[그림 5-3]의 단락 내의 '탄자니아의 킬리만자로산 서쪽'과 '사자, 코끼리, 들소, 얼룩말'의 글자는 다른 글자와 다르게 밑줄 있는 하늘색 글자입니다.

이렇게 특정 부분의 글자를 CSS로 꾸미려면 그 영역을 지정해야 합니다. 이때 사용하는 것이 HTML 태그인 `<span>` 태그입니다. [예제 5-2]의 초록색으로 표시된 부분을 살펴보면 해당 글자가 `<span>`과 `</span>`으로 지정된 것을 볼 수 있습니다.

[예제 5-2]의 ❸ 선택자 `span`은 `<span>` 태그 내의 글자를 선택합니다. 이 선택자 `span` 다음에 사용된 CSS 명령어에 대해 살펴봅시다.

1. `font-weight: bold;`

    속성 `font-weight`는 글자의 두께를 의미하는데 값으로 bold를 사용하면 글자를 두껍게 만듭니다.

2. `color: #0e9bdc;`

    글자 색상을 #0e9bdc의 색상으로 지정합니다. 색상 코드 #0e9bdc는 하늘색입니다. 색상 코드는 7장에서 좀 더 자세히 설명합니다.

3. `text-decoration: underline;`

    `text-decoration` 속성은 글자를 장식할 때 사용합니다. `text-decoration` 속성값으로 사용된 underline은 글자에 밑줄을 칩니다.

> **TIP**
>
> 웹 페이지에서 글자를 두껍게 하는 방법은 두 가지 있습니다. 첫 번째는 2장의 '3. 글자 두껍게 하기[31쪽]'에서 배운 HTML 태그인 `<b>` 태그를 사용하는 것이고 두 번째는 CSS 명령 `font-weight: bold;`를 이용하는 것입니다.

지금까지 살펴본 글자와 관련된 CSS 속성을 [표 5-1]로 정리해봤습니다.

표 5-1 글자에 관련된 CSS 속성과 값

속성	속성값	설명
font-family	• 한글 글꼴 : 굴림, 돋움, 바탕, 맑은고딕 등 • 영문 글꼴 : Times New Roman, Aria, Georgia 등	글자에 한글 또는 영문의 글꼴을 지정
font-size	• 12px, 14px, 20px, 30px 등	글자의 크기를 지정
color	• 색상 이름 : red, blue, green, purple, black, white, yellow 등 • 색상 코드 : #444444, #75ef0a 등	글자의 색상을 지정
line-height	• 150%, 200% 등	문단의 줄 간격을 지정
font-weight	• bold, normal	글자의 두께를 두껍게 또는 일반 굵기로 지정
text-decoration	• underline	글자에 밑줄 그리기
text-shadow	• 2px 2px 10px #888888	글자에 그림자 만들기 (각각 오른쪽 그림자 길이, 아래쪽 그림자 길이, 흐린 정도, 그림자 색상 지정)

Quiz 5-1. 다음은 거제도를 소개하는 웹 페이지입니다. 빈칸을 채워보세요.

```
<head>
<meta charset='utf-8'>
<style>
h3 {
    ❶     : black;
    ❷     : 2px 2px 10px gray;
}
p {
    color:  ❸  ;
    font-size: 18px;
    ❹     : '맑은고딕';
}
span {
    ❺     : bold;
    color: blue;
    ❻     : underline;
}
</style>
</head>
<body>
<h3>거제도</h3>
<p>경상남도 거제시에 있는 섬으로 우리나라에서 <span>제주도 다음으로 큰 섬</span>입니다.
<span>62개의 섬으로 구성</span>되어 있는데 이들 가운데 사람이 사는 유인도는 10개 정도입니다. <span>면적은 380.1 평방 km</span>이고, 해안선의 길이는 275.1km입니다.</p>
</body>
```

그림 5-5 거제도 소개 페이지

정답(Q5-1.html) : ❶color ❷text-shadow ❸green
❹font-family ❺font-weight ❻text-decoration

목록 스타일 지정하기

이번에는 2장에서 잠깐 언급한 목록37쪽의 스타일을 CSS로 지정하는 방법을 공부해봅시다. HTML 문서에서 목록을 만들 때는 <ul>과 <ol> 태그를 사용한다고 했습니다.37쪽 보통은 둘 중에 순서가 없는 <ul> 태그를 더 많이 사용합니다.

이 <ul> 태그에 CSS를 적용하여 목록의 글머리 형태를 변경하고 글머리 이미지를 삽입하는 방법에 대해 공부해봅시다.

목록의 글머리 형태 변경하기

다음은 C:\source\05\list-style-type.html 파일입니다.

예제 5-3 목록 항목 앞에 글머리 지정하기　　　　　　　　　　05\list-style-type.html

```html
<head>
<meta charset='utf-8'>
<style>
li {                    ← <li> 태그 부분을 꾸며줍니다.
❶ list-style-type: square;
}
</style>
</head>
<body>
<h3>축제명 : 제주 마을박람회 축제</h3>
<ul>
    <li>일 시 : 2018년 9월 중</li>
    <li>장 소 : 월대천 및 외도동 일대</li>
    <li>주요 프로그램 : 어린이 사생대회, 뜸돌들기, 은어 낚시, 소원 빌기</li>
</ul>
</body>
```

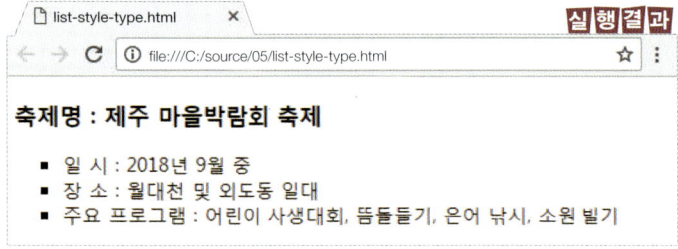

그림 5-6 list-style-type.html의 실행 화면

[예제 5-3]의 ❶ list-style-type 속성은 목록의 각 항목에 붙는 글머리의 형태를 지정하는 데 사용됩니다. ❶에서와 같이 속성값을 square로 하면 [그림 5-6]에 나타난 것과 같이 목록의 각 항목 앞에 정사각형의 점이 붙습니다.

[표 5-2]는 list-style-type 속성에서 사용되는 속성값을 정리한 표입니다.

표 5-2 list-style-type의 속성값

속성값	설명
none	목록의 글머리를 표시하지 않음
square	목록의 글머리를 정사각형 형태로 표시
disc	목록의 글머리를 동그라미 점으로 표시
circle	목록의 글머리를 빈 동그라미로 표시

목록의 글머리 이미지 삽입하기

이번에는 목록의 각 항목에 글머리 이미지를 삽입하는 방법에 대해 다음 예제를 통해 알아봅시다.

예제 5-4 목록 항목 앞에 글머리 이미지 삽입하기 05\list-style-image.html

```
<head>
<meta charset='utf-8'>
<style>
li {
❶list-style-image: url('img/arrow.gif');
}
</style>
</head>
<body>
<h3>제주 여행 정보</h3>
<ul>
    <li>제주 축제 및 행사</li>
    <li>추천 여행 코스</li>
    <li>제주 맛집</li>
</ul>
</body>
```

[예제 5-4]의 ❶list-style-image 속성은 목록의 각 항목 앞에 글머리 이미지를 삽입하는 데 사용됩니다. 속성값 url('img/arrow.gif')은 글머리 이미지의 경로를 포함한 파일 이름을 의미합니다. 오른쪽 [그림 5-7]의 각 항목 앞에 있는 회색 화살표 형태로 된 이미지가 바로 이미지 파일 arrow.gif입니다.

그림 5-7 list-style-image.html의 실행 화면

Quiz 5-2. 다음은 웹 기획 과정을 설명하는 웹 페이지입니다. 빈칸을 채워보세요.

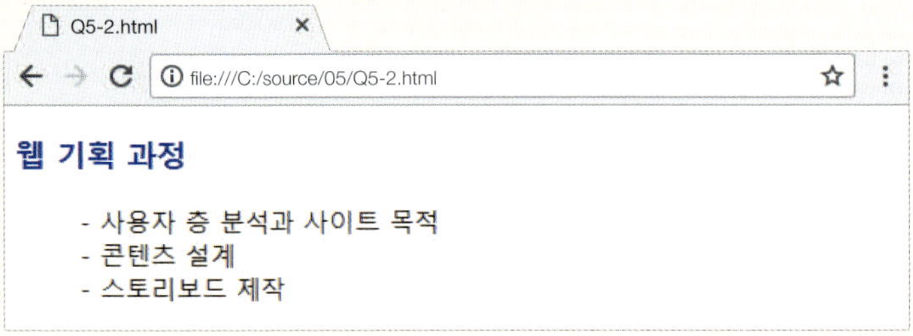

웹 기획 과정

- 사용자 층 분석과 사이트 목적
- 콘텐츠 설계
- 스토리보드 제작

그림 5-8 웹 기획 과정 설명 페이지

```
<head>
<meta charset='utf-8'>
<style>
h3 {
   color:   ❶   ;
     ❷   : '맑은고딕';
}
li {
   list-style-type:   ❸   ;
}
</style>
</head>
<body>
<h3>웹 기획 과정</h3>
<ul>
  <li>- 사용자 층 분석과 사이트 목적</li>
  <li>- 콘텐츠 설계</li>
  <li>- 스토리보드 제작</li>
</ul>
</body>
```

정답(Q5-2.html) : ❶ blue ❷ font-family ❸ none

CSS에 설명 글 달기

2장에서는 HTML 문서에 설명 글을 다는 방법[40쪽]에 대해 공부했습니다. 이번에는 CSS에 설명 글을 다는 방법에 대해 알아봅시다.

[예제 5-4]의 CSS 부분에 설명 글을 달면 다음 예제와 같이 나타낼 수 있습니다.

예제 5-5 CSS에 설명 글 달기   05\list-style-image-comment.html

```html
<head>
<meta charset='utf-8'>
<style>
/* 목록의 글머리 삽입하기
   list-style-image 속성을 사용
*/
li {
  list-style-image: url('img/arrow.gif');   /* 글머리에 arrow.gif 이미지를 삽입 */
}
</style>
</head>
<body>
<h3>제주 여행 정보</h3>
<ul>
  <li>제주 축제 및 행사</li>    <!-- 앞에 글머리가 삽입됨 -->
  <li>추천 여행 코스</li>       <!-- 앞에 글머리가 삽입됨 -->    ①
  <li>제주 맛집</li>           <!-- 앞에 글머리가 삽입됨 -->
</ul>
</body>
```

- **CSS 설명 글**

  위의 [예제 5-5]에서 빨간색으로 처리된 글자들이 CSS에 삽입된 설명 글입니다. CSS의 설명 글은 /*에서 시작하여 */로 끝나게 됩니다. 이 부분은 당연히 웹 브라우저에는 나타나지 않습니다.

- **HTML 설명 글**

  ❶로 묶인 글자는 HTML 부분에 삽입된 설명 글입니다. 2장에서 배운 것과 같이 HTML 코드의 설명 글은 `<!--`으로 시작하여 `-->`으로 끝납니다.[40쪽]

웹 브라우저는 [예제 5-5]에서 작성한 CSS와 HTML의 설명 글 부분은 무시하기 때문에 [예제 5-5]를 웹 브라우저로 실행하면 실행 결과는 107쪽의 [예제 5-4]의 실행 결과인 [그림 5-7]과 같습니다.

TIP

앞으로 CSS 부분을 나타내는 `<style>` 태그와 본문을 나타내는 `<body>` 태그를 될 수 있으면 한꺼번에 볼 수 있게 2단 구성할 예정입니다. 예를 들어 [예제 5-5]를 다음과 같이 표현할 겁니다.

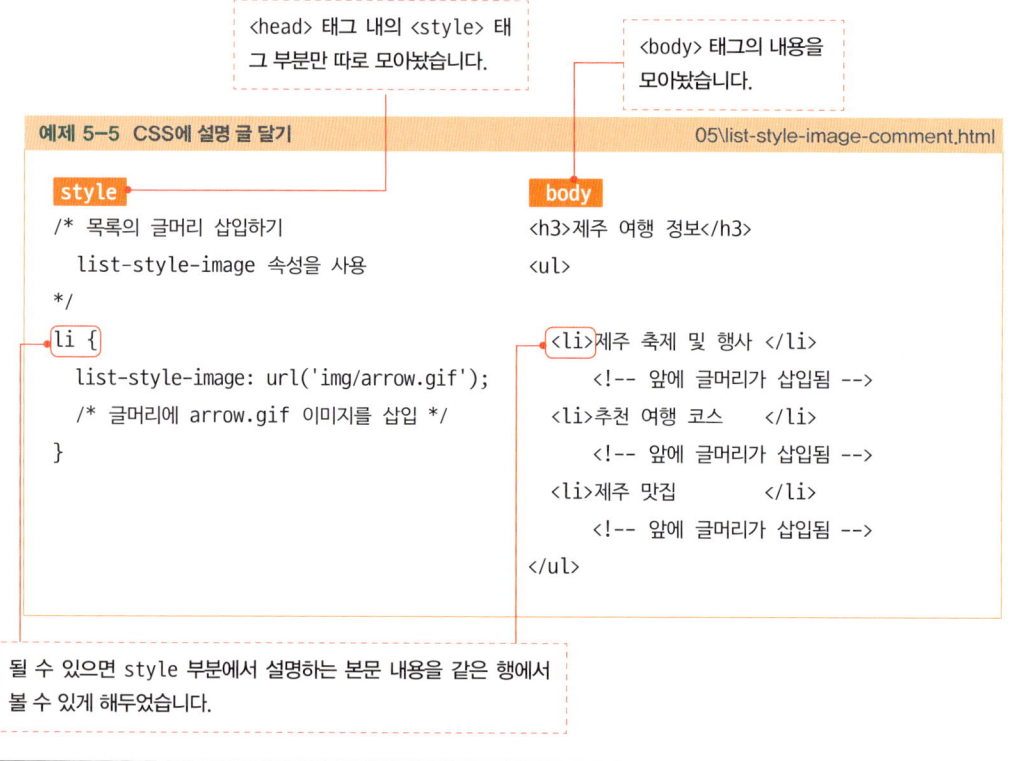

프로젝트 5 : 루바토 펜션 안내

다음은 어느 펜션의 안내 페이지입니다. 각 단계에서 주어진 조건에 따라 단계별로 직접 코딩해보세요.

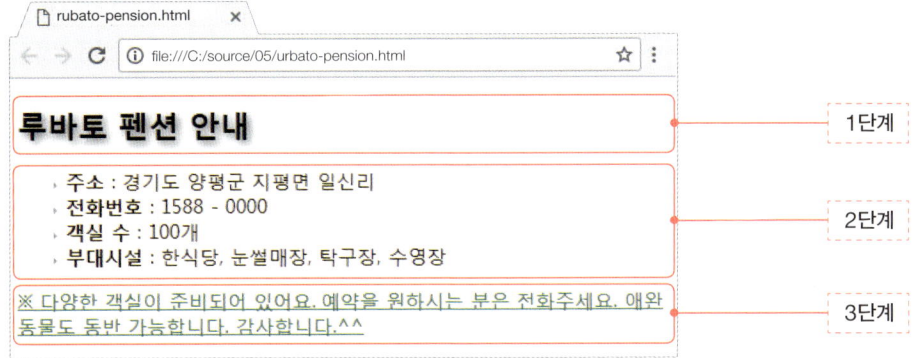

그림 5-9 루바토 펜션 안내 페이지

1단계 글 제목 만들기

사용 태그 : \<h2>

글자 크기 : 25px, 글자 색상 : 검정, 글꼴 : '맑은고딕', 그림자 : 3px 3px 10px 회색

2단계 주소, 전화번호, 객실 수, 부대시설 정보 목록 만들기

사용 태그 : \<ul>, \<li>, \<span>

글머리 이미지 : arrow.gif

3단계 유의사항 만들기

사용 태그 : \<p>

정답 및 해설(정답 파일 : rubato-pension.html)

1단계　　　　　　　　　　　　　　　　　　　　　　완성 파일 : rubato-pension1.html

```
<head>
<meta charset='utf-8'>
<style>
h2 {
  color: black;
  font-family: '맑은고딕';
  font-size: 25px;
  text-shadow: 3px 3px 10px gray;
}
</style>
</head>
<body>
<h2>루바토 펜션 안내</h2>
</body>
```

해설　글자 색상은 color 속성으로, 글꼴은 font-family 속성을 사용하고 글자 크기는 font-size 속성, 그림자 넣기는 text-shadow 속성을 사용합니다.

2단계　　　　　　　　　　　　　　　　　　　　　　완성 파일 : rubato-pension2.html

```
<head>
<meta charset='utf-8'>
<style>
li {
  list-style-image: url('img/arrow.gif');
}
span {
  font-weight: bold;
}
</style>
</head>
```

```
<body>
<ul>
    <li><span>주소</span> : 경기도 양평군 지평면 일신리</li>
    <li><span>전화번호</span> : 1588 - 0000</li>
    <li><span>객실 수</span> : 100개</li>
    <li><span>부대시설</span> : 한식당, 눈썰매장, 탁구장, 수영장</li>
</ul>
</body>
```

해설 글머리 이미지 삽입은 list-style-image 속성, 글자를 두껍게 하는 속성과 값은 font-weight와 bold 입니다.

3단계

완성 파일 : rubato-pension3.html

```
<head>
<meta charset='utf-8'>
<style>
p {
  color: green;
  text-decoration: underline;
}
</style>
</head>
<body>
<p>※ 다양한 객실이 준비되어 있어요. 예약을 원하시는 분은 전화주세요. 애완동물도 동반 가능합니다. 감사합니다.^^</p>
</body>
```

해설 밑줄 그리기의 속성과 값은 각각 text-decoration과 underline입니다.

# 요점 정리

01. CSS의 역할
CSS는 'Cascading Style Sheets'의 약어로서 HTML 태그를 보조하여 웹 페이지의 디자인을 더욱 풍부하게 하고 웹 페이지의 요소를 화면에 배치하는 역할을 합니다.

02. CSS의 기본 구조
CSS는 선택자와 CSS 명령으로 구성됩니다. 선택자는 CSS를 적용할 영역을 선택하는 데 사용되고 CSS 명령은 속성과 값으로 구성됩니다. 예를 들어 `p { color: red; }`인 경우에는 HTML 문서에서 `<p>` 태그의 영역, 즉 웹 페이지에 사용된 단락의 글자 색상을 빨간색으로 지정합니다.

03. 글자 스타일 지정
CSS로 글자 스타일을 지정할 수 있습니다. `color` 속성은 글자 색상, `font-size` 속성은 글자 크기, `font-family` 속성은 글꼴, `line-height` 속성은 줄 간격, `font-weight` 속성은 글자 굵기, `text-decoration` 속성은 글자 꾸미기(밑줄 그리기 등), `text-shadow` 속성은 글자에 그림자 넣기에 사용됩니다.

04. 목록 스타일 지정
HTML 문서에서 사용되는 목록을 만드는 데는 `<ul>`, `<ol>`, `<li>`가 사용되는데 이 목록을 꾸미려면 CSS를 사용해야 합니다. 목록에서 각 항목의 글머리 형태를 변경하는 데에는 `list-style-type` 속성이 사용되고 글머리에 이미지를 삽입하는 데에는 `list-style-image` 속성이 사용됩니다.

05. CSS의 설명 글 달기
CSS의 설명 글은 `/*`로 시작해서 `*/`로 끝납니다.

chapter 6
CSS 선택자에 대해 알아보자

6장에서는

5장에서 간단하게 CSS 선택자에 대해 설명했습니다. CSS 선택자는 태그 선택자, id 선택자, 클래스 선택자, 전체 선택자, 후손 선택자, 그룹 선택자 등 종류가 많습니다. 6장에서는 CSS 선택자 중에서 가장 기본이 되는 태그 선택자, id 선택자, 클래스 선택자에 대해 공부하겠습니다.

학습목표
- CSS 선택자 역할 이해하기
- 태그 선택자의 사용법 알아보기
- id 선택자의 사용법 알아보기
- 클래스 선택자의 사용법 알아보기

CSS 선택자란?

5장의 CSS 기본 구조[96쪽]에서 배운 것과 같이 CSS 선택자^{Selector}는 CSS를 적용하고자 하는 영역을 선택하는 데 사용됩니다.

먼저 다음 예제를 통해 태그 선택자, id 선택자, 클래스 선택자가 HTML 문서에서 어떻게 사용되는지 알아봅시다. C:\source\06\selector.html 파일입니다.

```
예제 6-1 태그 선택자, id 선택자, 클래스 선택자의 사용법                06\selector.html

style                                  body
❹p {                                   <h3>잠자리란?</h3>
  font-size: 14px;                     ❶<p><span ❷id='fly'>잠자리</span>는 잠자리목에 속
  line-height: 180%;                   하는 곤충으로 전 세계적으로 분포하는 포식성 곤충이며 여러
}                                      가지 해충을 잡아먹는 유익한 곤충입니다.</p>
❺#fly {
  color: red;                          ❶<p>앞머리에 커다란 <span ❸class='blue'>한 쌍의
  font-weight: bold;                   겹눈</span>을 가지고 있습니다. 또한 <span ❸class=
}                                      'blue'>날카로운 턱</span>을 가지고 있으며, 이빨이 튼튼
❻.blue {                               합니다. 파리, 모기, 나비 등의 살아있는 곤충을 잡아먹고
  color: blue;                         삽니다.</p>
}
```

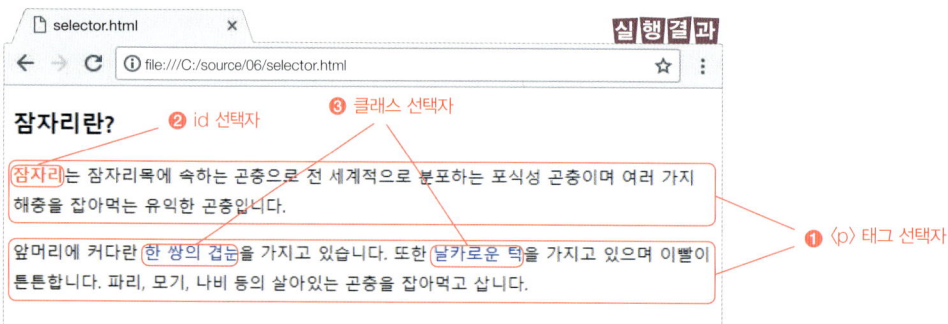

그림 6-1 selector.html의 실행 화면

> **TIP**
> 앞서 이야기했듯이 예제 소스는 소스의 일부만 책에 실었으며 CSS와 HTML 태그의 대입을 좋게 하기 위해 2단 편집했습니다. 전체 소스는 예제 소스 파일을 열어보면 볼 수 있습니다.

[그림 6-1]을 보면 세 곳에 CSS가 적용되어 있습니다.

- ❶ `<p>` 태그의 영역에 적용된 CSS : 글자 크기는 14픽셀, 줄 간격은 180%
- ❷ '잠자리'에 적용된 CSS : 글자 색상은 빨간색, 글자 굵기는 두껍게
- ❸ '한 쌍의 겹눈'과 '날카로운 턱'에 적용된 CSS : 글자 색상은 파란색

첫 번째 `<p>` 태그의 영역과 같이 태그의 영역을 선택하는 것을 **태그 선택자**, 두 번째처럼 웹 페이지에서 유일무이한 단 하나의 특정 영역을 지정하는 것을 **id 선택자**, 세 번째처럼 두 군데 이상의 특정 영역을 지정하는 것을 **클래스 선택자**라고 합니다.

❹ 태그 선택자

[그림 6-1]에는 단락이 두 개 있습니다. 이 단락에 CSS를 지정하는 태그가 [예제 6-1]의 ❶`<p>` 태그입니다. 이 두 단락의 영역을 선택하기 위해 태그 선택자인 ❹`p`를 사용합니다. p 다음에 오는 CSS 명령 `font-size: 14px;`과 `line-height: 180%;`는 `<p>` 태그의 두 단락에 적용됩니다. 따라서 [그림 6-1]에 나타나는 것과 같이 단락의 글자 크기가 14픽셀, 줄 간격이 180%로 지정됩니다.

이와 같이 태그 선택자는 선택자로 태그명을 지정하여 그 태그의 영역을 선택함으로써 그다음에 오는 CSS 명령은 선택된 태그의 영역에 적용됩니다.

❺ id 선택자

[그림 6-1]을 보면 글자 '잠자리'의 색상은 빨간색입니다. 빨간색 글자는 웹 페이지에서 '잠자리' 외에는 없습니다. 이와 같이 웹 페이지에서 유일무이한 단 하나의 영역을 지정하는 데 사용되는 것이 id 선택자입니다. id는 [예제 6-1]의 ❷처럼 태그에 id 속성을 넣어서 사용합니다. `<span>` 태그에서 사용된 `id` 속성의 `id='fly'`는 바로 글자 **'잠자리'**의 영역을 의미합니다.

> **TIP** `<span>` 태그란?
>
> `<span>` 태그는 글자에 CSS를 적용하기 위하여 앞의 [예제 6-1]에서와 같이 해당 글자를 묶는 데 사용합니다. 만약 CSS 없이 `<span>` 태그만 사용하면 `<span>` 태그를 넣었을 때와 넣지 않았을 때 웹 브라우저 화면에서 보이는 것은 똑같습니다. 다시 말해 CSS 없이 `<span>` 태그만 사용하는 것은 아무런 의미가 없습니다.
>
> 일반적으로 `<span>` 태그를 사용하여 CSS를 적용할 글자를 묶은 다음 태그 선택자 span이나 `<span>` 태그에 id 속성(또는 class 속성)을 부여하고 CSS에서 id 선택자(또는 클래스 선택자)를 이용하여 해당 영역을 선택한 다음 CSS를 적용합니다.

[예제 6-1]의 ❺`#fly`는 `id='fly'`의 영역, 즉 글자 '**잠자리**'의 영역을 선택해주는 id 선택자입니다. 따라서 그다음에 나오는 CSS 명령 `color: red;`와 `font-weight: bold;`를 '**잠자리**'에 적용합니다. [그림 6-1]을 보면 '잠자리' 글자 색상은 빨간색, 글자는 두껍게 표시되었습니다.

id 선택자에서는 id명 앞에 반드시 샵(#)을 붙여야 합니다.

❻ 클래스 선택자

[그림 6-1]을 보면 '한 쌍의 겹눈'과 '날카로운 턱', 두 군데가 파란색 글자로 표시되어 있습니다. 이와 같이 웹 페이지에서 두 군데 이상의 특정 영역을 지정하는 데 사용하는 것이 클래스 선택자입니다. 클래스 선택자는 id 선택자와는 달리 두 군데 이상의 여러 곳에 동일한 CSS를 적용할 때 사용합니다.

[예제 6-1]의 두 번째 단락을 보면 `<span>` 태그 내의 ❸`class` 속성에 `'blue'`를 입력하여 이 두 군데의 영역을 지정합니다. 그리고 ❻에서 클래스 선택자인 `.blue`를 이용하여 이 영역들을 선택한 다음 그다음에 오는 CSS 명령 `color: blue;`에 의해 [그림 6-1]처럼 해당 글자를 파란색으로 지정합니다.

클래스 선택자에서는 클래스명 앞에 반드시 점(.)을 붙여야 합니다.

그림 위에서 간단하게 설명한 태그 선택자, id 선택자, 클래스 선택자에 대해 좀 더 자세히 알아봅시다.

02 태그 선택자

5장에서 실습한 모든 CSS 예제에서는 CSS 선택자로 HTML 태그명을 사용하여 CSS 적용 영역을 선택하였습니다. 이와 같이 선택자에 태그명을 사용하는 것을 '태그 선택자'라고 합니다. 태그 선택자는 웹 페이지에서 태그가 사용된 영역을 선택하며 CSS 명령을 이용하여 해당 태그 영역에 CSS를 적용합니다.

다음은 C:\source\06\tag-selector.html입니다.

예제 6-2 태그 선택자   06\tag-selector.html

```
style
❶ body {
    font-family: '돋움';
  }
❷ h3 {
    font-family: '맑은고딕';
    color: blue;
  }
❸ p {
    font-size: 14px;
    line-height: 150%;
  }
❹ li {
    list-style-type: square;
    font-size: 16px;
  }
❺ span {
    font-weight: bold;
  }
```

```
body
<h3> - 배낭여행이란?</h3>
<p>여권, 항공권 등 여행 시 필요한 것만을 준비하고 현지에서 숙박, 식사 등을 해결하는 자유여행을 말합니다.</p>

<h3>- 배낭여행의 종류</h3>
<p>배낭여행에는 모든 일정을 자신이 정하는 자유 배낭, 여러 명이 같이 출발 전 숙소와 교통편 등을 미리 예약하고 여행하는 단체 배낭, 자유 배낭과 단체 배낭의 중간 형태인 패키지 배낭여행 등이 있습니다.</p>

<h3>- 배낭여행 준비</h3>
<ul>
  <li><span>여권 준비</span> : 여권이 없으면 신청하고 여권 유효기간을 반드시 체크.</li>
  <li><span>비행기 예약</span> : 항공사의 예매 사이트나 예약 대행 사이트 이용.</li>
  <li><span>여행 스케줄</span> : 스케줄은 가능한 세부적으로 잘 짜야 함.</li>
  <li><span>짐싸기</span> : 꼭 필요한 물품만으로 최대한 간단하게 짐 준비.</li>
</ul>
```

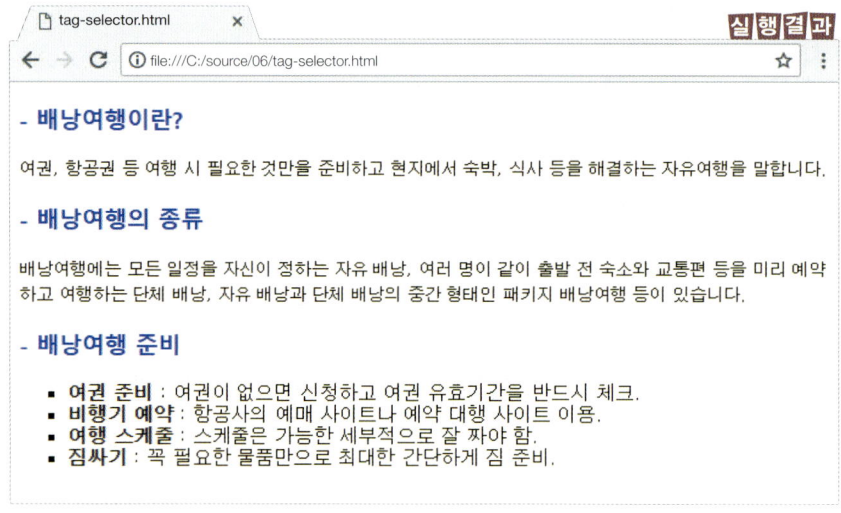

그림 6-2 tag-selector.html의 실행 화면

[예제 6-2]의 ❶~❺는 CSS 선택자로서 태그 선택자를 사용했습니다. 이 태그 선택자들은 문서에서 해당 태그가 사용된 태그 영역을 선택합니다. 그리고 태그 선택자 다음에 오는 CSS 명령으로 선택된 영역에 CSS를 적용합니다.

자, 그럼 사용된 태그 선택자들을 하나씩 살펴볼까요?

❶ 태그 선택자 : body

태그 선택자 body는 <body> 태그 영역, 즉 전체 웹 페이지를 선택합니다. CSS 명령은 `font-family: '돋움';`입니다. 이 CSS 명령에 따라 전체 웹 페이지(<body> 태그 영역)의 기본 글꼴을 '돋움'으로 지정합니다. [그림 6-2]의 기본 글꼴은 '돋움'입니다.

❷ 태그 선택자 : h3

태그 선택자 h3는 문서에서 세 번 사용된 <h3> 태그 영역을 선택합니다. 그다음 CSS 명령 `font-family: '맑은고딕';`은 <h3> 태그 영역의 글꼴을 '맑은고딕'으로 지정합니다. 다음은 `color: blue;`라 되어 있습니다. 무슨 뜻일까요? [그림 6-2]의 글 제목처럼 <h3> 태그 영역의 글 제목을 파란색으로 표시하라는 뜻입니다.

❸ 태그 선택자 : p

태그 선택자 p는 문서에서 두 번 사용된 <p> 태그 영역을 선택합니다. 그다음에 오는 `font-size: 14px;`에 의해 [예제 6-2]의 <p> 태그 영역인 두 단락의 글자 크기는 14픽셀로 표시됩니다.

❹ **태그 선택자 : li**

태그 선택자 li는 목록의 항목인 각각의 `<li>` 태그 영역을 선택합니다. 그다음에 오는 `list-style-type: square;`와 `font-size: 16px;`에 의해 [그림 6-2]에서 보이는 것과 같이 목록의 각 항목 앞에 정사각형 점의 글머리와 목록의 각 항목 글자 크기가 16픽셀로 지정됩니다.

❺ **태그 선택자 : span**

태그 선택자 span은 문서에서 목록의 각 항목, 즉 `<li>` 태그 내에 있는 `<span>` 태그의 영역을 선택합니다. 그다음에 오는 `font-weight: bold;`에 의해 [그림 6-2]에서 보이는 것과 같이 해당 글자들, 즉 '여권 준비', '비행기 예약', '여행 스케줄', '짐싸기'의 글자가 볼드체로 표시됩니다.

태그 선택자의 사용 형식과 예를 정리해보면 다음의 [표 6-1]과 같습니다.

[표 6-1]을 봅시다. 앞서 설명한 것과 마찬가지로 `<style>` 태그 안에서 선택자로 태그명을 사용하면 문서에서 해당 태그가 사용된 부분에는 모두 CSS 명령이 적용됩니다. [표 6-1]에서 `<h3>` 태그 영역인 **제목1**, **제목2**, **제목3**은 선택자 h3가 선택한 영역이므로 CSS 명령 `color: red;`가 적용되어 빨간색으로 바뀝니다.

표 6-1 태그 선택자의 사용 형식과 사용 예

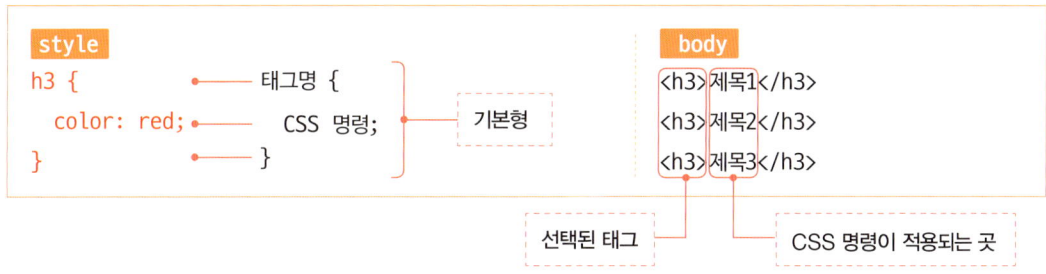

다시 말하자면 태그 선택자는 선택자로 HTML 태그명을 사용합니다. 만약 [표 6-1]의 예시처럼 태그 선택자로 HTML 태그명이 사용되면 HTML 문서에서 선택된 태그명의 영역을 모두 선택하고 선택자 다음에 오는 CSS 명령에 의해 해당 영역들에 CSS 명령을 적용합니다.

Quiz 6-1. 다음은 야생화의 종류와 재배에 관해 설명하는 웹 페이지입니다. 빈칸을 채워보세요.

그림 6-3 야생화 설명 페이지

```
style
body {
  font-family: '돋움';
}
❶ {
  color: red;
}
❷ {
  color: blue;
}
p {
  font-size: 14px;
  line-height: 150%;
}
❸ {
  list-style-type: circle;
}
```

```
       ❹    {
    font-weight: bold;
    }
```

 body
```
<h1>1. 야생화 종류</h1>
<h3>- 패랭이꽃</h3>
<p>석죽과의 여러해살이풀로서 꽃은 6~8월에 피고 가지 끝에 1개씩 달리며 붉은색입니다.</p>

<h3>- 강아지풀</h3>
<p>화본과의 1년초로서 꽃은 9월에 피고 꽃은 길이 2~5cm로서 연한 녹색 또는 자주색입니다.</p>
<h1>2. 야생화 재배 시 유의사항</h1>
<ul>
   <li><span>기본 요소 3가지</span> : 햇빛, 통풍, 1년간의 기온 변화.</li>
   <li><span>일조량</span> : 주택의 방향에 따른 일조량에 따라 야생화 종을 선택해야 합니다.</li>
   <li><span>온도</span> : 계절에 따른 온도의 변화를 알아야 합니다.</li>
</ul>
```

정답(Q6-1.html) : ❶h1   ❷h3   ❸li   ❹span

id 선택자

앞에서 id는 웹 페이지에서 하나만 존재하는 유일한 특정 영역을 지정하는 데 사용되고 이 특정 영역을 선택하는 데 사용하는 것이 id 선택자라고 설명했습니다.^{117쪽}

다음의 C:\source\06\id-selector.html 예제를 통하여 id 선택자에 대해 좀 더 자세히 알아봅시다.

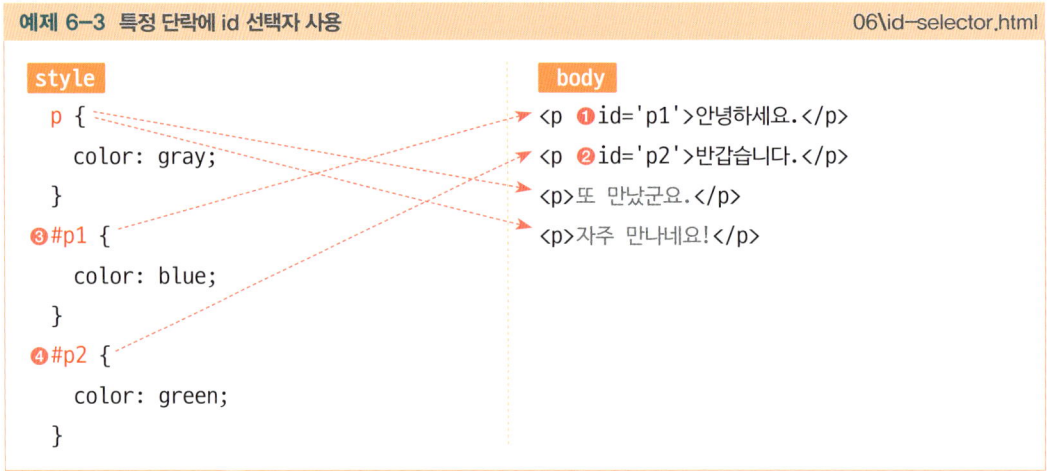

그림 6-4 id-selector.html의 실행 화면

[예제 6-3] ❶의 id='p1'은 '안녕하세요.' 영역을 지정하고 있습니다. 그리고 ❸의 id 선택자 #p1은 ❶의 id='p1' 영역을 선택합니다. 따라서 #p1 다음에 오는 CSS 명령 color: blue;에

의해 [그림 6-4]의 첫 번째 줄에 있는 파란색의 '안녕하세요.'가 출력됩니다.

같은 맥락에서 ❹의 id 선택자 #p2는 ❷의 id='p2'의 영역을 선택하여 CSS 명령 `color: green;`에 의해 [그림 6-4]의 두 번째 줄에 있는 초록색의 '반갑습니다.'가 표시됩니다.

표 6-2 id 선택자의 사용 형식과 사용 예

style	body
`#title1 {` ← #id명 { `color: red;` ← CSS 명령; `}` ← } 기본형	`<h3 id='title1'>제목1</h3>`

`#title2 {`
  `color: blue;`
`}`
	`<h3 id='title2'>제목2</h3>`

`#title3 {`
  `color: yellow;`
`}`
	`<h3 id='title3'>제목3</h3>`

[표 6-2]는 id 선택자의 사용 형식과 예를 정리한 표입니다. 먼저 표의 id 선택자 기본형을 보면 id 선택자는 선택자로 **id명**을 사용하고 그 앞에 **샵(#)**을 붙입니다. 그리고 id 선택자 다음에 오는 CSS 명령은 id 선택자가 선택한 영역에 CSS 명령을 적용합니다. 여기서 주의할 점은 id명 앞에 샵(#)을 꼭 붙여야 한다는 점입니다.

그럼 id 선택자의 기본형을 이해했다면 [표 6-2]의 예를 봅시다. 예에서는 id 선택자로 `#title1` 과 `#title2`, `#title3`를 지정했습니다. 그리고 id 선택자 `#title1`과 `#title2`, `#title3`는 각각 `id='title1'`과 `id='title2'`, `id='title3'`가 지정하는 영역을 선택합니다. 여기서 `id='title1'`은 제목1 영역을 지정하고 있고, `id='title2'`는 제목2, `id='title3'`는 제목3을 지정하고 있습니다. 그다음은 CSS 명령에 따라 선택한 영역에 CSS 명령이 적용된다고 했습니다. 따라서 id 선택자 다음에 오는 CSS 명령으로 제목1은 빨간색(red)으로, 제목2는 파란색(blue)으로, 제목3은 노란색(yellow)으로 표시됩니다.

Quiz 6-2. 다음은 딸기와 딸기 축제를 안내하는 웹 페이지입니다. 빈칸을 채워보세요.

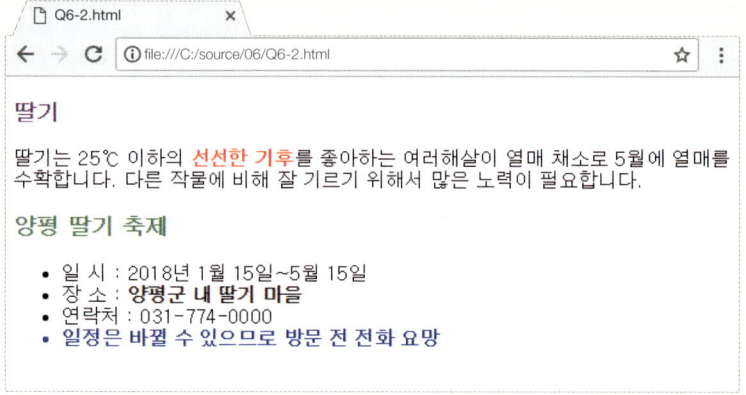

그림 6-5 딸기와 딸기 축제 안내 페이지

```
style
body {
  font-family: '돋움';
  color: black;
}
#title1 {
  color: purple;
}
❶ {
  color: green;
}
❷ {
  color: red;
  font-weight: bold;
}
❸ {
  font-weight: bold;
}
❹ {
```

```
    color: blue;
    font-weight: bold;
}
```

body
```
<h3 id='title1'>딸기</h3>
<p>딸기는 25℃ 이하의 <span id='weather'>선선한 기후</span>를 좋아하는 여러해살이 열매채
소로 5월에 열매를 수확합니다. 다른 작물에 비해 잘 기르기 위해서 엄청난 노력이 필요합니다.</p>
<h3 id='title2'>양평 딸기 축제</h3>
<ul>
  <li>일 시 : 2018년 1월 15일~5월 15일</li>
  <li>장 소 : <span id='location'>양평군 내 딸기 마을</span></li>
  <li>연락처 : 031-774-0000</li>
  <li id='notice'>일정은 바뀔 수 있으므로 방문 전 전화 요망</li>
</ul>
```

정답(Q6-2.html) : ❶#title2 ❷#weather ❸#location ❹#notice

클래스 선택자

6장의 '1.CSS 선택자란?116쪽'에서 클래스는 웹 페이지에서 두 군데 이상 존재하는 영역을 지정하는 데 사용하고 클래스 선택자는 이 영역들을 선택하는 데 사용한다고 배웠습니다.

그럼 클래스 선택자란 무엇인지 다음 예제를 통해 좀 더 자세히 알아보도록 합시다. C:\source\06\shopping-news.html입니다.

예제 6-4 목록에 사용된 클래스 선택자   06\shopping-news.html

style

❸ .green {
    color: green;
    font-weight: bold;
}

❹ .blue {
    color: blue;
    font-weight: bold;
}

body
```
<h2>쇼핑뉴스</h2>
<ul>
    <li><span ❶class='green'>루바토</span> 봄맞이 세트상품 65%↓ 한정 판매!</li>
    <li><span ❶class='green'>라리아네</span> 봄나들이 여성룩 최대 50% 할인!</li>
    <li><span ❶class='green'>우리마트</span> 우수 농특산물 직거래 장터</li>
    <li><span ❷class='blue'>우리몰</span> 소상공인과 함께하는 경제적인 아이템</li>
    <li><span ❷class='blue'>골드스타</span> 14K 금값 폭락! 최대 35% 할인!</li>
</ul>
```

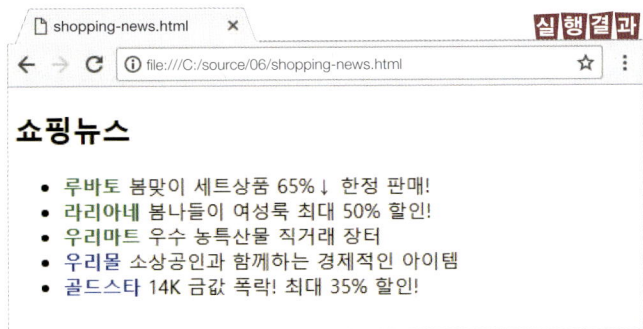

그림 6-6 shopping-news.html의 실행 화면

[그림 6-6]을 보면 초록색의 두꺼운 글자가 세 군데('루바토', '라리아네', '우리마트') 있고, 파란색의 두꺼운 글자가 두 군데('우리몰', '골드스타') 있습니다.

이와 같이 웹 페이지에서 영역을 두 군데 이상 지정하는 것이 클래스이고 클래스로 지정된 영역을 선택하는 것이 클래스 선택자입니다.

[예제 6-4]에서는 `<span>` 태그 내에 ❶`class` 속성을 이용하여 `'green'`이라는 이름의 클래스를 지정하고 있습니다. 그리고 클래스 선택자 ❸`.green`을 이용하여 `class='green'` 영역을 선택한 다음 그다음에 오는 CSS 명령 `color: green;`과 `font-weight: bold;`를 이용하여 [그림 6-6]에서 보이는 것처럼 '루바토', '라리아네', '우리마트'를 초록색의 굵은 글자로 화면에 표시합니다.

클래스 선택자는 클래스명 앞에 반드시 점(.)을 붙여야 합니다. 웹 브라우저는 이 점(.)을 보고 클래스가 지정하는 영역임을 알기 때문입니다.

같은 맥락으로 ❷에서는 `class='blue'`를 이용하여 해당 글자들의 영역을 선택합니다. 그리고 클래스 선택자 ❹`.blue`와 그다음 오는 CSS 명령 `color: blue;`와 `font-weight: bold;`를 이용해 [그림 6-6]에서 보이는 것처럼 '우리몰', '골드스타'를 파란색의 굵은 글자로 화면에 표시합니다.

표 6-3 클래스 선택자의 사용 형식과 사용 예

```
style
.red_title {           .클래스명 {
    color: red;           CSS 명령;      기본형
}                      }
.blue_title {
    color: blue;
}
```

```
body
<h3 class='red_title'>제목1</h3>
<h3 class='red_title'>제목2</h3>

<h3 class='blue_title'>제목3</h3>
<h3 class='blue_title'>제목4</h3>
```

클래스 선택자는 [표 6-3]의 기본형에서 보듯이 **클래스명** 앞에 반드시 **점(.)**을 붙여야 합니다. 그리고 클래스 선택자 다음에 오는 CSS 명령은 클래스 선택자가 선택한 영역에 CSS 명령을 적용합니다. 즉, 클래스 선택자 .red_title은 class='red_title' 영역을 지정하고 그 영역에 해당하는 글자에 CSS 명령 color: red;를 적용합니다. 또 클래스 선택자 .blue_title은 class='blue_title' 영역을 지정하고 그 영역에 해당하는 글자에 CSS 명령 color: blue;를 적용합니다.

id 선택자와 클래스 선택자의 차이점을 정리해보면 다음의 [표 6-4]와 같습니다.

표 6-4 id 선택자와 클래스 선택자의 차이점

선택자	형식	사용처
id 선택자	#id명	문서에서 유일무이한 단 하나의 특정 영역을 선택하는 데 사용
클래스 선택자	.클래스명	문서에서 두 군데 이상의 특정 영역을 선택하는 데 사용

Quiz 6-3. 다음은 열대어와 열대어의 종류를 설명하는 웹 페이지입니다. 빈칸을 채워보세요.

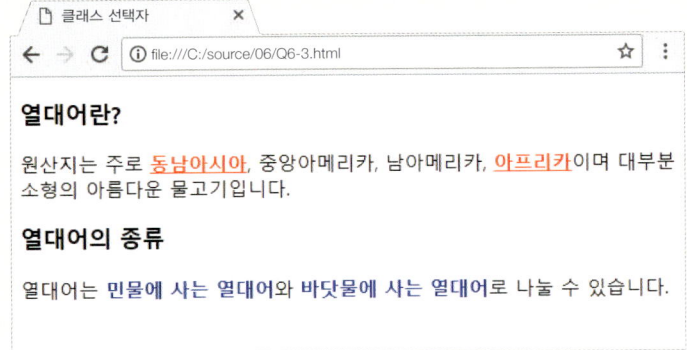

그림 6-7 열대어 설명 페이지

```
style
    ❶ {
  color: red;
  font-weight: bold;
  text-decoration: underline;
}
    ❷ {
  color: blue;
  font-weight: bold;
}

body
<h3>열대어란?</h3>
<p>원산지는 주로 <span class='font1'>동남아시아</span>, 중앙아메리카, 남아메리카,
<span class='font1'>아프리카</span>이며 대부분 소형의 아름다운 물고기입니다.</p>
<h3>열대어의 종류</h3>
<p>열대어는 <span class='font2'>민물에 사는 열대어</span>와 <span class='font2'>바닷물에 사는 열대어</span>로 나눌 수 있습니다.</p>
```

정답(Q6-3.html) : ❶.font1 ❷.font2

프로젝트 6 : 양평 국제 기타 페스티벌

다음은 국제 기타 페스티벌의 안내 페이지입니다. 각 단계에서 주어진 조건에 따라 단계별로 직접 코딩해보세요.

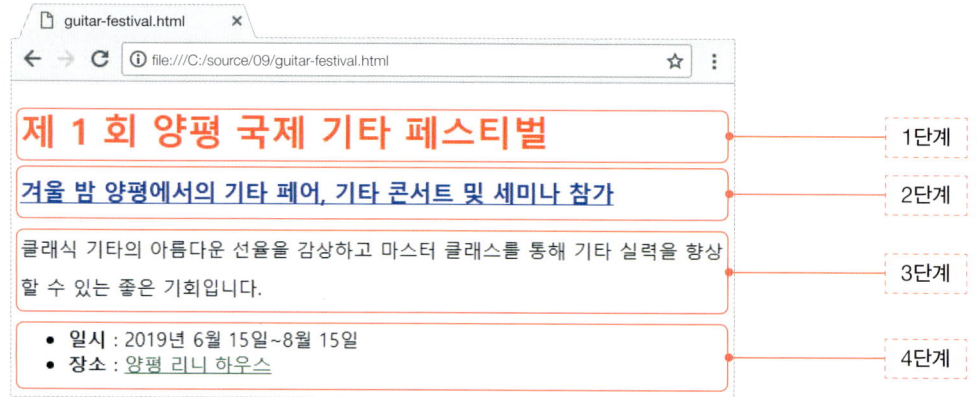

그림 6-8 국제 기타 페스티벌 안내 페이지

조건(힌트)

1단계 기본 글꼴 및 대제목(제1회 양평 국제 기타 페스티벌) 만들기

사용 태그 : <h1>

전체 웹 페이지의 기본 글꼴 : '맑은고딕'

대제목의 글자 크기 : 30px

글자 색상 : 빨간색

2단계 소제목(겨울밤 양평에서의 기타 페어, 기타 콘서트 및 세미나 참가) 만들기

사용 태그 : <h3>

소제목의 글자 색상 : 파란색

3단계 단락 만들기

사용 태그 : <p>

글자 크기 : 16px, 줄 간격 : 200%

4단계 목록 만들기

사용 태그 : `<ul>`, `<li>`, `<span>`

정답 및 해설(정답 파일 : guitar-festival.html)

1단계
완성 파일 : guitar-festival1.html

```
<style>
body {
  font-family: '맑은고딕';
}
h1 {
    color: red;
    font-size: 30px;
}
</style>
<body>
<h1>제 1 회 양평 국제 기타 페스티벌</h1>
```

해설
- 웹 페이지의 전체 글꼴 지정은 태그 선택자 body를 사용합니다.
- 태그 선택자 h1을 사용하여 글 제목에 CSS 명령을 적용합니다.

2단계
완성 파일 : guitar-festival2.html

```
<style>
h3 {
    color: blue;
    text-decoration: underline;
}
</style>
<h3>겨울 밤 양평에서의 기타 페어, 기타 콘서트 및 세미나 참가</h3>
```

해설 태그 선택자 h3를 사용하여 글 제목에 CSS 명령을 적용합니다.

chapter 6 CSS 선택자에 대해 알아보자

3단계　　　　　　　　　　　　　　　　　　　　　　　완성 파일 : guitar-festival3.html

```
<style>
p {
  font-size: 16px;
  line-height: 200%;
}
</style>
<p>클래식 기타의 아름다운 선율을 감상하고 마스터 클래스를 통해 기타 실력을 향상할 수 있는 좋은 기회입니다.</p>
```

해설　태그 선택자 p를 사용하여 단락에 CSS 적용합니다.

4단계　　　　　　　　　　　　　　　　　　　　　　　완성 파일 : guitar-festival4.html

```
<style>
.bold {
  font-weight: bold;
}
#location {
  color: green;
  text-decoration: underline;
}
</style>
<ul>
  <li><span class='bold'>일시</span> : 2019년 6월 15일~8월 15일</li>
  <li><span class='bold'>장소</span> : <span id='location'>양평 리니 하우스</span></li>
</ul>
```

해설　일시와 장소에는 클래스 선택자, 양평 리니 하우스에는 id 선택자를 사용합니다.

요점 정리

01. CSS 선택자란?

CSS 선택자^{Selector}는 CSS를 적용하고자 하는 영역을 선택하는 데 사용합니다. 태그 선택자는 p, img, h3, span 등의 HTML 태그명을 이용하여 해당 태그의 영역을 선택하고 id 선택자는 #id명을 이용하여 웹 페이지에서 유일무이한 하나의 특정 영역을 선택하고 클래스 선택자는 .클래스명을 이용하여 웹 페이지의에서 두 군데 이상 존재하는 특정 영역을 선택하는 데 사용됩니다. 그리고 CSS 선택자 다음에 오는 CSS 명령은 선택자에 의해 선택된 영역에 적용됩니다.

02. 태그 선택자

선택자로서 **태그명**을 사용하는 것을 '태그 선택자'라고 합니다. 태그 선택자는 웹 페이지에서 태그가 사용된 영역을 선택하며 CSS 명령을 이용하여 해당 태그의 영역에 CSS를 적용합니다.

03. id 선택자

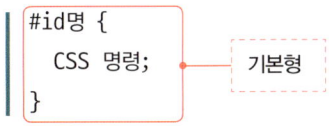

id 선택자는 **id명** 앞에 **샵(#)**을 붙여서 사용합니다. id는 웹 페이지에서 하나만 존재하는 유일한 특정 영역을 지정하는 데 사용되고 이 특정 영역을 선택하는 데 사용하는 것이 id 선택자입니다.

04. 클래스 선택자

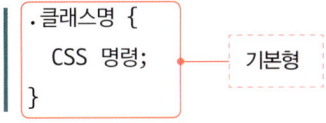

클래스 선택자는 **클래스명** 앞에 **점(.)**을 붙여서 사용합니다. 클래스는 웹 페이지에서 두 군데 이상 존재하는 영역을 지정하는 데 사용하고 클래스 선택자는 이 영역들을 선택하는 데 사용합니다.

chapter 7
레이아웃의 기초, 박스 모델을 이해하자

7장에서는

모든 HTML 요소는 모두 박스 형태로 되어 있는데 이를 박스 모델이라고 합니다. 박스 모델의 요소는 실제 콘텐츠를 둘러싸고 있는 패딩, 마진, 경계선으로 구성됩니다. HTML과 CSS를 이용하여 웹 페이지를 제작하는 과정 중 주요한 작업 중 하나가 바로 이 박스 모델을 이용하여 요소들을 화면에 배치하는 것입니다.

요소들을 화면에 배치하는 것을 다른 말로 레이아웃이라고 합니다. 7장에서는 레이아웃의 기초가 되는 박스 모델의 원리와 구성 요소에 대해 알아보고 이 박스 모델을 이용하여 레이아웃하는 방법에 대해 알아봅니다.

학습목표
+ 박스 모델의 원리 및 구성 요소 알아보기
+ 경계선을 그리는 방법 익히기
+ 패딩과 마진의 설정법 익히기
+ 패딩과 마진의 초기화 방법 익히기

박스 모델이란?

박스 모델^{Box Model}의 구성 요소를 이해하기 위해 먼저 다음의 C:\source\07\box-model.html 예제를 살펴봅시다.

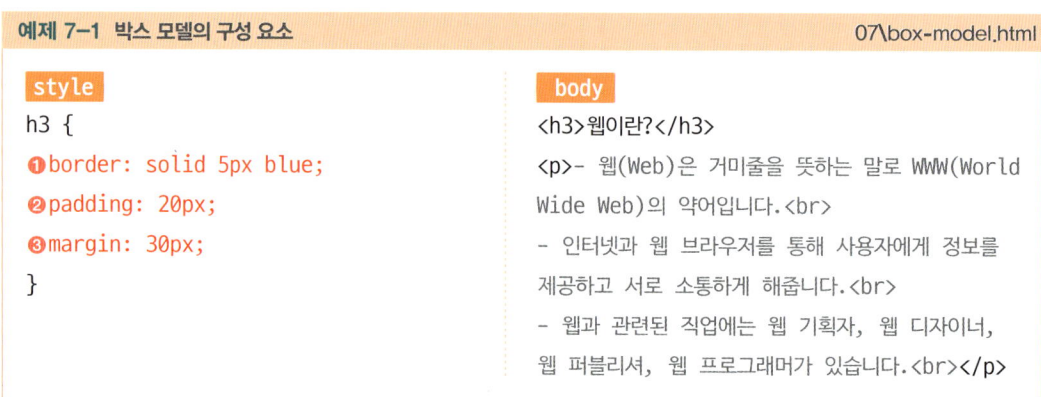

예제 7-1 박스 모델의 구성 요소 · 07\box-model.html

style
```
h3 {
❶border: solid 5px blue;
❷padding: 20px;
❸margin: 30px;
}
```

body
```
<h3>웹이란?</h3>
<p>- 웹(Web)은 거미줄을 뜻하는 말로 WWW(World
Wide Web)의 약어입니다.<br>
- 인터넷과 웹 브라우저를 통해 사용자에게 정보를
제공하고 서로 소통하게 해줍니다.<br>
- 웹과 관련된 직업에는 웹 기획자, 웹 디자이너,
웹 퍼블리셔, 웹 프로그래머가 있습니다.<br></p>
```

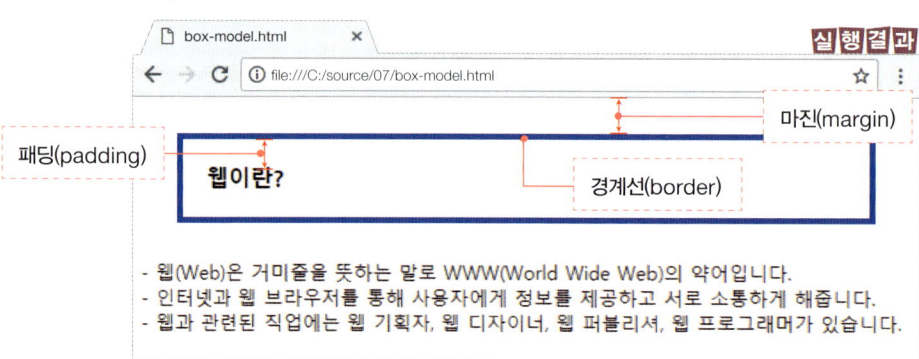

그림 7-1 box-model.html의 실행 화면

[그림 7-1]을 보면 글 제목 '웹이란?'의 주위에 파란색 경계선이 그려져 있습니다. HTML 문서에서는 이와 같은 경계선을 그리는 데 CSS의 border 속성을 사용합니다.

❶ `border: solid 5px blue;`
border 속성의 속성값 solid는 실선을 나타내고 5픽셀은 선의 두께를, blue는 선의 색상을 나타냅니다.

❷ `padding: 20px;`

　padding 속성은 [그림 7-1]에서 보이는 콘텐츠 '웹이란?'과 경계선 사이의 간격을 의미합니다.

❸ `margin: 30px;`

　margin 속성은 경계선과 외부의 요소 사이의 간격을 의미합니다.

정리해서 말하면 패딩(`padding`)은 경계선 내부의 간격을 의미하고 마진(`margin`)은 경계선 외부의 간격을 의미합니다.

[그림 7-1]에 나타난 것과 같이 모든 HTML 요소는 이러한 박스 형태로 되어 있기 때문에 경계선(border)을 그릴 수 있으며 마진(margin)과 패딩(padding)을 지정할 수 있습니다. 이를 박스 모델이라고 합니다. 박스 모델의 개념도를 그려보면 다음의 [그림 7-2]와 같습니다.

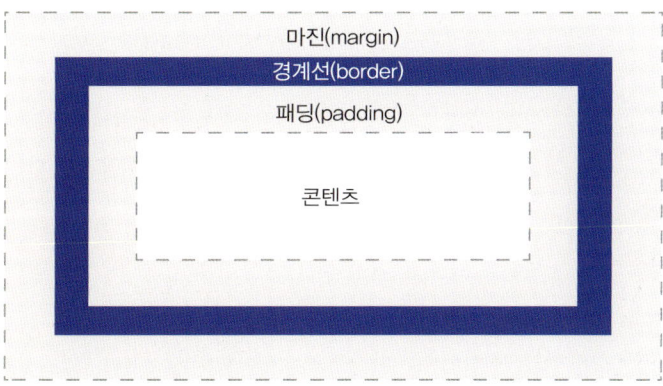

그림 7-2 박스 모델의 개념도

[그림 7-2]에 표시된 박스 모델의 각 요소의 의미는 다음과 같습니다.

- 콘텐츠 : 텍스트, 이미지, 동영상 등의 HTML 본문 요소
- 경계선 : 콘텐츠를 둘러싼 경계를 나타내는 선
- 패딩 : 경계선과 콘텐츠 사이의 간격
- 마진 : 경계선과 외부 요소 사이의 간격

경계선 그리기

이번 절에서는 [그림 7-2]에서 본 박스 모델의 경계선에 대해 좀 더 자세히 살펴봅시다. 먼저 다음 예제를 통해 경계선을 그리는 방법을 익혀봅시다. C:\source\07\border.html입니다.

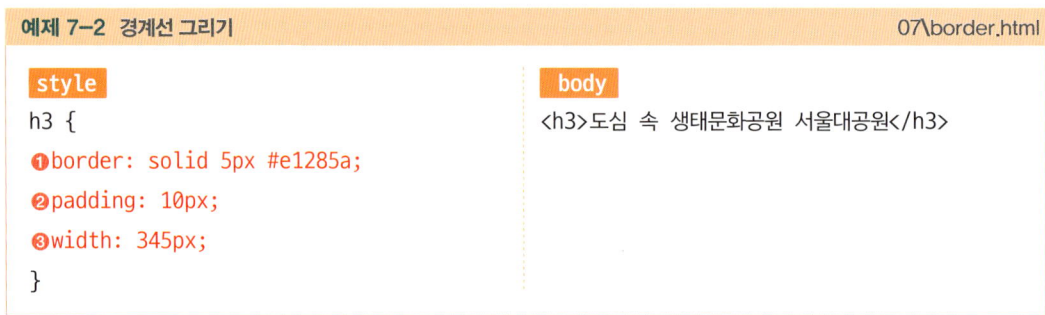

예제 7-2 경계선 그리기   07\border.html

style
```
h3 {
❶border: solid 5px #e1285a;
❷padding: 10px;
❸width: 345px;
}
```

body
```
<h3>도심 속 생태문화공원 서울대공원</h3>
```

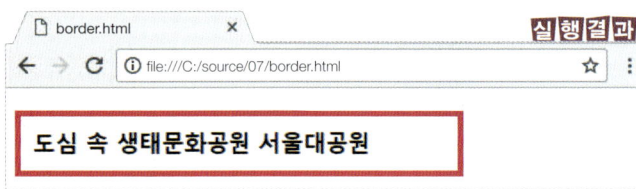

그림 7-3 border.html의 실행 화면

❶ `border: solid 5px #e1285a;`

[그림 7-3]에서 보는 것과 같이 5픽셀 두께의 빨간색(#e1285a) 실선이 그려집니다.

경계선을 그리는 데 사용되는 border의 속성값은 다음과 같은 형태로 사용합니다.

| border: 경계선 스타일   경계선 두께   경계선 색상;

- 경계선 스타일 : solid(실선), double(이중 실선), dotted(점선), dashed(줄 선)
- 경계선 두께 : px 단위
- 경계선 색상 : 색상 이름이나 색상 코드

❷ `padding: 10px;`

padding 속성은 [그림 7-3]에서 콘텐츠, 즉 글자와 경계선 사이의 간격을 의미합니다. 따라서 속성값으로 10px이 지정되었으므로 그 간격이 10픽셀이 되는 것입니다.

❸ `width: 345px;`

`width` 속성은 박스의 너비를 의미합니다. 따라서 CSS 명령 `width: 345px;`은 [그림 7-3]에 나타난 박스의 너비가 345픽셀임을 의미합니다. 박스의 높이를 지정할 때는 `height` 속성을 사용합니다.

TIP RGB 색상과 색상 코드

RGB 색상은 빨간색(Red), 초록색(Green), 파란색(Blue)의 3원색을 이용하여 색을 만들게 되는데 컴퓨터 모니터, 디지털 카메라 액정, 휴대폰 액정 등은 모두 RGB 색상을 이용합니다.

웹도 컴퓨터 모니터나 모바일 기기의 액정을 이용하기 때문에 당연히 RGB 색상을 사용하게 됩니다. 웹에서 RGB 색상을 이용할 때에는 'red', 'green', 'blue', 'black', 'white', 'yellow', 'gray', 'pink', 'purple' 등 해당 색상을 의미하는 영단어를 이용하거나 색상 코드를 이용하게 됩니다.

[예제 7-2]에서 사용된 색상 코드(#e1285a)를 이용하여 색상 코드의 구성을 살펴보겠습니다.

색상 코드는 맨 앞의 샵(#)과 6자리의 숫자 또는 영문자로 구성됩니다.

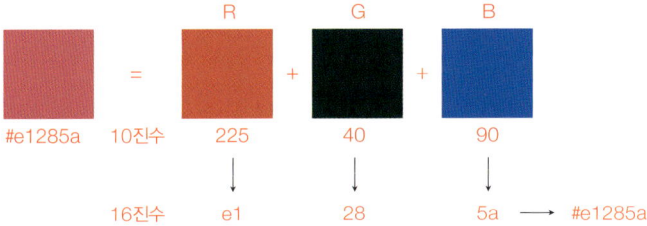

그림 7-4 RGB 색상 코드

[그림 7-4]의 왼쪽 핑크색(색상 코드 : #e1285a)은 오른쪽의 R(Red), G(Green), B(Blue)의 세 가지 색상 성분이 합쳐져서 만들어집니다. 색상 코드(#e1285a)는 10진수로 표시했을 때 R(빨간색) 성분이 225, G(초록색) 성분이 40, B(파란색) 성분이 90만큼 존재한다는 의미입니다. 이를 16진수로 표현하면 R이 e1, B가 28, B가 5a가 됩니다. 이를 붙여 쓰면 e1285a가 되며 색상 코드는 #으로 시작하기 때문에 색상 코드는 #e1285a가 되는 것입니다. R, G, B 각각의 최솟값은 10진수로 0, 최댓값은 255입니다. 따라서 R, G, B는 각각 0~255의 값(16진수 : 00~ff)을 가집니다.

일반적으로 16진수에서는 0~9와 10~15까지 16개의 숫자를 사용합니다. 그러나 웹에서는 색상 코드의 16진수 표현을 10~15의 6개의 숫자 대신에 각각에 대응되는 a, b, c, d, e, f의 영문자 6개를 사용합니다. 결론적으로 웹의 RGB 색상 코드는 0~9, a, b, c, d, e, f의 16개의 숫자 또는 문자를 사용합니다.

TIP

박스의 너비와 높이를 지정할 때는 각각 width와 height 속성을 사용합니다. [예제 7-2]의 ❸처럼 width 속성만 지정하고 height 속성을 지정하지 않으면 박스 안에 있는 콘텐츠(텍스트, 이미지 등)에 따라 높이는 자동으로 설정됩니다. 이런 이유로 width 속성만 지정하고 height 속성을 지정하지 않는 경우가 종종 있습니다.

이번에는 또 다른 형태의 경계선을 그리는 방법을 익혀봅시다. C:\source\07\border2.html 파일입니다.

예제 7-3 다양한 경계선 그리기   07\border2.html

style
```
#title1 {
❶ border-top: solid 2px black;
   padding: 5px;
   width: 345px;
}
#title2 {
❷ border-left: solid 8px #e1285a;
   padding: 5px;
}
#title3 {
   border: solid 2px #1dabc0;
❸ border-radius: 10px;
   padding: 5px;
   width: 345px;
}
```

body
```
<h3 id='title1'>도심 속 생태문화공원 서울대공원</h3>




<h3 id='title2'>도심 속 생태문화공원 서울대공원</h3>




<h3 id='title3'>도심 속 생태문화공원 서울대공원</h3>
```

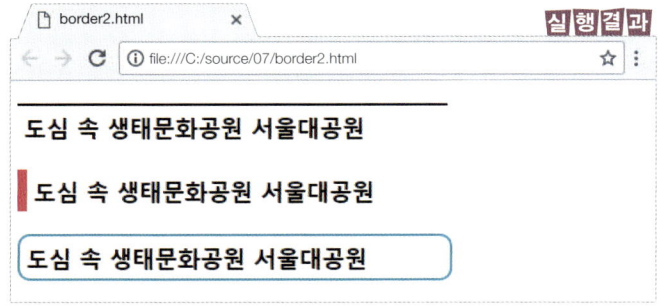

그림 7-5 border2.html의 실행 화면

❶ `border-top: solid 2px black;`

border-top 속성은 상단 경계선을 그리는 데 사용됩니다. 속성값 solid 2px black은 [그림 7-5]의 첫 항목에서와 같이 글 제목의 상단에 2픽셀 두께의 검은색(black) 실선을 그리는 데 사용됩니다.

❷ `border-left: solid 8px #e1285a;`

border-left 속성은 왼쪽 경계선을 그리는 데 사용됩니다. 속성값 solid 8px #e1285a는 [그림 7-5]의 두 번째 항목에 나타난 것과 같이 왼쪽에 빨간색(#e1285a) 바를 만드는 데 사용됩니다.

❸ `border-radius: 10px;`

border-radius 속성은 [그림 7-5]의 세 번째 항목에서와 같이 경계선의 모서리를 둥글게 만드는 데 사용됩니다. 여기서 속성값 10px은 모서리의 둥근 정도를 나타내며 이 값이 커지면 모서리가 더 둥글게 됩니다.

border 속성을 표로 정리하면 다음과 같습니다.

표 7-1 border 속성과 속성값

속성	속성값의 예	설명
border	solid 1px red	박스의 상하좌우에 1픽셀 두께의 빨간색 실선 그리기
border-top	double 2px blue	박스의 상단에 2픽셀 두께의 파란색 이중 실선 그리기
border-right	dotted 1px green	박스의 우측에 1픽셀 두께의 초록색 점선 그리기
border-bottom	dashed 1px yellow	박스의 하단에 1픽셀 두께의 노란색 줄 선 그리기
border-left	solid 8px black	박스의 좌측에 8픽셀 두께의 검은색 실선 그리기
border-radius	20px	박스의 모서리를 20픽셀 정도로 둥글게 만들기(속성값이 커지면 모서리가 더 둥글게 됨)

03 패딩과 마진 설정하기

139쪽의 [그림 7-2]에서 박스 모델을 설명할 때 패딩은 경계선과 그 안에 있는 콘텐츠와의 간격, 마진은 경계선과 외부 요소와의 간격을 의미한다는 것을 배웠습니다.

이번 절에서는 패딩과 마진을 설정하는 방법에 대해 좀 더 자세히 알아봅시다.

패딩 설정하기

먼저 패딩에 대한 이해를 돕기 위해 다음 예제를 살펴봅시다. C:\source\07\padding.html입니다.

예제 7-4 단락에 패딩 설정   07\padding.html

```
style
p {
  width: 500px;
  border: solid 2px black;
}
#padding1 {
❶ padding: 20px;
}

#padding2 {
❷ padding-top: 20px;
❸ padding-right: 30px;
❹ padding-bottom: 40px;
❺ padding-left: 50px;
❻ /* padding: 20px 30px 40px 50px; */
}
```

```
body
<h3>서울동물원 소개</h3>

<p id='padding1'>서울동물원은 동·식물원 2,420천m² 내 29개 동물사 332종 2,700수를 통하여 동물원의 기능인 전시, 보전, 교육, 연구에 힘쓰고 있습니다.</p>

<p id='padding2'>서울동물원은 동·식물원 2,420천m² 내 29개 동물사 332종 2,700수를 통하여 동물원의 기능인 전시, 보전, 교육, 연구에 힘쓰고 있습니다.</p>
```

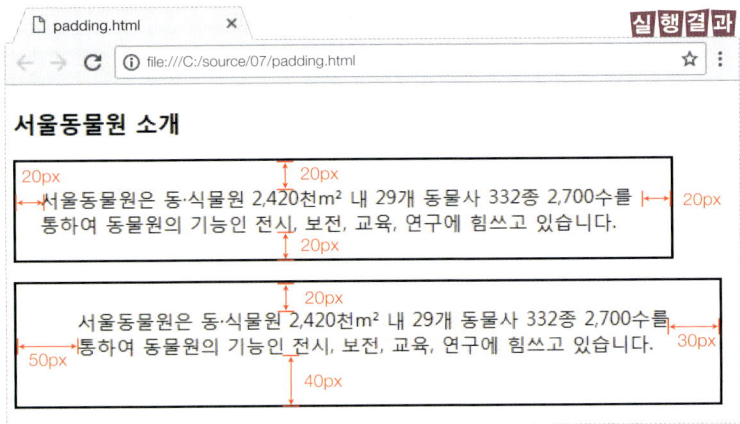

그림 7-6 padding.html의 실행 화면

❶ `padding: 20px;`

[그림 7-6]의 첫 번째 박스에 나타난 것과 같이 경계선과 내부 글자들 사이의 상하좌우 간격을 20픽셀로 설정합니다.

❷ `padding-top: 20px;` ❸ `padding-right: 30px;`
❹ `padding-bottom: 40px;` ❺ `padding-left: 50px;`

[그림 7-6]의 두 번째 박스와 같이 각각의 패딩 값을 달리 설정하고자 할 때에는 ❷~❺에서 사용한 `padding-top`, `padding-right`, `padding-bottom`, `padding-left` 속성을 사용하면 됩니다.

❻ `padding: 20px 30px 40px 50px;`

그리고 ❷~❺의 네 줄로 표현된 패딩은 ❻처럼 간단하게 한 줄로 줄여 사용할 수도 있습니다.

네 개의 padding 속성값은 상단 → 우측 → 하단 → 좌측으로 적용됩니다. 상단에서부터 시계 방향으로 진행한다고 생각하면 이해하기 쉽습니다.

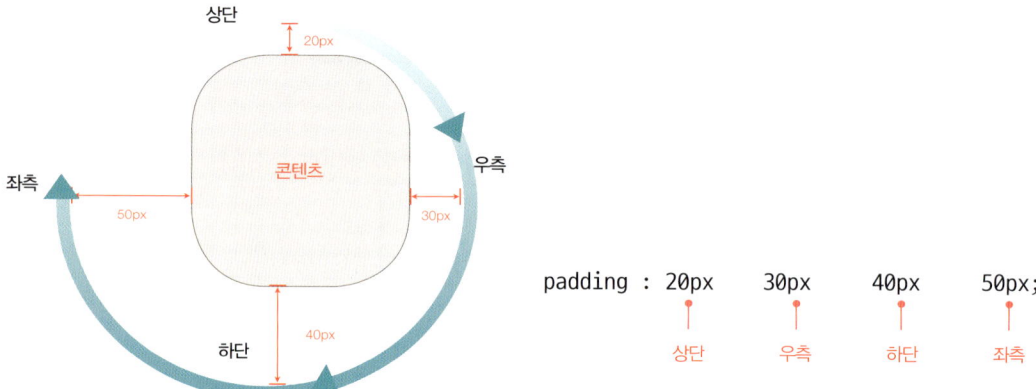

그림 7-7 콘텐츠를 둘러싼 padding 속성값

지금까지 공부한 padding 속성을 표로 정리하면 다음과 같습니다.

표 7-2 padding 속성과 속성값

속성	속성값의 예	설명
padding	20px	박스의 상하좌우 패딩을 모두 20픽셀로 설정
padding	20px 30px 40px 50px	박스의 상단, 우측, 하단, 좌측의 패딩을 각각 20픽셀, 30픽셀, 40픽셀, 50픽셀로 설정
padding-top	20px	박스의 상단 패딩을 20픽셀로 설정
padding-right	30px	박스의 우측 패딩을 30픽셀로 설정
padding-bottom	40px	박스의 하단 패딩을 40픽셀로 설정
padding-left	50px	박스의 좌측 패딩을 50픽셀로 설정

마진 설정하기

패딩에 대해 잘 이해했다면 마진의 사용법도 익히는 데 별 어려움이 없을 것입니다. 마진은 패딩의 사용 형식이나 방법과 거의 같습니다. 단 하나의 차이점은 패딩이 박스의 경계선과 내부 콘텐츠와의 간격을 의미한다면 마진은 박스의 경계선과 외부 요소와의 간격을 나타냅니다.

다음의 간단한 예제를 통해 마진의 사용법에 대해 공부해봅시다. C:\source\07\margin.html 입니다.

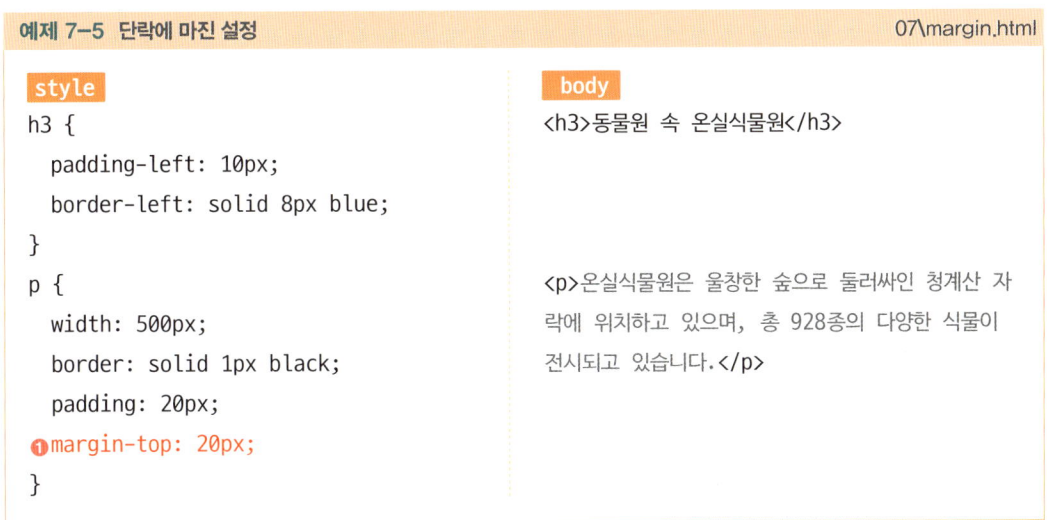

예제 7-5 단락에 마진 설정   07\margin.html

style
```
h3 {
  padding-left: 10px;
  border-left: solid 8px blue;
}
p {
  width: 500px;
  border: solid 1px black;
  padding: 20px;
  ❶margin-top: 20px;
}
```

body
```
<h3>동물원 속 온실식물원</h3>

<p>온실식물원은 울창한 숲으로 둘러싸인 청계산 자락에 위치하고 있으며, 총 928종의 다양한 식물이 전시되고 있습니다.</p>
```

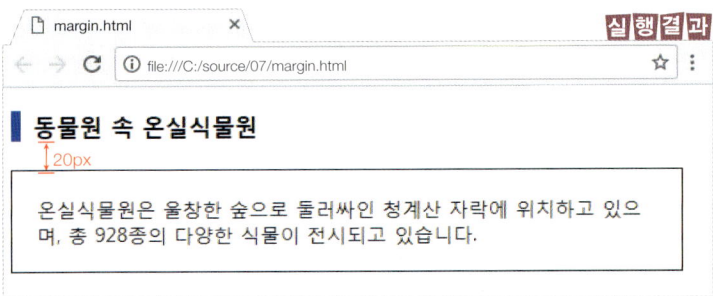

그림 7-8 margin.html의 실행 화면

❶ `margin-top: 20px;`

박스의 상단 마진을 20픽셀로 설정합니다. [그림 7-8]과 같이 마진은 박스의 경계선과 외부 요소(<h3> 태그, 즉 '동물원 속 온실식물원')와의 간격을 의미합니다. 이 예에서는 단락의 박스를 기준으로 상단 마진을 설정하게 됩니다.

margin 속성의 사용 형식과 방법은 padding 속성과 동일합니다. margin 속성과 속성값을 정리하면 다음 쪽의 [표 7-3]과 같습니다.

표 7-3 margin 속성과 속성값

속성	속성값의 예	설명
margin	20px	박스의 상하좌우 마진을 모두 20픽셀로 설정
margin	20px 30px 40px 50px	박스의 상단, 우측, 하단, 좌측의 마진을 각각 20픽셀, 30픽셀, 40픽셀, 50픽셀로 설정
margin-top	20px	박스의 상단 마진을 20픽셀로 설정
margin-right	30px	박스의 우측 마진을 30픽셀로 설정
margin-bottom	40px	박스의 하단 마진을 40픽셀로 설정
margin-left	50px	박스의 좌측 마진을 50픽셀로 설정

04 패딩과 마진 초기화하기

지금까지 HTML 문서에서 패딩과 마진을 설정하는 방법[144쪽]을 배웠습니다. 하지만 패딩과 마진을 설정하지 않아도 모든 HTML 요소는 기본적으로 패딩과 마진 값을 가지고 있습니다.

C:\source\07\padding-margin-basic.html 예제를 통하여 기본적으로 설정된 패딩과 마진 값을 살펴봅시다.

예제 7-6 기본 값의 패딩과 마진   07\padding-margin-basic.html

style
```
body {
❶border: solid 1px red;
}
h3 {
❷border: solid 1px blue;
}
p {
❸border: solid 1px green;
}
ul {
❹border: solid 1px red;
}
li {
❺border: solid 1px blue;
}
```

body
```
<h3>이용요금</h3>

<p>행복카드 소지자는 본인 확인 후 입장료 30% 할인</p>

<ul>

    <li>만 5세 이하, 만 65세 이상 무료</li>
    <li>단체는 30인 이상 30% 할인</li>
    <li>단체 관람 시 인솔 교사는 무료</li>
</ul>
```

chapter 7 레이아웃의 기초, 박스 모델을 이해하자 149

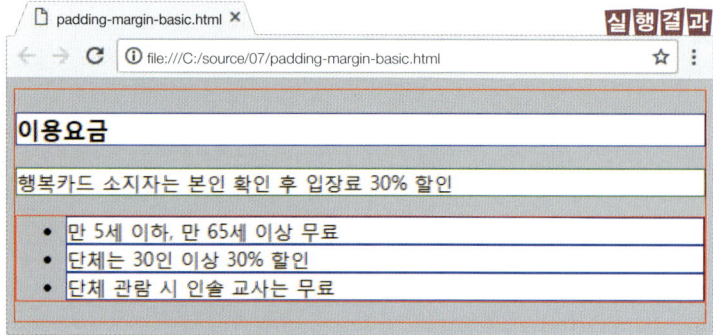

그림 7-9 padding-margin-basic.html의 실행 화면

[예제 7-6]의 ❶~❺는 HTML 요소에 CSS를 이용하여 경계선을 그렸습니다. 여기서 별도의 패딩과 마진는 설정하지 않았습니다.

그러나 실행 결과인 [그림 7-9]를 살펴보면 회색으로 표시된 기본값을 가진 패딩과 마진으로 인해 요소들 사이에 간격이 벌어져 있는 것을 볼 수 있습니다.

웹 페이지를 제작 시 [그림 7-9]와 같이 기본으로 설정된 패딩과 마진으로 인해 원하는 곳에 HTML 요소를 배치하기 어려운 경우가 종종 있습니다. 이러한 이유로 웹 페이지를 제작할 때 모든 HTML 요소의 패딩과 마진을 0으로 초기화하는 경우가 많습니다.

그럼 패딩과 마진을 초기화하는 코드를 추가해봅시다. [예제 7-6]의 소스 코드에 패딩과 마진을 초기화하는 코드를 추가한 예제 C:\source\07\padding-margin-init.html입니다.

예제 7-7 패딩과 마진의 초기화   07\padding-margin-init.html

```
<style>
❶* {
❷padding: 0;
  margin: 0;
}
</style>
```

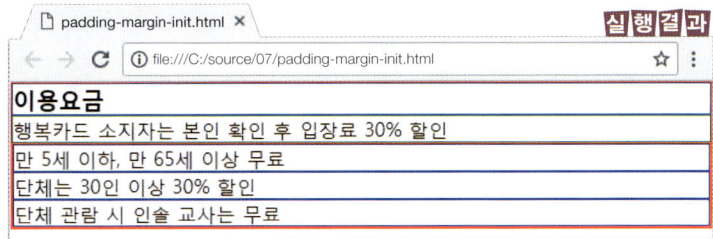

그림 7-10 padding-margin-init.html의 실행 화면

❶ *

여기서 사용된 별표(*)를 '전체 선택자'라고 부릅니다. 전체 선택자는 웹 페이지에서 사용된 <body>, <h3>, <img>, <p>, <ul>, <li> 등의 모든 HTML 태그의 요소를 선택하는 역할을 합니다.

❷ padding: 0; margin: 0;

전체 선택자에 의해 선택된 모든 HTML 태그의 요소에 대해 패딩과 마진을 0으로 초기화합니다.

[그림 7-10]의 실행 결과를 보면 [그림 7-9]에서 존재했던 모든 기본 패딩과 마진이 삭제되었음을 알 수 있습니다.

이번에는 패딩과 마진이 초기화된 [그림 7-10]의 상태에서 CSS를 이용하여 각 요소에 적절한 패딩과 마진을 주는 방법을 공부해봅시다. 이번에는 실행 결과를 먼저 보고 [예제 7-8]인 C:\source\07\padding-margin.html을 보겠습니다.

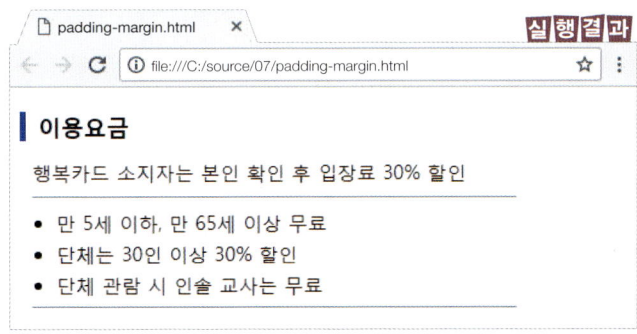

그림 7-11 padding-margin.html의 실행 화면

예제 7-8 패딩과 마진의 설정   07\padding-margin.html

style
```css
* {
❶padding: 0;
  margin: 0;
}
h3 {
  /* border: solid 1px blue; */
❷margin: 20px 0 0 10px;
❸padding-left: 10px;
  border-left: solid 5px blue;
}
p {
  /* border: solid 1px green; */
❹margin: 15px 0 0 20px;
}
ul {
  /* border: solid 1px red; */
❺margin: 10px 0 0 20px;
❻padding: 5px 0 8px 0;
  width: 400px;
  border-top: solid 1px gray;
  border-bottom: solid 1px gray;
}
li {
  /* border: solid 1px blue; */
❼margin-left: 20px;
❽padding-top: 5px;
}
```

body
```html
<h3>이용요금</h3>

<p>행복카드 소지자는 본인 확인 후 입장료 30% 할인</p>

<ul>

  <li>만 5세 이하, 만 65세 이상 무료</li>
  <li>단체는 30인 이상 30% 할인</li>
  <li>단체 관람 시 인솔 교사는 무료</li>
</ul>
```

❶ padding: 0; margin: 0;

전체 HTML 요소의 패딩과 마진을 0으로 초기화합니다.

❷ margin: 20px 0 0 10px;

[그림 7-11]의 글 제목 '이용요금'의 상단과 좌측 마진을 각각 20픽셀과 10픽셀로 설정합니다.

❸ padding-left: 10px;

[그림 7-11]의 글 제목인 '이용요금'의 좌측 경계선과 글 제목 사이의 간격, 즉 패딩을 10픽셀로 설정합니다.

❹ margin: 15px 0 0 20px;

[그림 7-11]의 단락 '행복카드…30% 할인'의 상단과 좌측 마진을 각각 15픽셀과 20픽셀로 설정합니다.

❺ margin: 10px 0 0 20px;

[그림 7-11]의 아랫 부분에 있는 목록 전체의 상단과 좌측 마진을 각각 10픽셀과 20픽셀로 설정합니다.

❻ padding: 5px 0 8px 0;

목록의 내용물과 상단과 하단 경계선 사이의 간격, 즉 패딩을 각각 5픽셀과 8픽셀로 설정합니다.

❼ margin-left: 20px;

목록의 각 항목의 좌측 마진을 20픽셀로 설정합니다.

❽ padding-top: 5px;

목록의 각 항목의 상단 패딩을 5픽셀로 설정합니다.

이쯤에서 다시 실행 결과를 볼까요?

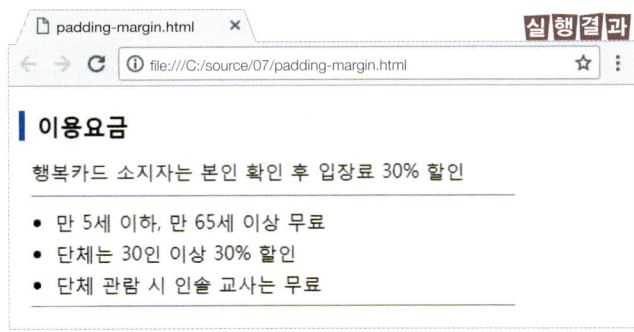

그림 7-11 padding-margin.html의 실행 화면

Quiz 7-1. 다음은 공지 게시판 페이지의 예입니다. 빈칸을 채워보세요.

style
```
* {
  padding: 0;
  ❶     : 0;
}
h3 {
  margin: 20px;
}
ul {
  width: 430px;
  ❷     : solid 1px black;
  margin: 20px;
}
li {
  ❸     : none;
  padding-bottom: 10px;
  margin: 15px;
  border-bottom:    ❹    1px gray;
}
```

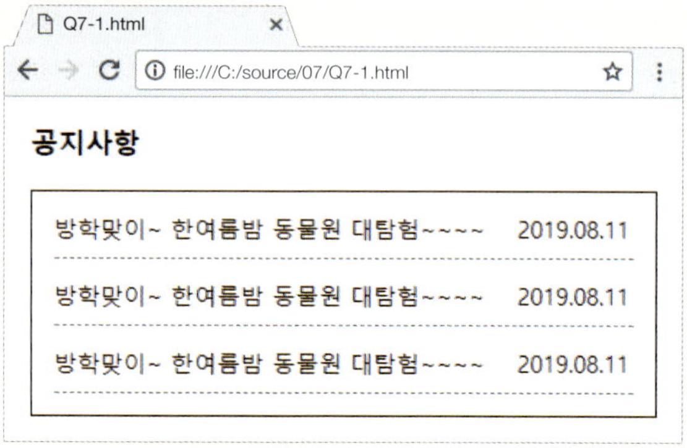

그림 7-12 공지 게시판 페이지

body
```
<h3>공지사항</h3>
<ul>
  <li>방학맞이~ 한여름밤 동물원 대탐험~~~~    2019.08.11</li>
  <li>방학맞이~ 한여름밤 동물원 대탐험~~~~    2019.08.11</li>
  <li>방학맞이~ 한여름밤 동물원 대탐험~~~~    2019.08.11</li>
</ul>
```

정답(Q7-1.html) : ❶margin ❷border ❸list-style-type ❹dashed

프로젝트 7 : 주말 야간 개장 안내

다음은 어느 동물원의 야간 개장 안내 페이지입니다. 각 단계에서 주어진 조건에 따라 단계별로 직접 코딩해보세요.

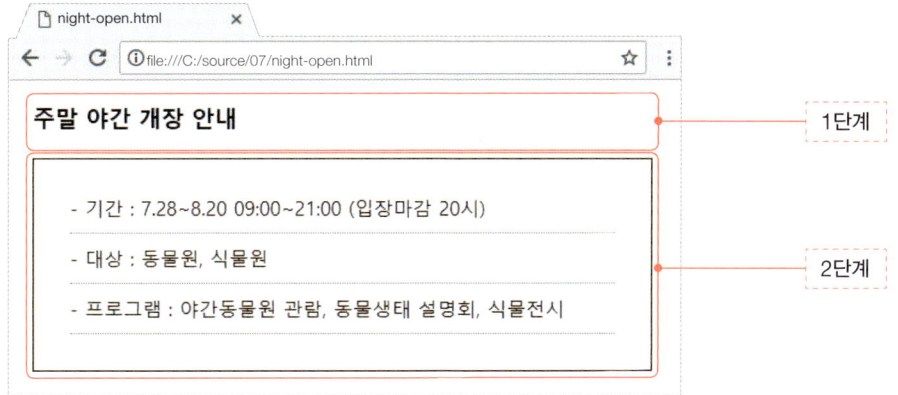

그림 7-13 주말 야간 개장 안내 페이지

조건(힌트)

1단계 마진과 패딩 초기화 및 글 제목(주말 야간 개장 안내) 만들기

사용 태그 : `<h3>`

2단계 목록 만들기

사용 태그 : `<ul>`, `<li>`

태그 선택자 ul의 CSS

- 박스의 가로 폭 : 450px, 경계선 : solid(실선) 1px 검은색, 마진 : 20px 0 0 20px, 패딩 : 20px 30px 30px 30px

태그 선택자 li의 CSS

- 목록의 글머리 삭제, 패딩 : 10px 0 10px 0, 하단 경계선 : dotted(점선) 1px 회색

정답 및 해설(정답 파일 : night-open.html)

1단계 완성 파일 : night-open1.html

```
<style>
* {
  padding: 0;
  margin: 0;
}
h3 {
  margin: 20px 0 0 20px;
}
</style>
<h3>주말 야간 개장 안내</h3>
```

해설 글 제목의 마진은 상단과 좌측에만 적용합니다.

2단계 완성 파일 : night-open2.html

```
<style>
* {
  padding: 0;
  margin: 0;
}
ul {
  width: 450px;
  border: solid 1px black;
  margin: 20px 0 0 20px;
  padding: 20px 30px 30px 30px;
}
li {
  list-style-type: none;
  padding: 10px 0 10px 0;
  border-bottom: dotted 1px gray;
}
```

```html
</style>
</head>
<body>
<ul>
    <li>- 기간 : 7.28~8.20 09:00~21:00 (입장마감 20시)</li>
    <li>- 대상 : 동물원, 식물원</li>
    <li>- 프로그램 : 야간동물원 관람, 동물생태 설명회, 식물전시</li>
</ul>
```

> **해설**
> - 목록의 글머리 삭제에는 list-style-type 속성을 이용합니다.
> - 박스의 경계선에는 border를 이용하고 실선의 속성값은 solid입니다.
> - 하단 경계선에는 border-bottom을 이용하고 점선의 속성값은 dotted입니다.

요점 정리

01. 박스 모델의 구성
박스 모델은 콘텐츠, 패딩, 경계선, 마진의 4개 요소로 구성됩니다.

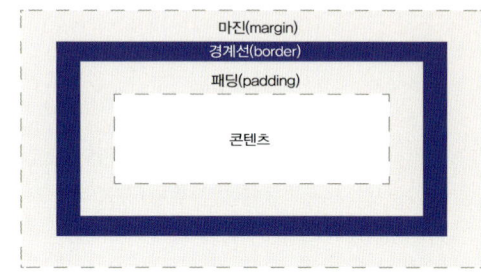

02. 경계선 그리기
박스 모델에서 경계선을 그리는 데는 `border` 속성을 사용합니다. `border` 속성값은 경계선 스타일, 경계선 두께, 경계선 색상 등 세 가지입니다. 경계선 스타일은 solid^{실선}, double^{이중 실선}, dotted^{점선}, dashed^{줄 선} 등의 값이 사용되고, 경계선 두께는 px^{픽셀} 단위가 사용되고 경계선 색상에는 색상 이름(red, blue, yellow,…)이나 색상 코드(예 : #36a7ff)가 사용됩니다.

03. 패딩과 마진 설정하기
`padding` 속성은 콘텐츠와 경계선 사이의 간격을 설정합니다. `padding`만 사용하면 콘텐츠의 상하좌우 간격을 똑같이 설정하고 `padding-top`, `padding-bottom`, `padding-left`, `padding-right` 속성을 사용하면 각기 다른 값을 설정할 수 있습니다. `margin` 속성은 경계선과 외부 요소와의 간격을 설정합니다. 사용법은 `padding` 속성과 같습니다.

04. 패딩과 마진의 초기화
일부 HTML 요소는 기본 패딩과 마진 값이 있어 때로는 요소를 배치하는 데 불편합니다. 이 때는 다음처럼 마진과 패딩을 0으로 초기화합니다.

```
* {
  padding: 0;
  margin: 0;
}
```

chapter 8
배경 색상과 이미지를 설정해보자

8장에서는

CSS를 이용하면 웹 페이지의 전체 또는 특정 영역의 배경 색상을 변경하고 배경 이미지를 삽입할 수 있습니다.
8장에서는 `background-color` 속성을 이용하여 배경 색상을 설정하는 방법과 `background-image` 속성을 이용하여 배경 이미지를 삽입하는 방법에 대해 공부합니다. 그리고 `background-repeat` 속성을 이용하여 배경 이미지를 반복시키지 않거나 가로 또는 세로 방향으로만 배경 이미지를 반복시키는 방법에 대해 공부합니다.

학습목표
+ 배경 색상 설정하기   + 배경 이미지의 반복 설정하기
+ 배경 이미지 삽입하기

01 배경 색상 설정하기

먼저 웹 페이지 전체와 특정 영역의 배경 색상을 변경하는 방법을 익혀봅시다.

C:\source\08\background-color.html 파일을 봅시다.

예제 8-1 배경 색상 변경하기　　　　　　　　　　　　　　　　08\background-color.html

```
style
body {
❶ background-color: yellow;
}
❸ #button {
    width: 120px;
    height: 25px;
    padding: 8px;
❹ background-color: blue;
    color: white;
    text-align: center;
}
```

```
body
<h3>캠핑장 9월 예약</h3>
<ul>
    <li>9월분 예약 2019년 8월 16일(수)
    14:00부터~</li>
    <li>문의전화 : 031-222-1234</li>
</ul>
❷ <div id='button'>
    자세히 보기 &gt;
</div>
```

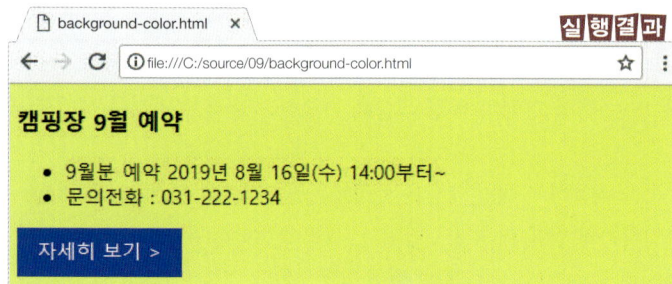

그림 8-1 background-color.html의 실행 화면

[그림 8-1]을 보면 전체 웹 페이지의 배경 색상은 노란색, 버튼의 색상은 파란색으로 변경되어 있음을 알 수 있습니다.

❶ background-color: yellow;

background-color 속성과 속성값 yellow는 배경 색상을 노란색으로 설정하는 데 사용됩니다. 여기서 태그 선택자 body를 사용했으니 전체 웹 페이지의 배경 색상은 노란색으로 변경됩니다.

❷ <div id='button'> 자세히 보기 > </div>

<div> 태그는 박스 형태의 요소를 만드는 데 사용됩니다. 여기서는 [그림 8-1]의 '자세히 보기 >' 버튼을 만드는 데 사용되었습니다. id는 <div> 태그의 영역, 즉 버튼을 지정하기 위해서 사용됩니다.

TIP <div> 태그

<div> 태그는 박스 형태의 HTML 요소를 만들 때 주로 사용합니다. 그리고 <div> 태그는 HTML 요소를 웹 페이지에 배치하는 데에도 많이 사용됩니다. 레이아웃에 대해서는 9장부터 자세히 설명합니다.

❸ #button

이 선택자는 ❷에서 지정한 id='button'의 영역을 선택하는 데 사용됩니다.

❹ background-color: blue;

id='button' 영역의 배경 색상을 파란색으로 변경합니다. 이 결과가 [그림 8-1]의 하단에 있는 파란색 버튼입니다.

TIP

웹 페이지에서 배경 색상은 background-color 속성을 이용하여 페이지의 전체 또는 일부 특정 영역에 지정할 수 있습니다. 그리고 배경 색상을 설정하고자 하는 장소를 선택하는 방법으로는 6장에서 배운 태그 선택자[119쪽], id 선택자[124쪽], 클래스 선택자[128쪽] 등의 CSS 선택자를 사용합니다.

Quiz 8-1. 다음은 어느 동물원의 산림욕장 안내 배너입니다. 빈칸을 채워보세요.

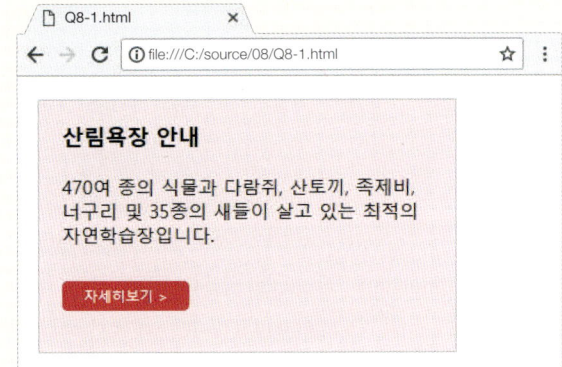

그림 8-2 산림욕장 안내 배너

style
```
       ❶      {
  padding: 0;
  margin: 0;
}
#banner {
  width: 320px;
  height: 180px;
          ❷          : solid 1px #cccccc;
  padding: 20px;
  margin: 20px 0 0 20px;
          ❸          : #f6e9ed;
}
p {
  margin-top: 20px;
}
#button {
  width: 100px;
  font-size: 12px;
       ❹       : white;
          ❺          : #e1285a;
  border-radius: 5px;
  padding: 5px;
       ❻       : center;
  margin-top: 30px;
}
```

body
```
<div id='banner'>
<h3>산림욕장 안내</h3>
<p>470여 종의 식물과 다람쥐, 산토끼, 족제비, 너구리 및 35종의 새들이 살고 있는 최적의 자연
학습장입니다.</p>
<div id='button'>
  자세히보기 &gt;
</div>
</div>
```

정답(Q8-1.html) : ❶* ❷border ❸background-color ❹color
❺background-color ❻text-align

02 배경 이미지 삽입하기

CSS의 background-image 속성을 이용해 웹 페이지의 전체 또는 특정 영역에 배경 이미지를 삽입할 수 있습니다. 먼저 C:\source\08\background-image.html 예제를 통해 전체 웹 페이지에 배경 이미지를 삽입해봅시다.

예제 8-2 전체 웹 페이지에 배경 이미지 삽입하기   08\background-image.html

```css
style
body {
❶ background-image: url('img/bg.jpg');
}
h3 {
   background-color: yellow;
   padding: 8px;
}
```

```html
body
<h3>개똥지빠귀 새</h3>
<img src='img/bird.jpg'>
```

그림 8-3 background-image.html의 실행 화면

[그림 8-3]을 보면 전체 웹 페이지에 배경 이미지가 삽입되어 있음을 볼 수 있습니다. 그리고 그 배경 이미지 위에 글 제목('개똥지빠귀 새')과 새의 사진 이미지가 올라가 있습니다. 이처럼 배경 이미지는 <img> 태그를 이용하여 삽입하는 일반 이미지와는 달리 그 배경 이미시 위에 텍스트, 이미지, 동영상 등을 삽입할 수 있습니다.

❶ background-image: url('img/bg.jpg');
   ❶에서 사용된 background-image 속성은 배경 이미지를 삽입하는 데 사용됩니다. 여기서는 CSS 선택자로 body가 사용되었기 때문에 전체 웹 페이지에 배경 이미지를 삽입하게 됩니다.

배경 이미지를 삽입할 때 사용하는 background-image 속성의 사용 형식은 다음과 같습니다.

| background-image: url('이미지 파일 이름');

여기서 사용된 '이미지 파일 이름'에는 경로를 포함한 배경 이미지 파일 이름을 넣게 됩니다.

img 폴더에 존재하는 배경 이미지 파일인 bg.jpg(❶에서 사용된 배경 이미지)는 100x100픽셀의 크기로 웹 브라우저 화면보다 훨씬 작습니다. 그러나 [그림 8-3]을 보면 배경 이미지가 반복해서 나타나 화면을 꽉 채우고 있는 것을 볼 수 있습니다.

그림 8-4 배경 이미지 파일

이처럼 배경 이미지가 웹 브라우저의 화면보다 작은 경우에는 기본적으로 배경 이미지가 가로세로 방향으로 반복되어 화면에 나타나게 됩니다.

03 배경 이미지 반복 설정하기

웹 브라우저 화면보다 배경 이미지가 작으면 배경 이미지는 반복되는데 반복되는 방식 또한 설정할 수 있습니다. 이때 사용하는 게 background-repeat 속성입니다.

background-repeat 속성은 [표 8-1]에서 정리한 것처럼 세 개의 값을 가집니다.

표 8-1 background-repeat의 속성값

속성값	의미
no-repeat	배경 이미지를 반복하지 않고 한 번만 적용
repeat-x	배경 이미지를 가로 방향으로 반복해서 적용
repeat-y	배경 이미지를 세로 방향으로 반복해서 적용

다음의 [예제 8-3]은 배경 이미지를 반복하지 않고 한 번만 적용하는 책 배너의 예입니다. C:\source\08\no-repeat.html입니다.

예제 8-3 배경 이미지를 반복하지 않기   08\no-repeat.html

```
style
body {
❶background-image: url('img/book_
  bg.jpg');
❷background-repeat: no-repeat;
}
#button {
  margin: 325px 0 0 60px;
}
```

```
body
<div id='button'>
❸<a href='#'><img src='img/buy.png'>
  </a>
</div>
```

그림 8-5 no-repeat.html의 실행 화면   그림 8-6 예제 8-3에서 사용된 배경 이미지 파일

[예제 8-3]의 실행 화면인 [그림 8-5]를 살펴보면 background-image 속성을 사용해 배경 이미지를 삽입했고 그 배경 이미지(book_bg.jpg) 위에 '구매하러가기' 버튼이 있습니다. 그리고 배경 이미지를 반복하지 않으려고 background-repeat 속성에 속성값으로 no-repeat을 사용했습니다.

❶ background-image: url('img/book_bg.jpg');
img 폴더 내에 있는 배경 이미지 파일인 [그림 8-6]의 book_bg.jpg를 웹 페이지에 삽입합니다.

❷ background-repeat: no-repeat;
background-repeat의 no-repeat 속성값을 사용하면 [그림 8-5]에 나타난 것과 같이 배경 이미지가 반복되지 않고 화면에 한 번만 나타납니다. 예제 코드에서 no-repeat을 지우고 실행해보면 금방 확인할 수 있습니다.

❸ <a href='#'><img src='img/buy.png'></a>
<img> 태그를 이용하여 [그림 8-5]의 '구매하러가기' 버튼 이미지를 삽입하고 <a> 태그를 이용하여 버튼에 임시 링크(#)를 걸어두고 있습니다. 임시 링크에 대한 설명은 3장의 '5. 링크 걸기 57쪽'를 참고해주세요.

Quiz 8-2. 다음은 배너로 사용된 크리스마스 카드 보내기의 웹 페이지 입니다. 빈칸을 채워보세요.

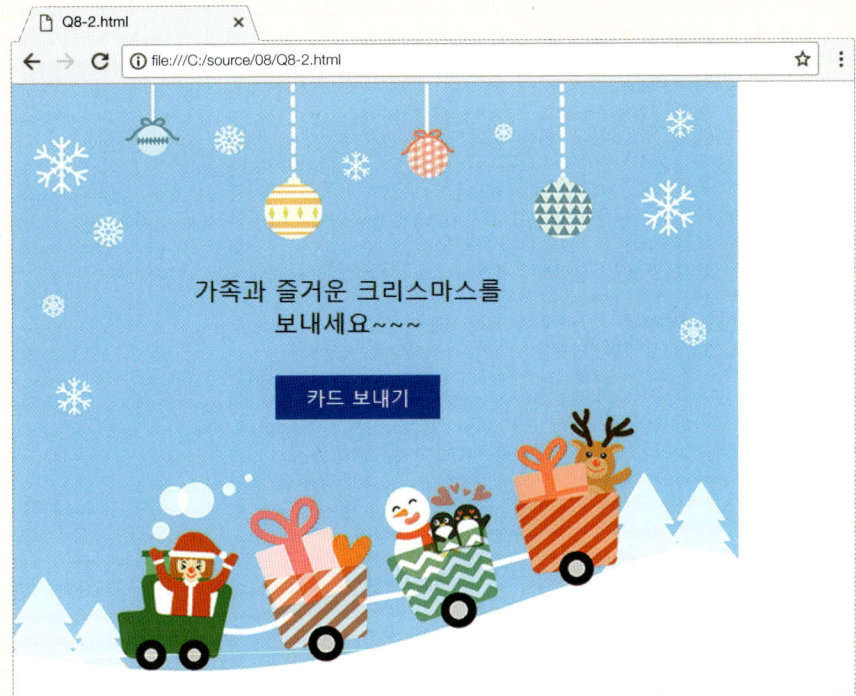

그림 8-7 크리스마트 카드 보내기 페이지

그림 8-8 [그림 8-7]에서 사용된 배경 이미지(bg2.jpg)

`style`
```
body {
    ❶          : url('img/bg2.jpg');
    background-repeat:     ❷      ;
}
p {
  width: 280px;
  font-size: 20px;
  color: black;
  margin: 160px 0 0 130px;
  text-align: center;
}
div {
  width: 120px;
  margin: 30px 0 0 210px;
  padding: 8px;
      ❸      : center;
      ❹      : blue;
  color: white;
}
```

`body`
```
<p>
  가족과 즐거운 크리스마스를 보내세요~~~
</p>
<div>
  카드 보내기
</div>
```

정답(Q8-2.html) : ❶ background-image ❷ no-repeat ❸ text-align ❹ background-color

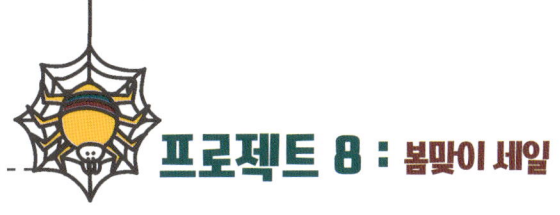
프로젝트 8 : 봄맞이 세일

다음은 팝업 창에서 사용되는 봄맞이 세일 웹 페이지입니다. 주어진 조건에 따라 하나씩 차근차근 코딩해보세요.

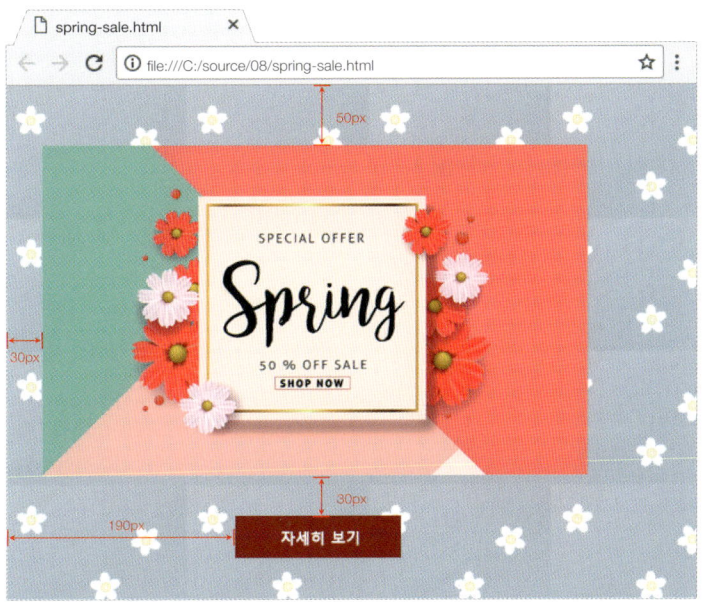

그림 8-9 봄맞이 세일 페이지

사용된 이미지 파일

| 배경 이미지(sale_bg.png) | 배너 이미지(shop_now.jpg) | 버튼(detail.png) |

조건(힌트)

1단계 배너 이미지의 마진 : 상단 50px, 좌측 30px

버튼의 마진 : 상단 30px, 좌측 190px

버튼에 임시 링크 걸기

정답 및 해설(정답 파일 : spring-sale.html)

1단계 완성 파일 : spring-sale.html

```
<style>
* {
  padding: 0;
  margin: 0;
}
body {
  background-image: url('img/sale_bg.png');
}
#shop {
  margin: 50px 0 0 30px;
}
#button {
  margin: 30px 0 0 190px;
}
</style>
<body>
<div id='shop'>
  <img src='img/shop_now.jpg'>
</div>
<div id='button'>
  <a href='#'><img src='img/detail.png'></a>
</div>
</body>
```

요점 정리

01. 배경 색상 설정

웹 페이지의 배경 색상을 설정하는 데에는 background-color 속성을 사용하며 전체 또는 일부 특정 영역에 지정할 수 있습니다. background-color 속성의 사용 형식은 다음과 같습니다.

```
background-color : 색상 이름 또는 색상 코드;
```

02. 배경 이미지 삽입

웹 페이지에 배경 이미지를 삽입하는 데에는 background-image 속성을 사용하며 전체 또는 특정 영역에 배경 이미지를 삽입할 수 있습니다. background-image 속성의 사용 형식은 다음과 같습니다.

```
background-image : url('배경 이미지 파일 이름');
```

03. 배경 이미지 반복 설정

웹 브라우저 화면보다 배경 이미지가 작으면 배경 이미지는 반복되는데 반복되는 방식은 background-repeat 속성을 이용하여 설정할 수 있습니다. 그리고 background-repeat 속성으로는 다음의 세 가지 값이 사용됩니다.

- no-repeat : 배경 이미지를 반복하지 않고 한 번만 적용
- repeat-x : 배경 이미지를 가로 방향으로 반복해서 적용
- repeat-y : 배경 이미지를 세로 방향으로 반복해서 적용

chapter 9
테이블을 꾸며보자

9장에서는

4장에서는 HTML 태그로 테이블을 만들었습니다. 9장에서는 CSS를 이용하여 테이블을 꾸며보겠습니다.
테이블의 경계선을 그리는 데는 border 속성과 border-collapse 속성이 사용되고 테이블 셀의 너비와 높이를 지정하는 데는 각각 width와 height 속성이 사용됩니다. 테이블 셀의 배경 색상과 셀 내의 텍스트 또는 이미지 정렬은 각각 background-color 속성과 text-align 속성이 사용됩니다.

학습목표
+ 테이블의 경계선 그리기
+ 테이블의 배경 색상 지정하기
+ 테이블의 너비를 지정하고 텍스트 정렬하기

01 테이블 경계선 그리기

다음 예제를 통하여 CSS를 이용한 테이블의 경계선을 그려봅시다. C:\source\09\table-border.html 파일입니다.

예제 9-1 테이블 경계선 그리기　　　　　　　　　　　　　　　09\table-border.html

style
```
table, th, td {
❶border: solid 1px #000000;
}
table {
❷border-collapse: collapse;
}
```

body
```
<h2>고속버스 예매</h2>
<table>
  <tr>
    <th colspan='4'>서울 &lt=&gt 대전
    2020.9.6 수</th>
  </tr>
  <tr>
    <th>출발</th>
    <th>버스회사</th>
    <th>등급</th>
    <th>예약가능</th>
  </tr>
  <tr>
    <td>11:50</td>
    <td>한진고속</td>
    <td>우등</td>
    <td><img src='img/full.png'></td>
  </tr>
  <tr>
    <td>12:50</td>
    <td>천일고속</td>
    <td>고속</td>
    <td><img src='img/empty.png'></td>
  </tr>
  <tr>
    <td>13:50</td>
```

```
            <td>한진고속</td>
            <td>우등</td>
            <td><img src='img/full.png'></td>
        </tr>
    </table>
```

그림 9-1 table-border.html의 실행 화면

[그림 9-1]은 고속버스 예매 테이블입니다. [예제 9-1]을 보면 <table>, <tr>, <th>, <td> 태그 등을 사용해서 테이블을 만들었습니다. 그럼 이제 테이블을 꾸미는 CSS 명령을 보겠습니다.

❶ `border: solid 1px #000000;`
태그 선택자인 table, th, td에 border 속성을 이용하여 실선(solid), 1픽셀의 두께, 검은색(#000000)의 경계선을 그립니다.

❷ `border-collapse: collapse;`
border-collapse 속성과 속성값 collapse를 사용하면 테이블의 경계선을 [그림 9-1]에서 보는 것처럼 가는 하나의 실선으로 그립니다.

만약 ❷의 border-collapse 속성을 생략하게 되면 오른쪽의 [그림 9-2]와 같이 이중 실선으로 경계선을 그릴 겁니다.

이중 실선

그림 9-2 border-collapse 속성을 사용하지 않은 경우의 실행 화면

chapter 9 테이블을 꾸며보자

02 테이블 너비 지정과 텍스트 정렬하기

이번에는 앞의 [예제 9-1] 코드에 테이블의 너비를 지정하고 테이블 셀 내의 텍스트를 정렬하는 코드를 추가해보겠습니다. 코드를 보고 직접 고쳐도 되고 C:\source\09\table-width.html을 보셔도 됩니다.

예제 9-2 테이블의 너비를 지정하고 텍스트 정렬하기   09\table-width.html

style
```css
th {
❶ width: 80px;
  padding: 6px;
}




td {
  padding: 6px;
❷ text-align: center;
}
```

body
```html
<h2>고속버스 예매</h2>
<table>
  <tr>
    <th colspan='4'>서울 &lt=&gt 대전
    2020.9.6 수</th>
  </tr>
  <tr>
    <th>출발</th>
    <th>버스회사</th>
    <th>등급</th>
    <th>예약가능</th>
  </tr>
  <tr>
    <td>11:50</td>
    <td>한진고속</td>
    <td>우등</td>
    <td><img src='img/full.png'></td>
  </tr>
<!-- 생략 -->
</table>
```

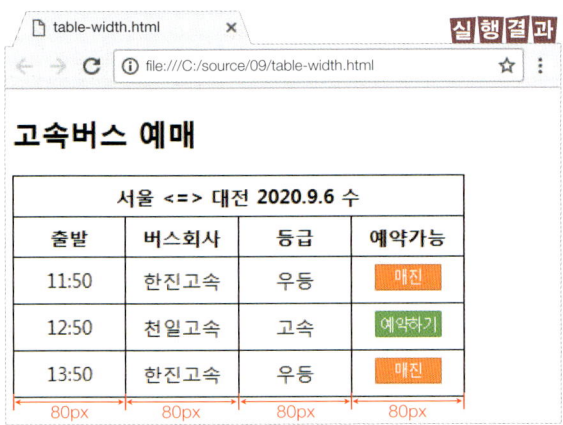

그림 9-3 table-width.html의 실행 화면

[예제 9-1]에 코드를 추가하여 실행한 [그림 9-3]을 보면 [그림 9-1]과는 다르게 테이블 열의 너비가 넓어졌고 텍스트는 중앙 정렬된 것을 볼 수 있습니다. 이처럼 너비를 넓히고 텍스트를 정렬하기 위해 [예제 9-2]에서 추가한 코드를 살펴보면 테이블 열의 너비를 지정하기 위해 ❶width 속성을 추가하였고 텍스트를 중앙 정렬하기 위해 ❷text-align 속성을 추가하였습니다.

❶ `width: 80px;`
   태그 선택자 th에 사용된 width 속성과 속성값 80px에 의해 테이블의 각 셀의 너비가 80픽셀로 지정됩니다.

❷ `text-align: center;`
   text-align 속성과 속성값 center에 의해 테이블 셀 안의 텍스트나 이미지가 중앙(center)에 정렬됩니다.

TIP

CSS를 이용하여 테이블 셀의 너비를 지정할 때에는 태그 선택자 th 또는 td 둘 중 하나에만 width 속성을 사용하면 됩니다.

03 테이블 배경 색상 지정하기

이번에는 테이블의 특정 행 또는 셀에 배경 색상을 지정하는 방법에 대해 알아봅시다. 앞의 [예제 9-2]를 조금 변형했습니다. C:\source\09\table-background.html입니다.

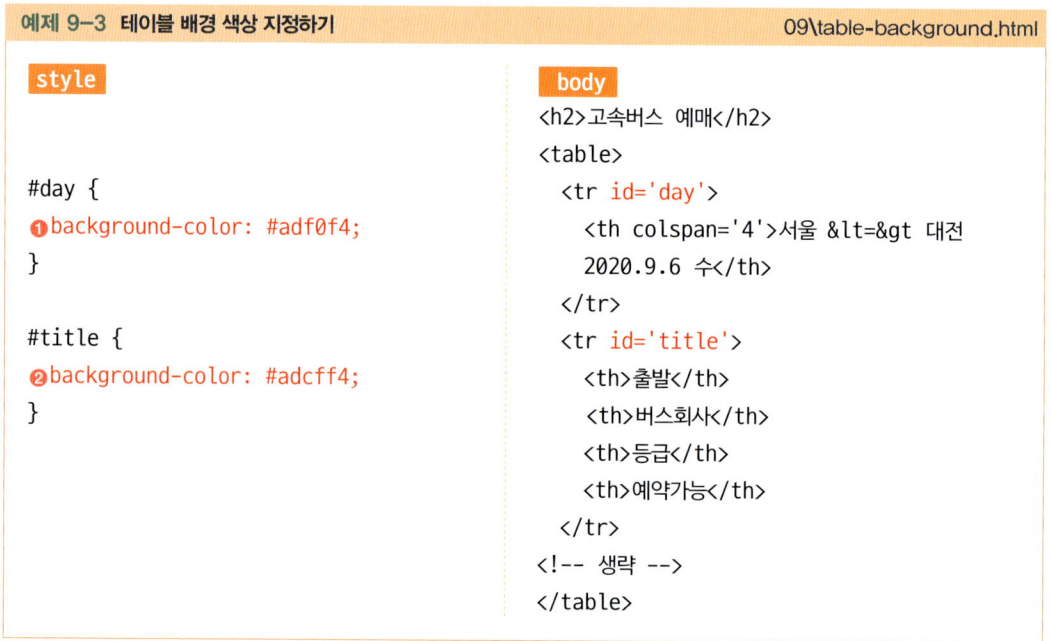

예제 9-3 테이블 배경 색상 지정하기   09\table-background.html

style

```css
#day {
  background-color: #adf0f4;  ①
}

#title {
  background-color: #adcff4;  ②
}
```

body

```html
<h2>고속버스 예매</h2>
<table>
  <tr id='day'>
    <th colspan='4'>서울 &lt=&gt 대전 2020.9.6 수</th>
  </tr>
  <tr id='title'>
    <th>출발</th>
    <th>버스회사</th>
    <th>등급</th>
    <th>예약가능</th>
  </tr>
  <!-- 생략 -->
</table>
```

그림 9-4 table-background.html의 실행 화면

[그림 9-4]를 살펴보면 테이블의 첫 번째 행인 '서울 〈=〉 대전 …'의 텍스트가 있는 셀의 배경 색상과 그 아래에 있는 테이블의 제목 열, 즉 '출발, 버스회사, 등급, 예약가능'이 있는 셀의 배경 색상이 별도로 지정된 것을 알 수 있습니다. 이처럼 테이블에서 행 또는 셀의 배경 색상을 별도로 지정하는 데에는 background-color 속성을 사용합니다.

❶ `background-color: #adf0f4;`
   id 선택자 #day에 사용된 background-color 속성과 속성값 #adf0f4에 의해 [그림 9-4]의 '서울 〈=〉 대전 2020.9.6 수' 셀의 배경 색상이 ▇(색상 코드 : #adf0f4)의 색상으로 지정됩니다.

❷ `background-color: #adcff4;`
   id 선택자 #tilte에 사용된 background-color 속성과 속성값 #adcff4에 의해 [그림 9-4]의 '출발', '버스회사', '등급', '예약가능' 셀들의 배경 색상이 ▇(색상 코드 : #adcff4)의 색상으로 지정됩니다.

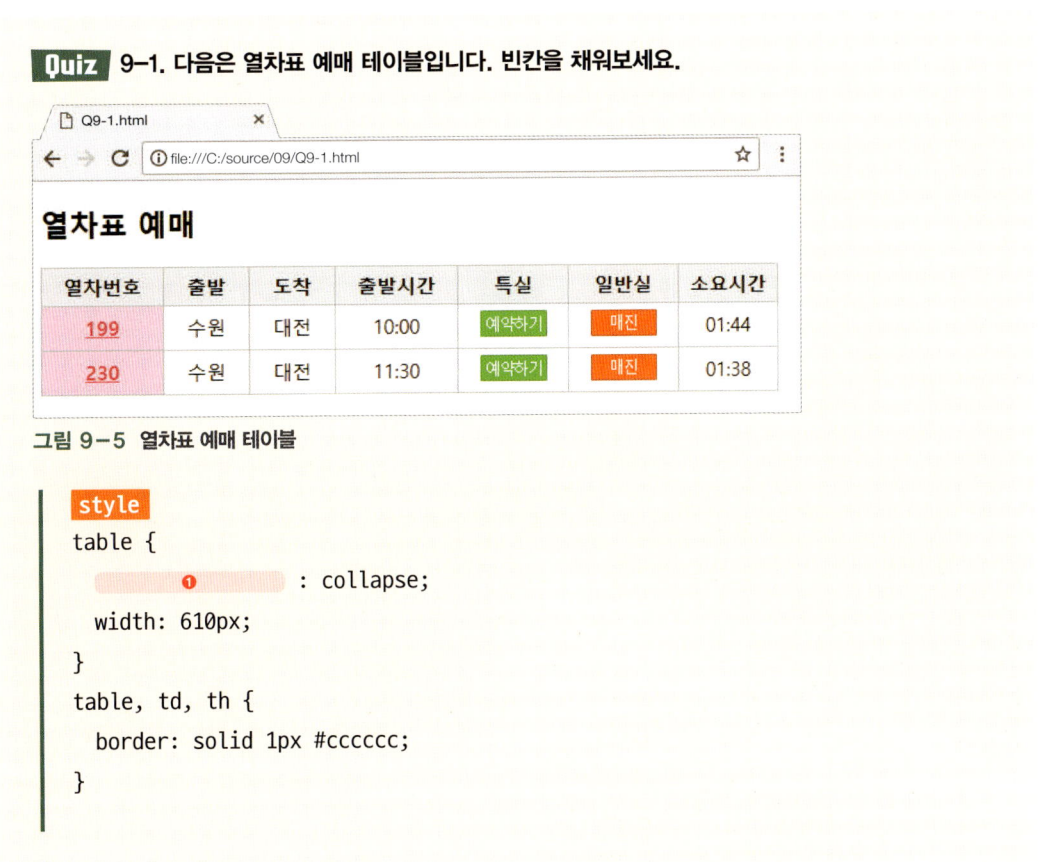

그림 9-5 열차표 예매 테이블

```
style
table {
       ❶       : collapse;
  width: 610px;
}
table, td, th {
  border: solid 1px #cccccc;
}
```

```
tr {
    ❷         : center;
}
td, th {
    padding: 5px;
}
.train {
    ❸         : #fbdbf2;
    color: #f1477b;
    ❹         : underline;
    font-weight: bold;
}
#table_title {
    height: 30px;
    background-color: #eeeeee;
}
#col1, #col4 {
    width: 90px;
}
#col2, #col3 {
    ❺         : 60px;
}
#col5, #col6 {
    width: 80px;
}
```

`body`
```
<h2>열차표 예매</h2>
<table>
  <tr id='table_title'>
    <th>열차번호</th>
    <th>출발</th>
    <th>도착</th>
```

```
      <th>출발시간</th>
      <th>특실</th>
      <th>일반실</th>
      <th>소요시간</th>
   </tr>
   <tr>
      <td id='col1' class='train'>199</td>
      <td id='col2'>수원</td>
      <td id='col3'>대전</td>
      <td id='col4'>10:00</td>
      <td id='col5'><img src='img/empty.png'></td>
      <td id='col6'><img src='img/full.png'></td>
      <td id='col7'>01:44</td>
   </tr>
   <tr>
      <td class='train'>230</td>
      <td>수원</td>
      <td>대전</td>
      <td>11:30</td>
      <td><img src='img/empty.png'></td>
      <td><img src='img/full.png'></td>
      <td>01:38</td>
   </tr>
</table>
```

정답(Q9-1.html) : ❶border-collapse ❷text-align ❸background-color ❹text-decoration ❺width

프로젝트 9 : 일정(스케줄)표

다음은 일정(스케줄)표를 만드는 예입니다. 단계별로 주어진 조건에 따라 직접 코딩해보세요.

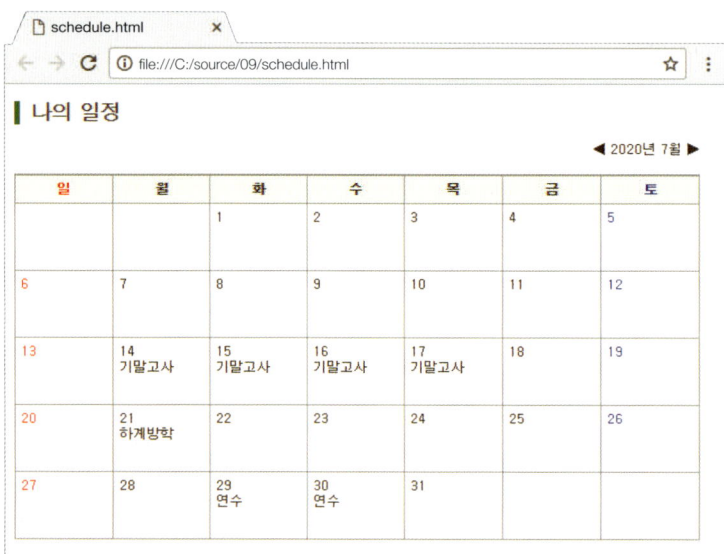

그림 9-6
일정표(완성본)

조건(힌트)

1단계

먼저 문서의 뼈대를 만들기 위해 HTML 태그를 이용하여 다음 [그림 9-7]과 같은 결과가 나오도록 해보세요.

사용 태그 : <h3>, <div>, <table>, <tr>, <td>,

사용 CSS : border, border-collapse 속성

그림 9-7 일정표(1단계)

2단계 다음 [그림 9-8]의 빨간색 박스와 같은 모습이 되도록 CSS로 꾸밉니다. '나의 일정' 옆에 초록색 바를 만들고 '◀ 2020년 7월 ▶'을 오른쪽 정렬합니다.

전체 웹 페이지 기본 글꼴 : '돋움'

글자 색상 : 짙은 회색(#444444)

'나의 일정' 좌측의 초록색 바 : 5px 두께

'◀ 2020년 7월 ▶'의 너비 : 610px 우측 정렬

사용 CSS : font-family, color, border-left, padding-left, width, text-align

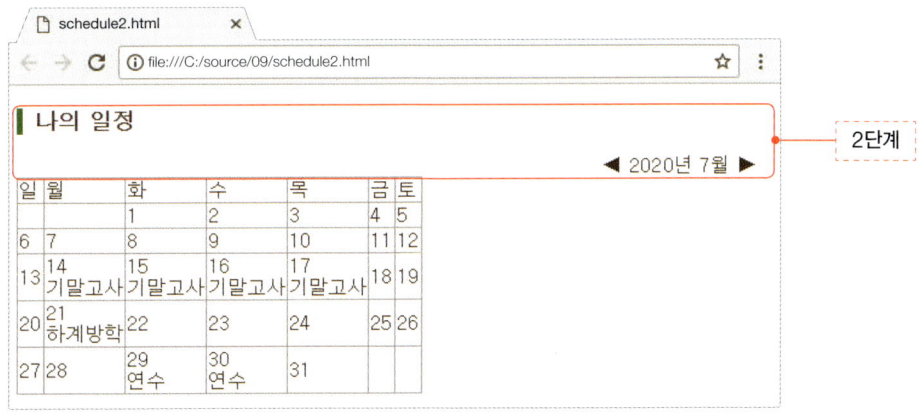

그림 9-8 일정표(2단계)

3단계 다음 [그림 9-9]의 빨간색 박스와 같은 형태가 되도록 달력 테이블을 CSS로 꾸밉니다.

테이블의 너비 : 610px, 테이블 내의 글자 크기 : 12px

상단 경계선 : 실선 2px 짙은 회색(#aaaaaa)

테이블의 상단 마진: 15px, 셀의 높이 : 60px

셀 내의 텍스트 : 상단 정렬, 셀의 너비 : 76px, 셀의 패딩 : 5px

사용 CSS : width, font-size, border-top, margin-top, height, padding, vertical-align

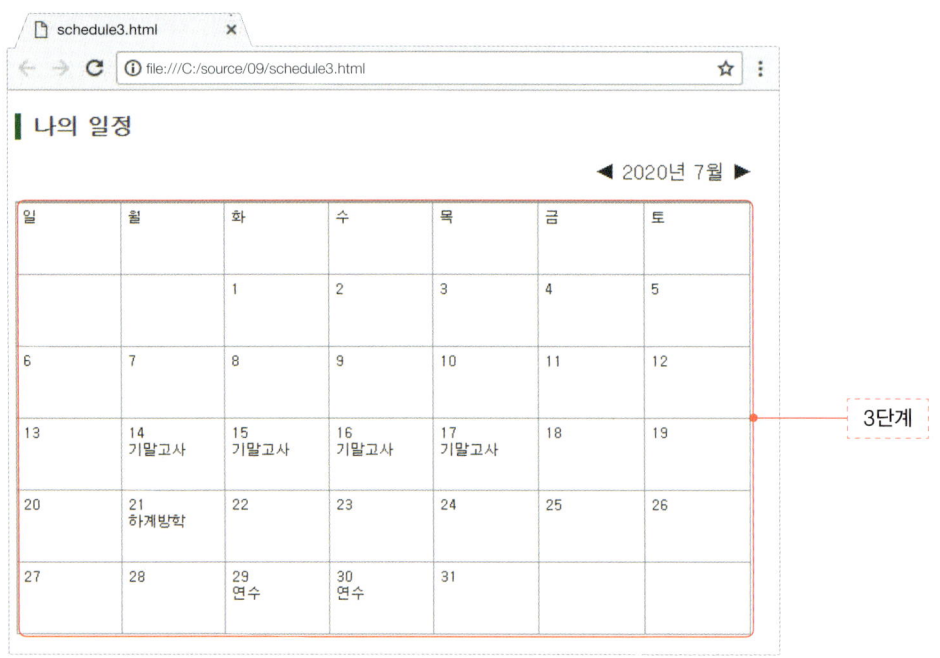

그림 9-9 일정표(3단계)

4단계 **최종 결과를 얻기 위해 다음 조건에 맞게 마무리 작업을 합니다.**

달력의 제목 행인 '일 월 화 수 목 금 토'

높이 : 20px, 배경 색상 : #f8f9f2, 셀 : 중앙 정렬, 글자 : 볼드

일요일 열의 글자 : 빨간색, 토요일 열의 글자 : 파란색

사용 CSS : `height, background-color, text-align, font-weight, color`

정답 및 해설(정답 파일 : schedule.html)

이 프로젝트는 1단계의 코드에 각 단계의 CSS 명령을 추가하여 완성하는 프로젝트입니다. 정답의 2단계부터는 각 단계의 결과에서 해당하는 부분의 코드만 표시했습니다. 1단계 파일에 2, 3, 4단계의 코드를 입력해서 프로젝트를 완성하세요.

1단계 완성 파일 : schedule1.html

```html
<style>
table, td {
  border: solid 1px #aaaaaa;
}
table {
  border-collapse: collapse;
}
</style>
</head>
<body>
<h3>나의 일정</h3>
<div>◀ 2020년 7월 ▶</div>
<table>
  <tr>
    <td>일</td>
    <td>월</td>
    <td>화</td>
    <td>수</td>
    <td>목</td>
    <td>금</td>
    <td>토</td>
  </tr>
  <tr>
    <td></td>
    <td></td>
    <td>1</td>
    <td>2</td>
```

```
            <td>3</td>
            <td>4</td>
            <td>5</td>
        </tr>
        <tr>
            <td>6</td>
            <td>7</td>
            <td>8</td>
            <td>9</td>
            <td>10</td>
            <td>11</td>
            <td>12</td>
        </tr>
        <tr>
            <td>13</td>
            <td>14<br>기말고사</td>
            <td>15<br>기말고사</td>
            <td>16<br>기말고사</td>
            <td>17<br>기말고사</td>
            <td>18<br></td>
            <td>19</td>
        </tr>
        <tr>
            <td>20</td>
            <td>21<br>하계방학</td>
            <td>22</td>
            <td>23</td>
            <td>24</td>
            <td>25</td>
            <td>26</td>
        </tr>
        <tr>
            <td>27</td>
            <td>28</td>
            <td>29<br>연수</td>
```

```
        <td>30<br>연수</td>
        <td>31</td>
        <td></td>
        <td></td>
      </tr>
    </table>
```

2단계 완성 파일 : schedule2.html

```
<style>
body {
  font-family: '돋움';
  color: #444444;
}
h3 {
  border-left: solid 5px green;
  padding-left: 10px;
}
div {
  width: 610px;
  text-align: right;
}
</style>
<body>
<h3>나의 일정</h3>
<div>◀ 2020년 7월 ▶</div>
```

3단계 완성 파일 : schedule3.html

```
<style>
table, td {
  border: solid 1px #aaaaaa;
}
```

```
table {
  border-collapse: collapse;
}
table {
  width: 610px;
  font-size: 12px;
  border-top: solid 2px #aaaaaa;
  margin-top: 15px;
}
tr {
  height: 60px;
  vertical-align: top;
}
td {
  width: 76px;
  padding: 5px;
}
</style>
```

4단계　　　　　　　　　　　　　　　　　　　　　　완성 파일 : schedule.html

```
<style>
#day {
  height: 20px;
  background-color: #f8f9f2;
  text-align: center;
  font-weight: bold;
}
.red {
  color: red;
}
.blue {
  color: blue;
}
```

```html
</style>
<table>
  <tr id='day'>
    <td><span class='red'>일</span></td>
    <!-- 생략 -->
    <td><span class='blue'>토</span></td>
  </tr>
  <tr>
    <!-- 생략 -->
    <td><span class='blue'>5</span></td>
  </tr>
  <tr>
    <td><span class='red'>6</span></td>
    <!-- 생략 -->
    <td><span class='blue'>12</span></td>
  </tr>
  <tr>
    <td><span class='red'>13</span></td>
    <!-- 생략 -->
    <td><span class='blue'>19</span></td>
  </tr>
  <tr>
    <td><span class='red'>20</span></td>
    <!-- 생략 -->
    <td><span class='blue'>26</span></td>
  </tr>
  <tr>
    <td><span class='red'>27</span></td>
    <!-- 생략 -->
  </tr>
</table>
```

01. 테이블 경계선 그리기

테이블의 경계선을 그리는 데는 `<table>`, `<th>`, `<tr>`, `<td>` 태그에 대해 적절한 선택자를 이용하여 CSS로 처리할 영역을 선택합니다. 그리고 그 영역에 `border` 속성을 적용하면 됩니다. `border-collapse` 속성은 경계선을 하나의 실선으로 그리는 데 사용됩니다.

02. 테이블 너비 지정과 텍스트 정렬

테이블 각 셀의 너비를 지정하는 데에는 `width` 속성을 사용하고 테이블 셀 내에 있는 텍스트를 정렬하는 데에는 `text-align` 속성이 사용됩니다.

03. 테이블 배경 색상 지정

테이블의 특정 행이나 셀의 배경 색상을 지정하는 데는 `background-color` 속성이 사용됩니다. 테이블의 행에 배경 색상을 지정하기 위해서는 행을 의미하는 `<tr>` 태그에 대해 선택자를 이용하여 해당 행을 선택한 다음 선택한 영역에 `background-color` 속성을 적용하면 됩니다.

PART 3

레이아웃과
포토 강좌 페이지 제작하기

3부에서는

3부에서는 레이아웃 기법과 사용법에 대해 알아보겠습니다. 그리고 1부에서 배운 HTML과 2부에서 배운 CSS를 사용하여 웹 페이지를 만들어봅니다. 각 장에서 배울 내용을 먼저 살펴보겠습니다.

10장에서는 웹 페이지에 요소를 배치하는 레이아웃 기법과 레이아웃에 사용되는 CSS의 `display`, `float`, `clear` 속성에 대해 알아봅니다.

11장에서는 HTML5의 레이아웃 태그 사용법을 이해하고 상단 헤더, 내비게이션 메뉴, 콘텐츠 영역, 사이드바, 하단 푸터의 레이아웃 기법에 대해 공부합니다.

12장에서는 드디어 1~11장까지 배운 HTML과 CSS의 모든 문법을 이용하여 단계별로 포토 아카데미 페이지를 만드는 방법을 익힙니다.

chapter 10
레이아웃의 기초를 다지자

10장에서는

레이아웃이란 웹 페이지에 요소를 배치하는 작업을 말합니다. HTML 문서에서는 먼저 HTML 태그를 이용하여 요소를 문서에 삽입한 다음 CSS를 이용해 요소를 웹 페이지의 해당 위치에 배치하는 방식으로 레이아웃 작업을 합니다. 이러한 레이아웃 작업에 주로 이용되는 CSS는 display, float, clear 속성입니다.

10장에서는 레이아웃 작업의 기본 원리와 작업 방법을 설명하고 display, float, clear 속성의 사용법에 대해 공부합니다.

학습목표
+ 레이아웃의 개념 이해하기
+ display 속성의 사용법 익히기
+ float 속성을 이용한 레이아웃 방법 익히기
+ clear 속성의 사용법 익히기

레이아웃이란?

레이아웃이란 웹 페이지에 박스, 텍스트, 이미지, 동영상 등의 HTML 요소를 배치하는 것을 말합니다. 웹 페이지에 요소를 배치하는 방식에는 요소를 가로 방향으로 하나씩 배치하는 수평 방향 레이아웃과 요소를 세로 방향으로 배치하는 수직 방향 레이아웃이 있습니다.

CSS에서는 수평 방향의 레이아웃 방식을 인라인^{inline}이라 하고 수직 방향의 레이아웃 방식을 블록^{block}이라고 합니다. 이 책에서는 인라인과 블록이라고 이야기하겠습니다.

다음 예제를 통해 인라인(수평 방향 레이아웃)과 블록(수직 방향 레이아웃)에 대해 공부해봅시다.

예제 10-1 인라인과 블록의 차이점   10\inline-block.html

`style`
```
span, img {
  border: solid 1px red;
}




p, div {
  border: solid 1px blue;
}
```

`body`
```
<h2>인라인과 블록의 차이점</h2>

<h3>1. 인라인(수평 방향 레이아웃)</h3>
❶<img src='img/cheese.jpg'>
❷<span>치즈</span>
❸<img src='img/juice.jpg'>
❹<span>오렌지 주스</span>

<h3>2. 블록(수직 방향 레이아웃)</h3>
❺<p>이것은 단락입니다.</p>
❻<div>박스 A</div>
❼<div>박스 B</div>
```

그림 10-1 inline-block.html의 실행 화면

인라인(수평 방향 레이아웃)

[그림 10-1]의 '1. 인라인(수평 방향 레이아웃)'에서는 네 개의 빨간색 박스로 표시된 이미지와 텍스트가 가로(수평) 방향으로 나열된 것을 볼 수 있습니다. 여기에 해당되는 것이 [예제 10-1]의 ❶~❹에서 사용된 <img>, <span>, <img>, <span> 태그입니다. <img>와 <span> 태그는 기본적으로 해당 요소가 인라인, 즉 가로 방향으로 배치됩니다.

<img>와 <span> 태그와 같이 가로 방향으로 배치되는 HTML 요소를 우리는 인라인^{inline} 요소라고 부릅니다.

블록(수직 방향 레이아웃)

[그림 10-1]의 '2. 블록(수직 방향 레이아웃)'에 있는 세 개의 파란색 박스는 하나의 박스가 한 줄을 모두 차지하고 있으면서 세로(수직) 방향으로 배치되어 있습니다. 여기에 해당되는 소스가 [예제 10-1]의 ❺~❼에서 사용된 <p>, <div>, <div> 태그입니다. <p>와 <div>는 기본적으로 해당 요소가 블록, 즉 세로 방향으로 배치됩니다.

<p>와 <div> 태그와 같이 세로 방향으로 배치되는 HTML 요소를 우리는 블록[block] 요소라고 부릅니다.

정리하자면 인라인 요소의 태그는 해당 요소가 가로 방향으로 화면에 배치되고, 블록 요소의 태그는 해당 요소가 세로 방향으로 화면에 배치됩니다. 인라인과 블록의 주요 태그와 특징을 설명하면 다음과 같습니다.

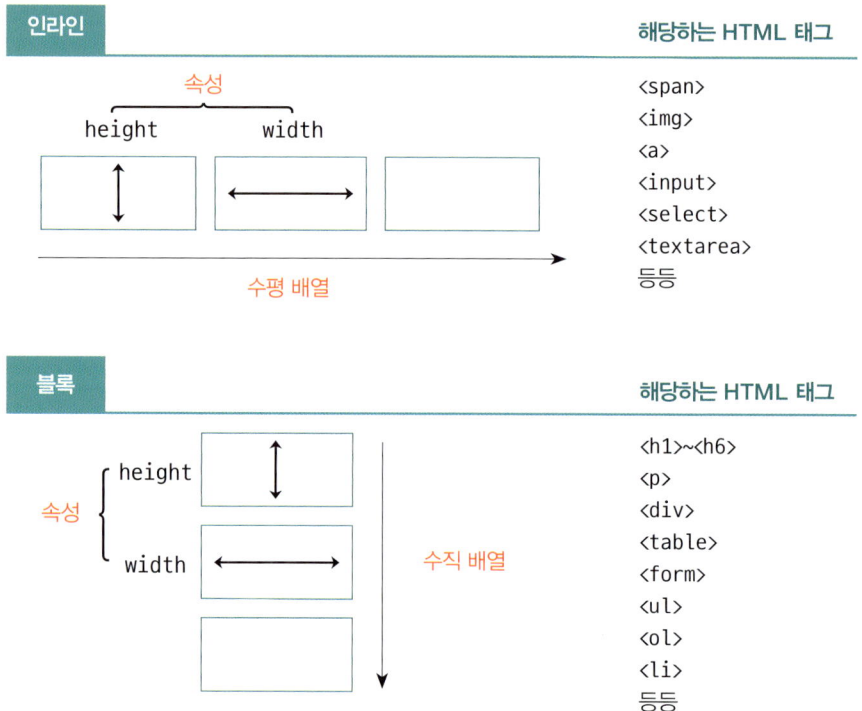

그림 10-2 인라인과 블록의 주요 태그와 특징

02 display 속성

앞에서 배운 내용을 다시 복습하면, 어느 태그를 사용하냐에 따라 HTML 요소는 레이아웃 방식이 이미 기본적으로 정해져 있습니다. 예를 들어 `<li>`는 [그림 10-2]에서 블록에 속하는 HTML 태그이므로 수직 방향으로 배치됩니다.

그런데 여기 이런 기본 속성을 깨는 마법과도 같은 속성이 있습니다. 바로 CSS의 `display` 속성입니다. 이 속성을 HTML 요소에 사용하면 기본 속성은 무시하고 인라인과 블록을 마음대로 사용할 수 있습니다.

다음 예제를 통하여 `display` 속성의 기본 사용법에 대해 알아봅시다.

예제 10-2 세로와 가로 메뉴 만들기 10\menus.html

style
```css
li {
❶ list-style-type: none;
}
#v_menu {
    width: 150px;
}
❷#v_menu li {
    padding: 5px;
    border-bottom: dotted 1px black;
}
❸#h_menu li {
❹ display: inline;
}
.menus {
    margin: 0 20px 0 20px;
    color: green;
}
```

body
```html
<h3>1. 세로 메뉴</h3>
<ul id='v_menu'>
    <li>CEO 인사말</li>
    <li>조직도</li>
    <li>전화번호 안내</li>
    <li>찾아오시는 길</li>
</ul>

<h3>2. 가로 메뉴</h3>
<ul id='h_menu'>
    <li class='menus'>회사소개</li>
    <li>¦</li>
    <li class='menus'>제품안내</li>
    <li>¦</li>
    <li class='menus'>고객센터</li>
    <li>¦</li>
    <li class='menus'>매장안내</li>
</ul>
```
㉮

㉯

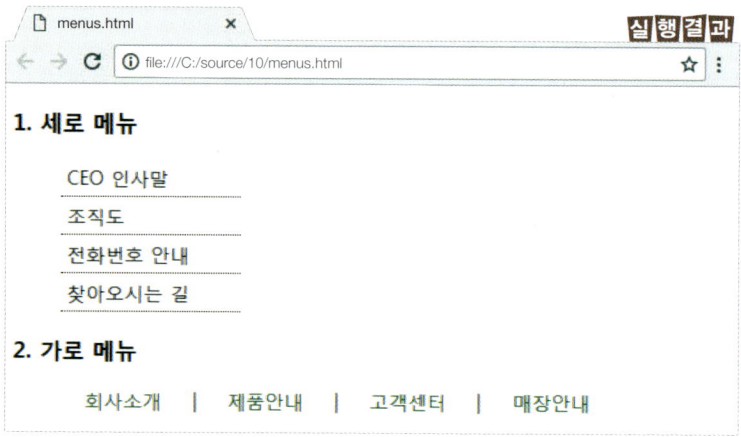

그림 10-3 menus.html의 실행 화면

[그림 10-3]은 웹 페이지에서 흔히 사용되는 세로 메뉴와 가로 메뉴로 구성되어 있습니다. 먼저 세로 메뉴를 만드는 과정을 살펴보겠습니다.

[예제 10-2]의 오른쪽 코드를 보면 세로 메뉴와 가로 메뉴를 만드는 데 둘 다 `<ul>`과 `<li>` 태그를 사용하고 있습니다.

목록의 글머리 기호 없애기

❶에서는 목록의 글머리 기호를 없애기 위해 CSS 명령 `list-style-type: none;`이 사용되었습니다. 이에 대한 자세한 설명은 5장의 '3. 목록 스타일 지정하기[105쪽]'를 참고해주세요.

후손 선택자

❷와 ❸에서 선택자로 사용된 `#v_menu li`와 `#h_menu li`를 '후손 선택자'라고 부릅니다.

6장에서 CSS 선택자는 CSS 명령을 적용할 영역을 선택하는 데 사용되고 샵(#)으로 시작하는 선택자는 id 선택자[124쪽]라고 배웠습니다. 따라서 id 선택자 `#v_menu`는 id가 `'v_menu'`인 곳을 지시합니다. 코드를 다시 보니 `<ul id='v_menu'>`가 보이는군요. 그렇다면 `#v_menu li`의 `li`는 무엇일까요? 바로 id가 `'v_menu'`인 태그의 하단에서 `li` 태그만 지칭한다는 뜻입니다. 결국 id 선택자 밑에 또 선택자를 둔 것이죠. 따라서 이를 후손 선택자 또는 자손 선택자라고 합니다.

코드를 다시 보면 #v_menu li는 1. 세 로 메뉴의 ㉮를 선택합니다.

같은 맥락에서 후손 선택자 #h_menu li가 어디인지 찾아볼까요? #h_menu li는 id 선택자 #h_menu의 후손인 <li> 태그 영역으로 [예제 10-2]에서 2. 가 로 메뉴의 ㉯를 선택합니다.

블록을 인라인으로 변경

❹의 CSS 명령 display: inline;은 [그림 10-2]에서 설명한 것과 같이 <li> 태그가 기본으로 가지는 블록을 인라인으로 변경합니다. 따라서 목록의 각 항목, 즉 메뉴가 [그림 10-3]의 제일 아래에 나타난 것과 같이 가로 방향으로 배치됩니다.

정리하면 <li> 태그는 [그림 10-3]의 첫 번째 메뉴처럼 세로 방향으로 배치되는 블록입니다. 하지만 때로는 두 번째 메뉴처럼 가로 방향으로 배치하고자 할 때는 display 속성으로 인라인으로 바꿔줄 수 있습니다. 바로 ❹의 display: inline;처럼 말이죠.

display 속성값과 그 의미를 표로 정리하면 다음과 같습니다.

표 10-1 display 속성값과 의미

속성값	의미
inline	블록의 태그에 적용하여 블록을 인라인으로 변경
block	인라인의 태그에 적용하여 인라인을 블록으로 변경
inline-block	인라인과 블록의 특성을 모두 갖게 하여 해당 요소를 가로 방향으로 배치하고 요소의 크기를 설정할 수 있게 함

Quiz 10-1. 다음은 〈ul〉, 〈li〉 태그와 display 속성을 이용하여 제작한 이미지 갤러리입니다. 빈칸을 채워보세요.

그림 10-4 display 속성이 사용된 이미지 갤러리

```
style
ul {
  width: 640px;
  padding: 30px;
  border: solid 1px #cccccc;
        ❶         : 10px;
        ❷         : #f5f7e4;
}
li {
  list-style-type:    ❸    ;
  display:    ❹    ;
  margin-left: 20px;
```

```
}

body
<h3>이미지 갤러리</h3>
<ul>
    <li><img src='img/cat.jpg'></li>
    <li><img src='img/bee.jpg'></li>
    <li><img src='img/rabit.jpg'></li>
</ul>
```

정답(Q10-1.html) : ❶border-radius ❷background-color ❸none ❹inline

float 속성

웹 페이지에서 요소를 배치할 때 가장 많이 사용하는 속성 중의 하나가 float 속성입니다. 다음 예제를 통하여 float 속성을 이용해 박스를 배치하는 방법에 대해 공부해봅시다.

먼저 float 속성을 사용하지 않고 박스들을 배치하는 다음의 예를 살펴봅시다.

예제 10-3 float 속성을 사용하지 않은 경우 · 10\no-float.html

style
```css
div, h3, p, ul, li {
  border: solid 1px red;
}
```

body
```html
❶<div id='image'>
    <img src='img/foxtail.jpg'>
  </div>
❶<div id='desc'>
    ❷<h3>강아지풀</h3>
    ❸<p>길가나 들에서 자라는 풀로써 꽃은 9월에
      피고 연한 녹색 또는 자주색입니다.</p>
  </div>
❹<ul id='menu'>
    ❺<li>강아지풀</li>
    ❺<li>패랭이꽃</li>
    ❺<li>할미꽃</li>
    ❺<li>코스모스</li>
  </ul>
```

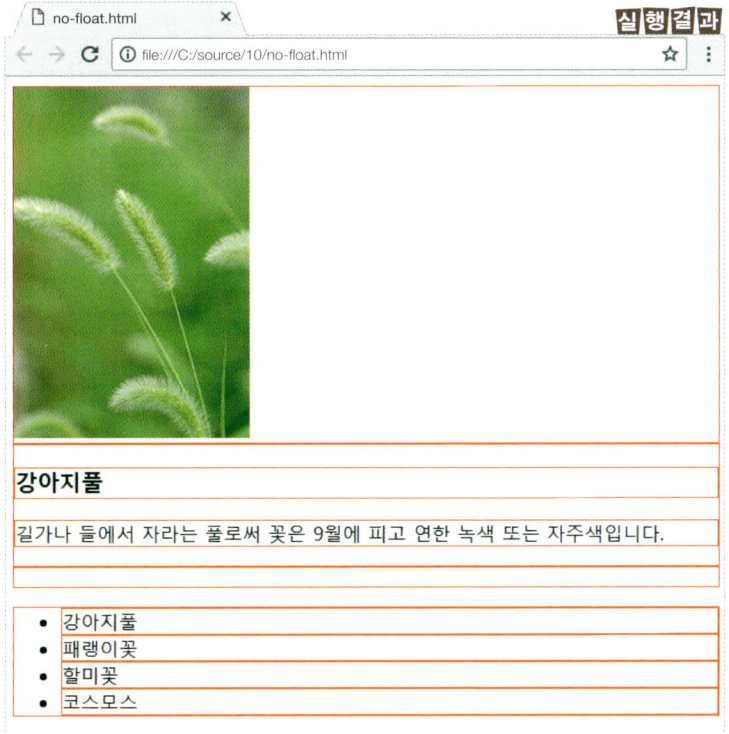

그림 10-5 no-float.html의 실행 화면

196쪽의 [그림 10-2]에서 설명한 것처럼 [예제 10-3]의 ❶~❺에서 사용된 <div>, <h3>, <p>, <ul>, <li> 태그는 기본적으로 배치 방식이 블록이기 때문에 [그림 10-5]의 빨간색 박스에 나타난 바와 같이 해당 박스들이 모두 세로 방향으로 배치됩니다.

이번에는 float 속성을 이용하여 [그림 10-5]의 세로(수직) 방향 레이아웃을 가로(수평) 방향 레이아웃으로 변경하는 예제를 살펴볼까요?

예제 10-4 float 속성을 사용한 레이아웃   10\float.html

style
```css
* {
  padding: 0;
  margin: 0;
}
body {
  margin: 10px;
}
li {
  list-style-type: none;
}
#image {
❶ float: left;
  border: solid 1px red;
}
#desc {
❷ float: left;
  width: 300px;
  margin-left: 30px;
  border: solid 1px red;
}
#menu {
❸ float: right;
  border: solid 1px red;
  padding: 20px;
  font-weight: bold;
}
#menu li {
  padding: 5px;
  border-bottom: dashed 1px gray;
}
```

body
```html
<div id='image'>
  <img src='img/foxtail.jpg'>
</div>
<div id='desc'>
  <h3>강아지풀</h3>
  <p>길가나 들에서 자라는 풀로써 꽃은 9월에 피고 연한 녹색 또는 자주색입니다.</p>
</div>


<ul id='menu'>




  <li>강아지풀</li>
  <li>패랭이꽃</li>
  <li>할미꽃</li>
  <li>코스모스</li>
</ul>
```

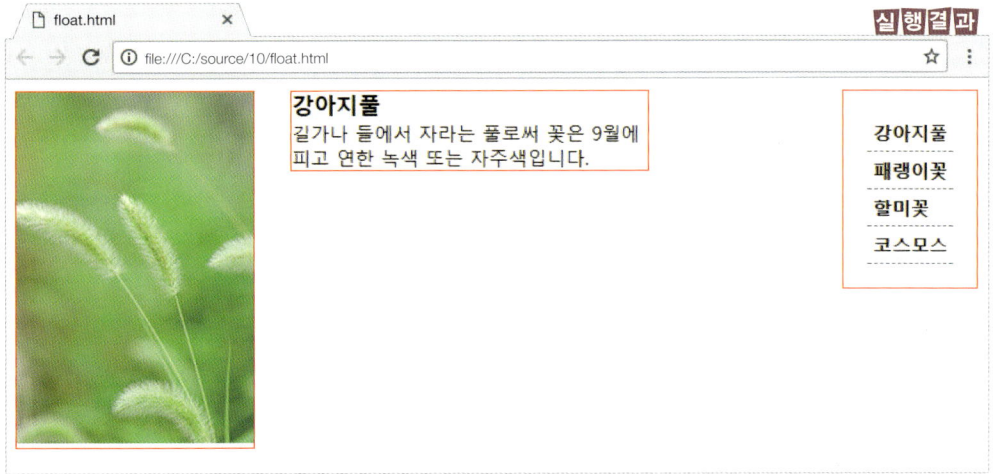

그림 10-6 float.html의 실행 화면

[그림 10-6]의 실행 화면을 보면 세 개의 빨간색 박스가 나란히 있습니다. 그런데 첫 번째와 두 번째 박스는 왼쪽부터 차례로 배치되었는데 세 번째 박스는 오른쪽에 치우쳐서 배치되었군요.

이처럼 웹 페이지에 요소를 왼쪽 또는 오른쪽에 배치할 때 사용하는 속성이 float 속성입니다. float는 '떠 있다'라는 뜻인데 CSS 명령 float: left;는 요소를 왼쪽에 배치하고, 반대로 float: right;는 요소를 오른쪽에 배치합니다.

그림 [예제 10-4]의 소스에서 float 속성이 사용된 부분을 살펴볼까요?

❶ float: left;
[그림 10-5]의 첫 번째 박스인 강아지풀 이미지를 담은 박스를 왼쪽에 배치합니다.

❷ float: left;
[그림 10-5]의 두 번째 박스인 강아지풀 제목과 설명을 담은 박스를 왼쪽에 배치합니다. 첫 번째 박스가 제일 왼쪽 구석에 위치해 있으므로 두 번째 박스는 그다음 위치에 배치됩니다.

❸ float: right;
[그림 10-5]의 세 번째 박스인 메뉴를 오른쪽 구석에 배치합니다. 웹 브라우저 창의 크기를 줄였다가 오른쪽으로 확장해볼까요? 세 번째 박스가 창의 크기에 따라 오른쪽 구석에 붙어서 이동하나요? 이와 같이 float: right;를 사용하면 해당 요소는 웹 브라우저 창의 오른쪽에 배치됩니다.

04 clear 속성

float은 '떠 있다'는 뜻이라고 했죠? float 속성이 사용된 HTML 요소는 원래 레이아웃 규칙에서 벗어나 공중에 떠 있는 상태로 배치됩니다. 그런데 때때로 float 속성이 사용된 요소 바로 다음에 오는 요소가 float 속성이 적용된 요소와 겹쳐져서 화면이 깨지는 현상이 발생하기도 합니다.

이 문제를 어떻게 해결할까요? float 속성이 적용된 요소 다음에 오는 요소의 float 속성을 해제하고 새로운 줄에 배치하면 됩니다. 이때 사용하는 것이 clear 속성입니다.

다음 예제를 보면서 clear 속성의 사용법에 대해 공부해봅시다.

예제 10-5 clear 속성을 이용한 홈페이지 상단 만들기   10\top.html

`style`
```
* {
  padding: 0;
  margin: 0;
}
li {
  list-style-type: none;
}
#head {
  background-color: #f6f5ef;
}
#logo {
❶ float: left;
  margin: 20px 0 10px 20px;
  border: solid 1px red;
}
#top {
❷ float: right;
  margin: 30px 20px 0 0;
```

`body`
```
<div id='head'>


  <div id='logo'>
    <img src='img/logo.png'>
  </div>


  <div id='top'>
    로그인 ¦ 회원가입 ¦ 공지사항
  </div>
```

```css
    border: solid 1px red;
}
#menu {
❸ clear: both;
  height: 40px;
  background-color: #443e58;
  color: white;
  text-align: center;
  padding-top: 15px;
  font-size: 20px;
  border: solid 1px red;
}
#menu li {
  display: inline;
}
.item {
  margin: 0 30px 0 30px;
}
```

```html
</div>

<ul id='menu'>
  <li class='item'>HTML</li>
  <li>|</li>
  <li class='item'>CSS</li>
  <li>|</li>
  <li class='item'>Javascript</li>
  <li>|</li>
  <li class='item'>Python</li>
  <li>|</li>
  <li class='item'>PHP</li>
  <li>|</li>
  <li class='item'>Java</li>
</ul>
```

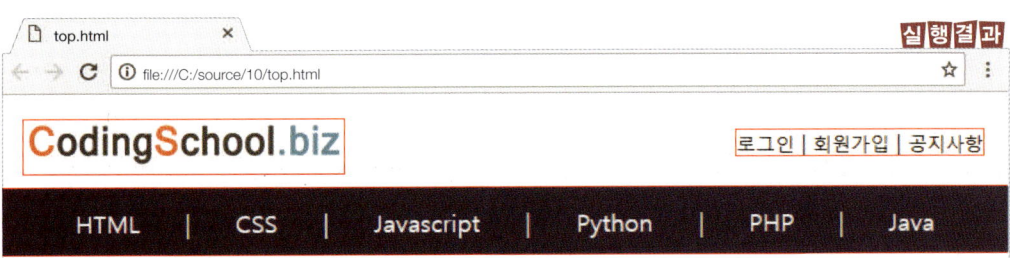

그림 10-7 top.html의 실행 화면

[그림 10-7]은 [예제 10-5]의 실행 화면인 홈페이지의 상단 부분입니다. 세 개의 빨간색 박스로 표시된 것과 같이 왼쪽의 로고, 오른쪽의 상단 메뉴, 가운데에 위치한 메인 메뉴로 구성되어 있습니다. 이 세 개의 박스 요소를 화면에 배치하는 데 사용된 float 속성과 clear 속성의 사용법에 대해 공부해봅시다.

❶ float: left;

　id 선택자 #logo가 지정하는 로고 이미지를 [그림 10-7]과 같이 웹 페이지 왼쪽 상단에 배치합니다.

❷ float: right;

　id 선택자 #top이 지정하는 로그인 | 회원가입 | 공지사항을 [그림 10-7]처럼 웹 페이지의 오른쪽 상단에 배치합니다.

❸ clear: both;

　CSS 명령 clear: both;는 앞에서 사용된 ❶의 float: left;와 ❷의 float: right;에서 사용된 float 속성을 해제합니다.

TIP

float 속성을 사용할 때 clear 속성을 사용한다고 했습니다. float과 clear 속성의 기본 사용법은 같습니다. float: left;를 해제할 때는 clear: left;를, float: right;를 해제할 때는 clear: right;를 사용합니다. 그러면 float: left;와 float: right;를 모두 해제할 때는 어떻게 해야 할까요? 그때는 clear: both;를 사용합니다.

만약 ❸에서 사용된 clear: both;를 소스에서 삭제하면 어떻게 될까요? 다음 [그림 10-8]의 실행 화면처럼 메인 메뉴와 float 속성으로 배치된 로고 및 상단 메뉴가 겹쳐지면서 레이아웃이 깨집니다.

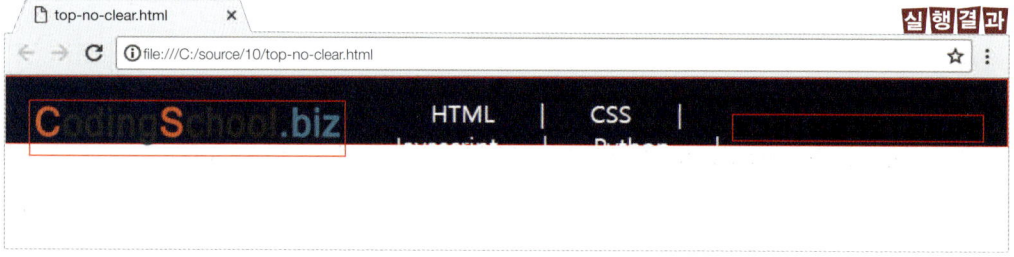

그림 10-8 메인 메뉴에 clear 속성을 적용하지 않았을 경우의 실행 화면

Quiz 10-2. 다음은 float과 clear 속성을 사용하여 요소를 레이아웃한 후 실행한 수목원 웹 페이지의 상단 화면입니다.

그림 10-9 수목원 웹 페이지의 상단 화면

위의 [그림 10-9]와 같은 결과를 얻기 위해 작성된 다음의 소스 코드에서 빈칸을 채워 코드를 완성하세요.

```
style
li {
  list-style-type: none;
}
#logo {
  float:         ❶        ;
}
#menu {
  float:         ❷        ;
  font-size: 14px;
  margin-top: 20px;
```

```
}
#menu li {
    ❸          : inline;
}
.item {
  margin: 0 20px 0 20px;
}
#main_image {
    ❹          ;
  padding-top: 20px;
}
```

`body`
```
<div id='logo'>
  <img src='img/logo2.png'>
</div>
<ul id='menu'>
  <li class='item'>수목원소개</li>
  <li>|</li>
  <li class='item'>방문안내</li>
  <li>|</li>
  <li class='item'>고객센터</li>
  <li>|</li>
  <li class='item'>공지사항</li>
</ul>
<div id='main_image'>
  <img src='img/main.jpg'>
</div>
```

정답(Q10-2.html) : ❶left ❷right ❸display ❹clear: both

프로젝트 10 : 판매 도서 목록

다음의 [그림 10-10]은 어느 서적 쇼핑몰의 판매 도서 목록 페이지입니다. 세 단계에 걸쳐 다음의 웹 페이지를 만들어봅시다.

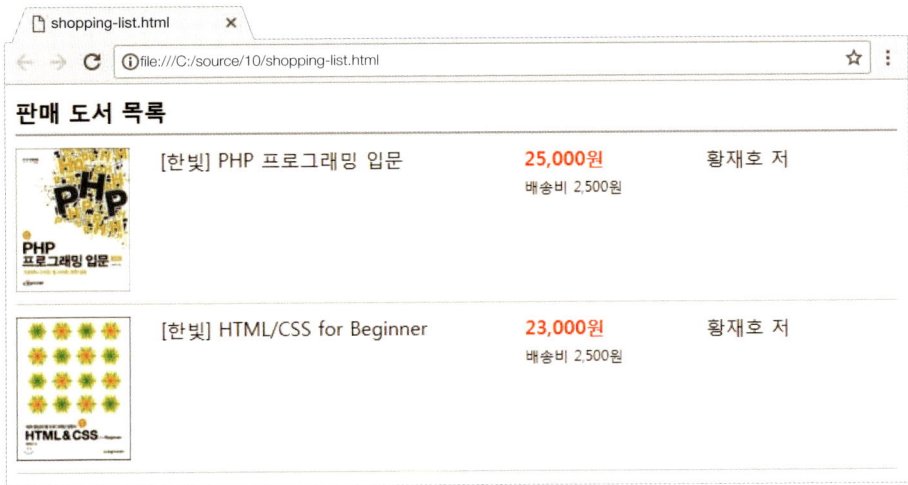

그림 10-10 서적 쇼핑몰의 판매 도서 목록 페이지

조건(힌트)

1단계

먼저 [그림 10-10]의 첫 번째 상품 목록에서 사용된 이미지와 글자를 입력하여 오른쪽의 [그림 10-11]과 같은 결과 화면을 만듭니다.

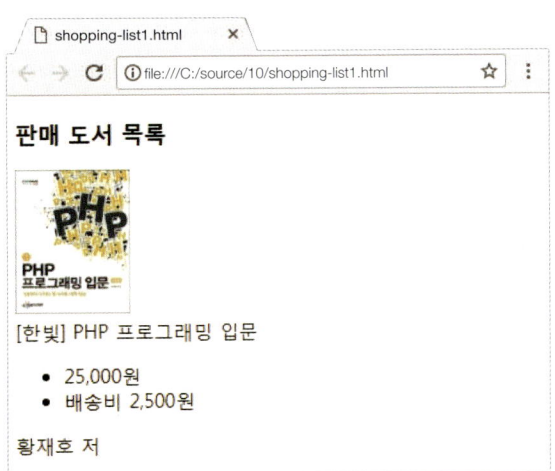

그림 10-11 [그림 10-10]에 나타난 첫 번째 상품 목록의 이미지와 글자 삽입하기

```
    <h3>판매 도서 목록          ①
    <div>
        <div><img src='img/php.jpg'></div>
        <div>[한빛] PHP 프로그래밍 입문</div>
                    ②
            <li>25,000원</li>
            <li>배송비 2,500원          ③
        </ul>
        <div>황재호 저</div>
    </div>
```

2단계 1단계의 결과(shopping-list1.html)에 CSS를 추가하여 다음 [그림 10-12]와 같은 결과가 나오도록 해보세요.

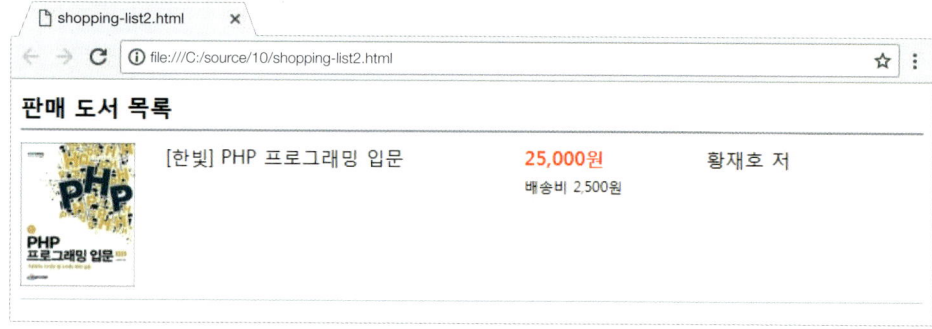

그림 10-12 CSS를 이용하여 첫 번째 상품 목록 완성하기

```
<style>
       ①          {
    margin: 0;
    padding: 0;
}
ul {
           ②       : none;
}
#main_title {
```

```
          ❸        : '맑은고딕';
    margin: 10px;
    padding-bottom: 6px;
          ❹        : solid 2px #aaaaaa;
}
.list_item {
    clear: both;
    height: 130px;
    margin: 10px;
    border-bottom: solid 1px #cccccc;
}
.image {
          ❺        : left;
    width: 100px;
}
.intro {
          ❻        : left;
    width: 300px;
    margin-left: 20px;
}
.price {
          ❼        : left;
    width: 150px;
}
.red {
    font-weight: bold;
    color: red;
}
.small {
    font-size: 12px;
    margin-top: 5px;
}
.writer {
          ❽        : left;
    width: 100px;
}
```

```
</style>
<body>
<h3 id='main_title'>판매 도서 목록</h3>
<div class='list_item'>
  <div class='image'><img src='img/php.jpg'></div>
  <div class='intro'>[한빛] PHP 프로그래밍 입문</div>
  <ul class='price'>
    <li class='red'>25,000원</li>
    <li class='small'>배송비 2,500원</li>
  </ul>
  <div class='writer'>황재호 저</div>
</div>
</body>
```

3단계 <p> 태그 사용

2단계의 결과(shopping-list2.html)에서 첫 번째 상품 목록에 해당되는 HTML 코드 부분을 복사하고 필요한 부분을 수정하여 최종 결과물인 [그림 10-10]를 얻도록 프로젝트를 완성하세요.

정답 및 해설(정답 파일 : shopping-list.html)

1단계 완성 파일 : shopping-list1.html

- 정답 : ❶ </h3> ❷ <ul> ❸ </li>

2단계 완성 파일 : shopping_list2.html

- 정답 : ❶ * ❷ list-style-type ❸ font-family
  ❹ border-bottom ❺ float ❻ float ❼ float ❽ float

3단계

- 완성 파일인 shopping-list.html을 참고해주세요.

# 요점 정리

01. 레이아웃이란?

레이아웃은 웹 페이지의 박스, 텍스트, 이미지, 동영상 등의 HTML 요소에 CSS를 이용하여 화면에 배치하는 작업을 말합니다. 인라인은 가로(수평) 방향의 레이아웃, 블록은 세로(수직) 방향의 레이아웃 방식을 의미합니다.

02. 인라인과 블록의 주요 태그

- 인라인 : `<span>`, `<img>`, `<a>`, `<input>`, `<select>`, `<textarea>` 등
- 블록 : `<h1>`~`<h6>`, `<p>`, `<div>`, `<table>`, `<form>`, `<ul>`, `<ol>`, `<li>` 등

03. display 속성

CSS의 `display` 속성을 HTML 요소에 적용하면 요소가 가지고 있는 기본 배치 방식(인라인 또는 블록)을 무시하고 배치 방식을 임의로 설정할 수 있습니다.

`display` 속성은 다음의 세 가지 값을 가집니다.

- `inline` : 블록의 태그에 적용하여 블록을 인라인으로 변경
- `block` : 인라인의 태그에 적용하여 인라인을 블록으로 변경
- `inline-block` : 인라인과 블록의 특성을 모두 갖게 함

04. float 속성

웹 페이지의 요소를 가로 방향으로 배치할 때 주로 사용하는 속성이 `float` 속성입니다. CSS 명령 `float: left;`는 해당 요소를 화면의 왼쪽에, `float: right;`는 해당 요소를 화면의 오른쪽에 배치합니다.

05. clear 속성

float 속성이 적용된 요소는 레이아웃의 일반적 규칙을 벗어나 공중에 떠 있는 상태로 배치되기 때문에 float 속성이 적용된 요소 다음에 오는 요소를 새로운 줄에 배지하고사 할 때는 앞에서 사용된 float 속성을 해제해야 합니다. 이때 사용하는 것이 clear 속성인데 clear: left;는 float: left; 명령을 해제하고 clear: right;는 float: right; 명령을 해제합니다. 그리고 clear: both;는 float: left;와 float: right; 명령 둘 다를 해제하는 데 사용됩니다.

chapter 11
웹 페이지 레이아웃에 대해 알아보자

11장에서는

10장에서 설명했듯이 레이아웃 작업에는 CSS의 `display`, `float`, `clear` 속성을 주로 사용합니다. 그런데 HTML5에는 웹 페이지를 좀 더 체계적으로 레이아웃하기 위해 `<header>`, `<footer>`, `<section>` 등의 HTML 태그가 몇 개 더 추가되었습니다.

11장에서는 HTML5 레이아웃 태그가 웹 페이지에 어떻게 사용되는지 알아보고 레이아웃 태그와 CSS 속성을 이용하여 실제 웹 페이지를 제작하는 방법을 배웁니다.

학습목표

+ HTML5 레이아웃 태그의 사용법 익히기
+ 상단 헤더와 내비게이션 메뉴 레이아웃 방법 배우기
+ 콘텐츠 영역과 사이드바 레이아웃 방법 배우기
+ 하단 푸터 레이아웃 방법 배우기
+ 전체 웹 페이지의 중앙 배치법 알아보기

HTML5의 레이아웃 태그

지금까지 계속 HTML이라고 하다가 갑자기 HTML5라는 말을 꺼냈습니다. HTML5의 5는 일종의 버전이며 HTML5가 가장 최신 버전입니다.

그림 11-1 한빛미디어 홈페이지 메인 화면

세계 웹 표준화 기구인 W3C^{World Wide Web Consortium}는 2014년 10월에 HTML5를 HTML의 최신 표준안으로 제정했습니다. HTML5에는 <header>, <nav>, <section>, <aside>, <footer> 등의 태그가 추가되었으며 덕분에 웹 페이지의 레이아웃을 더욱 체계적으로 작성할 수 있게 되었습니다.

간단한 예를 통해 HTML5에 추가된 레이아웃 태그를 살펴보겠습니다. [그림 11-1]은 HTML5 레이아웃 실습을 위해 준비한 한빛미디어 홈페이지의 메인 화면입니다. 이 웹 페이지의 레이아웃 과정을 통해 HTML5에서 추가된 새로운 태그가 실제로 어떻게 사용되는지를 공부해봅시다.

[그림 11-1]의 홈페이지 메인 화면에 HTML5의 새로 추가된 레이아웃 태그를 적용하면 [그림 11-2]와 같이 적용할 수 있습니다.

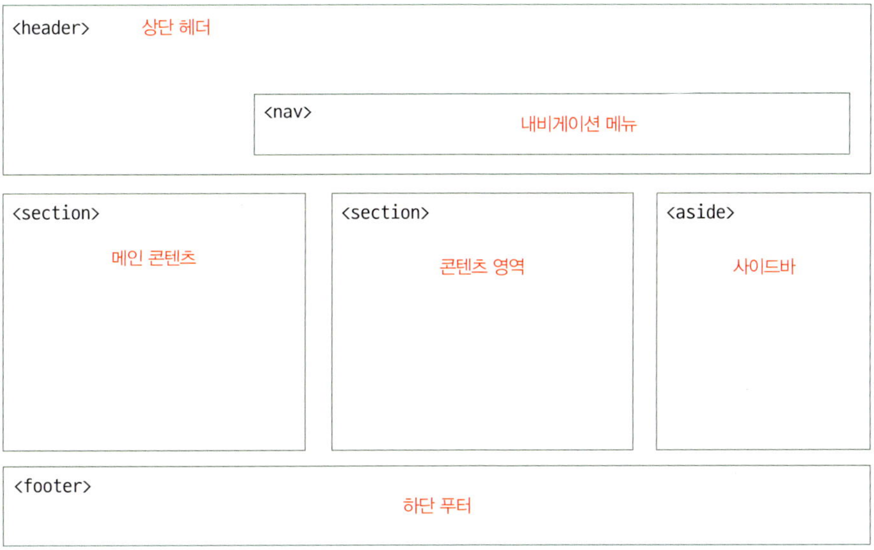

그림 11-2 [그림 11-1]의 홈페이지에 적용한 HTML5 레이아웃 태그의 예

- **<header> 태그**

    <header> 태그는 [그림 11-1]의 왼쪽 상단 로고와 오른쪽 상단 메뉴처럼 웹 페이지의 상단에 들어가는 요소를 포함합니다.

- `<nav>` 태그

    [그림 11-1]의 메인 메뉴인 '브랜드 소개', '책', '채널.H', '커뮤니티', '고객지원'을 클릭하면 각각의 웹 페이지를 볼 수 있으며 이 메인 메뉴는 웹사이트의 콘텐츠를 찾아갈 수 있는 내비게이션 역할을 수행합니다. 따라서 웹 페이지의 메뉴와 같은 요소에는 내비게이션을 의미하는 `<nav>` 태그를 사용합니다.

- `<section>` 태그

    `<section>` 태그는 상단 헤더, 내비게이션 메뉴, 사이드바, 하단 푸터를 제외한 일반적인 콘텐츠 영역에 사용합니다. 따라서 [그림 11-1]의 상단 헤더 아래의 왼쪽과 중앙에 있는 두 개의 콘텐츠 영역에 `<section>` 태그가 사용됩니다.

- `<aside>` 태그

    [그림 11-1]의 콘텐츠 영역 오른쪽의 SNS 배너와 같은 요소는 메인 콘텐츠의 왼쪽 또는 오른쪽 옆에 위치한다고 하여 웹에서 사이드바라고 말합니다. 일반적으로 이러한 사이드바에 `<aside>` 태그를 사용합니다.

- `<footer>` 태그

    `<footer>` 태그는 [그림 11-1]의 제일 아래에 나타난 하단 메뉴, 회사 주소, 연락처 등과 같이 웹 페이지 하단의 요소를 포함하는 영역을 의미합니다.

지금까지 설명한 레이아웃 태그의 사용법이 절대적이지는 않습니다. 그러나 웹 페이지의 구성 요소에 적합한 태그를 사용해야 HTML 문서를 봤을 때 알아보기 쉽고 코드도 간결하게 사용할 수 있습니다.

예를 들어 HTML 문서에서 `<nav>` 태그를 발견하면 "아! 여기가 내비게이션 메뉴겠구나!"하고 이해할 수 있는 겁니다.

Quiz 11-1. 다음은 HTML5의 레이아웃 태그를 이용한 웹 페이지의 레이아웃 예입니다. 빈칸을 채워보세요.

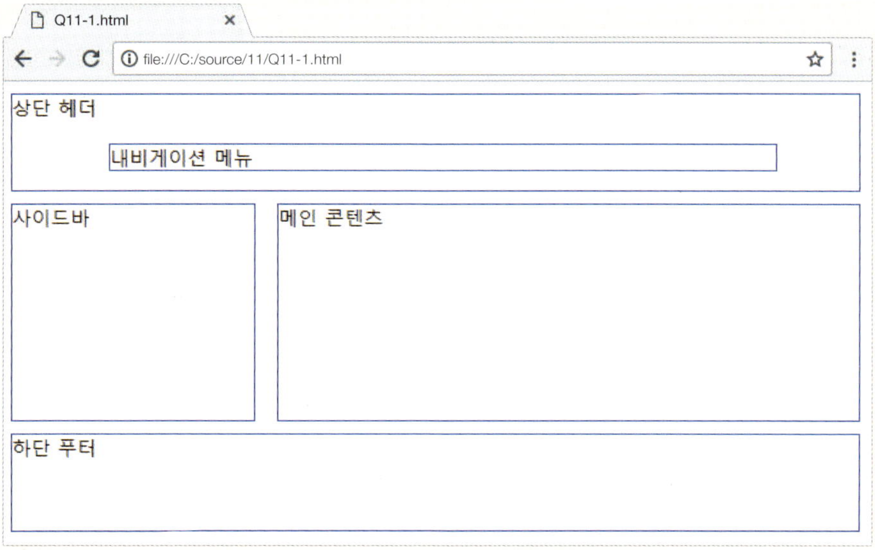

그림 11-3 웹 페이지의 레이아웃 예

```
body
<header>
    상단 헤더
         ❶
    내비게이션 메뉴
    </nav>
         ❷
<aside>
    사이드바
         ❸
         ❹
    메인 콘텐츠
</section>
<div class='clear'></div>
<footer>
    하단 푸터
         ❺
```

정답(Q11-1.html) : ❶<nav>　❷</header>　❸</aside>　❹<section>　❺</footer>

전체 웹 페이지 레이아웃

이번 절부터는 앞에서 배운 HTML5의 레이아웃 태그[218쪽]를 이용해서 영역을 나누어 웹 페이지의 구조를 잡고 각 영역을 레이아웃하는 방법을 익혀봅시다.

이 레이아웃 실습에 사용할 홈페이지는 [그림 11-4]의 보험회사 홈페이지입니다.

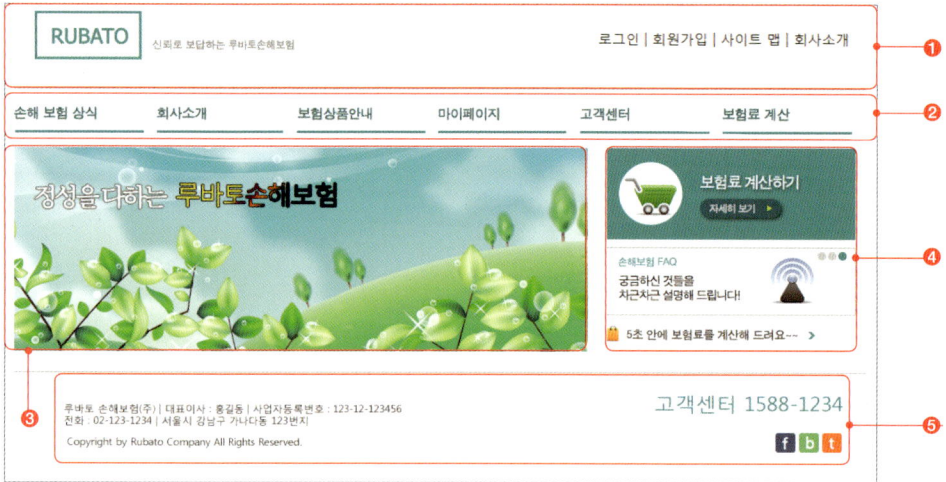

그림 11-4 실습용 보험회사 홈페이지

자, 그럼 [그림 11-4]에 나타난 홈페이지에 대해 HTML5 레이아웃 태그와 CSS를 이용하여 전체 웹 페이지를 레이아웃해볼까요?

예제 11-1 [그림 11-4] 전체 웹 페이지의 레이아웃　　　　　　　11\layout.html

style

```
❾ .clear {
  ❿ clear: both;
  }
  header {
    width: 995px;
    height: 100px;
    margin-top: 10px;
    border: solid 1px green;
  }
  nav {
    width: 995px;
    height: 70px;
    margin-top: 10px;
    border: solid 1px green;
  }
  section {
    width: 674px;
    height: 240px;
  ❻ float: left;
    margin-top: 10px;
    border: solid 1px green;
  }
  aside {
    width: 290px;
    height: 240px;
  ❼ float: left;
    margin-top: 10px;
    margin-left: 29px;
    border: solid 1px green;
  }
  footer {
    width: 995px;
    height: 130px;
    margin-top: 10px;
    border: solid 1px green;
  }
```

body

```
❶ <header>
    상단 헤더
  </header>

❷ <nav>
    내비게이션 메뉴
  </nav>

❸ <section>
    메인 콘텐츠
  </section>

❹ <aside>
    사이드바
  </aside>
❽ <div class='clear'></div>

❺ <footer>
    하단 푸터
  </footer>
```

chapter 11 웹 페이지 레이아웃에 대해 알아보자　223

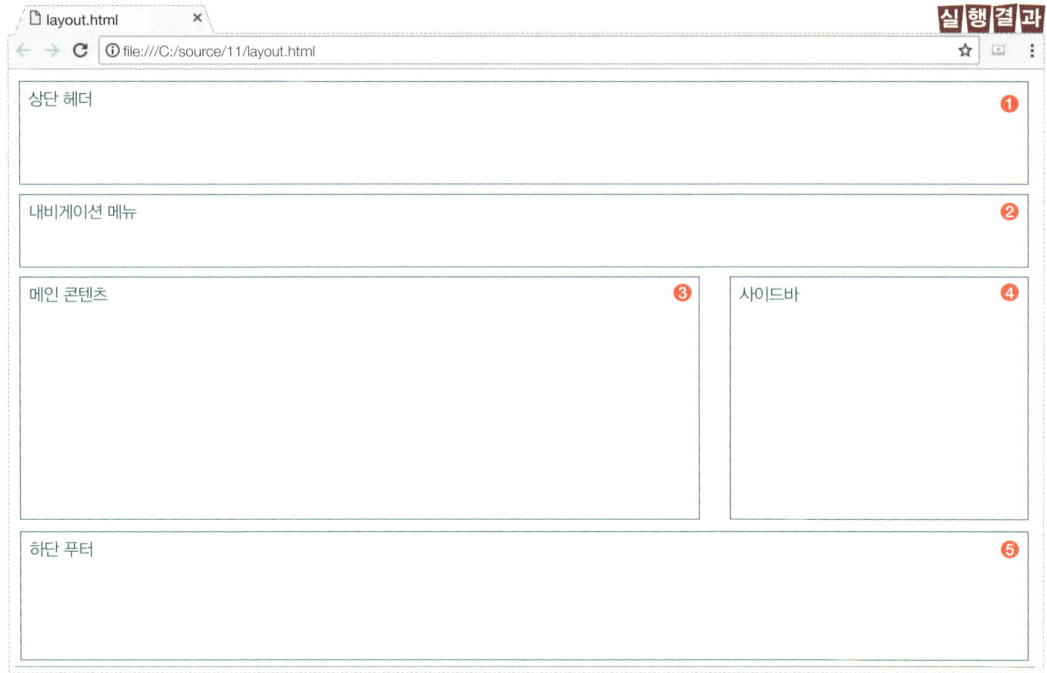

그림 11-5 layout.html의 실행 화면

설명을 보기 전에 먼저 [그림 11-5]에 각각의 태그 이름과 위치를 한번 적어보세요.

[예제 11-1]에서 사용된 ❶`<header>` 태그, ❷`<nav>` 태그, ❸`<section>` 태그, ❹`<aside>` 태그, ❺`<footer>` 태그는 각각 [그림 11-5]의 상단 헤더, 내비게이션 메뉴, 메인 콘텐츠, 사이드바, 하단 푸터를 위해 사용됩니다.

[예제 11-1]에서 ❻과 ❼의 CSS 명령 `float: left;`는 [그림 11-5]의 메인 콘텐츠와 사이드바를 가로 방향으로 왼쪽부터 차례로 배치하는 데 사용됩니다.

[예제 11-1]의 ❽, ❾, ❿에서 각각 사용된 `class='clear'`, 클래스 선택자 `.clear`, CSS 명령 `clear: both;`는 ❺의 `<footer>` 태그 이전에 사용된, 즉 하단 푸터 이전에 사용된 ❻과 ❼의 `float` 속성을 해제하는 데 사용됩니다. `float` 속성을 해제하는 `clear` 속성의 역할에 대한 자세한 설명은 10장의 '4. clear 속성 206쪽'을 참고하기 바랍니다.

03 상단 헤더와 내비게이션 메뉴 레이아웃

그럼 지금부터 [그림 11-5]의 레이아웃 화면에 있는 박스들을 위에서 부터 하나씩 차례대로 만들어봅시다.

Step1. 상단 헤더 레이아웃

다음은 [그림 11-5]의 전체 웹 페이지 레이아웃에 있는 박스들입니다. 먼저, 로고와 상단 메뉴 요소를 포함하는 상단 헤더 박스에 대해 공부해봅시다.

상단 헤더 박스를 위해 `<header>` 태그를 사용하고 로고와 상단 메뉴를 배치하기 위해 `float` 속성을 사용합니다. 다음 쪽의 [예제 11-2]를 봅시다.

예제 11-2 상단 헤더 레이아웃　　　　　　　　　　　　　　　11\header.html

style

```css
❶* {
    padding: 0;
    margin: 0;
}
header {
    width: 995px;
    height: 100px;
    margin-top: 10px;
    border-bottom: solid 1px #cccccc;
}
#logo {
❹  float: left;
    border: solid 1px red;
}
#top {
❺  float: right;
    margin: 30px 20px 0 0;
    border: solid 1px red;
}
```

body

```html
<header>




❷<div id='logo'>
    <img src='img/logo.png'>
  </div>


❸<div id='top'>
    로그인 | 회원가입 | 사이트 맵 | 회사소개
  </div>
</header>
```

그림 11-6 header.html의 실행 화면

패딩과 마진 초기화

[예제 11-2]의 ❶의 전체 선택자 *를 이용하여 웹 페이지의 패딩과 마진을 초기화했습니다. 패딩과 마진의 초기화는 7장의 '4. 패딩과 마진 초기화하기[149쪽]'를 참고해주세요.

로고와 상단 메뉴의 레이아웃

[그림 11-6]의 왼쪽에 있는 로고와 오른쪽에 있는 상단 메뉴 박스를 만들기 위해 각각 [예제 11-2]의 ❷id='logo'와 ❸id='top'을 사용합니다. 그리고 로고 박스를 왼쪽에, 상단 메뉴 박스를 오른쪽에 배치하기 위해서 각각 ❹float: left;와 ❺float: right;를 사용했습니다.

Step2. 내비게이션 메뉴 레이아웃

이번에는 내비게이션 메뉴의 레이아웃입니다. 메뉴 박스에 대해 <nav> 태그를 사용하고 각 메뉴의 배치를 위해 <ul>과 <li> 태그 그리고 float 속성을 사용합니다.

예제 11-3 내비게이션 메뉴 레이아웃   11\main-menu.html

```
style
* {
  padding: 0;
  margin: 0;
}
  li {
  ❸list-style-type: none;
  }
  nav {
    width: 995px;
    height: 70px;
    margin-top: 10px;
  }
❺nav li {
  ❹float: left;
  }
```

```
body
❶<nav>
  ❷<ul>
      <li><img src='img/menu01.png'></li>
      <li><img src='img/menu02.png'></li>
      <li><img src='img/menu03.png'></li>
      <li><img src='img/menu04.png'></li>
      <li><img src='img/menu05.png'></li>
      <li><img src='img/menu06.png'></li>
  </ul>
</nav>
```

그림 11-7 main-menu.html의 실행 화면

전체 메뉴 박스

[그림 11-7]의 전체 메뉴 박스를 포함하는 태그가 [예제 11-3]의 ❶<nav> 태그입니다.

메뉴 목록

메뉴는 목록의 한 형태로 볼 수 있기 때문에 ❷에서 목록을 만드는 데 사용하는 <ul>과 <li> 태그를 사용합니다.

목록 각 항목의 글머리 삭제

목록 태그를 사용하면 기본적으로 각 항목 앞에 붙는 글머리를 삭제하기 위해 ❸의 CSS 명령 `list-style-type: none;`을 사용합니다.

메뉴 가로 방향 배치

목록 태그인 `<ul>`과 `<li>` 태그는 10장의 '1. 레이아웃이란?[194쪽]'에서 설명한 것과 같이 기본적으로 세로 방향으로 배치됩니다. 메뉴를 가로 방향으로 배치하기 위하여 ❹`float: left;` 속성을 사용하였습니다.

❺의 선택자 nav li는 후손 선택자라고 부르며 웹 페이지의 `<li>` 태그 영역 중에서 `<nav>` 태그의 후손인 `<li>` 태그 영역을 의미합니다. 만약 후손 선택자 li에 CSS 명령 `float: left;`를 사용하게 되면 웹 페이지의 모든 `<li>` 태그의 요소를 가로 방향으로 배치하게 됩니다.

TIP

목록의 각 항목을 가로 방향으로 배치할 때 ❸의 `float: left;` 대신에 10장의 '2. display 속성[197쪽]'에서 배운 `display: inline;`을 사용해도 좋습니다. 다만, `display: inline;`을 사용하면 인라인의 특성상 목록의 각 항목 사이에 공백이 하나 들어가게 되는 점에 유의해주세요.

[예제 11-3]의 코드를 직접 바꿔본 다음 실행해서 비교해봐도 좋습니다.

콘텐츠 영역과 사이드바 레이아웃

다음은 콘텐츠 영역(메인 이미지)과 사이드바(배너)의 레이아웃입니다. 콘텐츠 영역에는 <section> 태그가 사용되고 사이드바에서는 <aside> 태그가 사용됩니다.

[예제 11-4]를 보면 ❶<section> 태그는 [그림 11-8]에서 왼쪽의 메인 이미지인 콘텐츠 영역을 가리킵니다. 그리고 [그림 11-8]의 오른쪽 배너는 [예제 11-4]의 ❷<aside> 태그를 사용합니다.

<section> 태그와 <aside> 태그 영역을 가로 방향으로 배치하는 데는 ❸과 ❹에서 CSS 명령 float: left;가 사용됩니다.

예제 11-4 콘텐츠 영역과 사이드바 레이아웃   11\contents-sidebar.html

style
```css
* {
  padding: 0;
  margin: 0;
}
li {
  list-style-type: none;
}
section {
❸ float: left;
  margin-top: 10px;
}
aside {
❹ float: left;
  margin-left: 20px;
  margin-top: 10px;
}
```

body
```html
❶<section>
    <img src='img/main_img.png'>
  </section>

❷<aside>
    <ul>
      <li><img src='img/banner01.png'></li>
      <li><img src='img/banner02.png'></li>
    </ul>
  </aside>
```

그림 11-8 contents-sidebar.html의 실행 화면

하단 푸터 레이아웃

<footer> 태그를 이용해 이번에는 제일 아래에 있는 주소와 고객센터 영역의 레이아웃에 대해 공부해봅시다.

예제 11-5 하단 푸터 레이아웃   11\footer.html

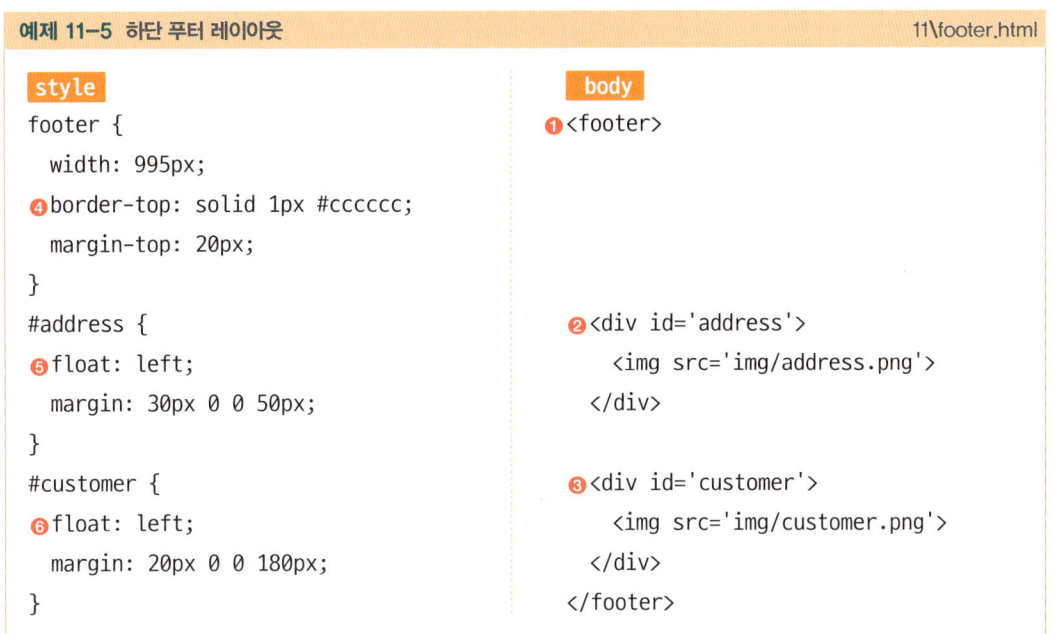

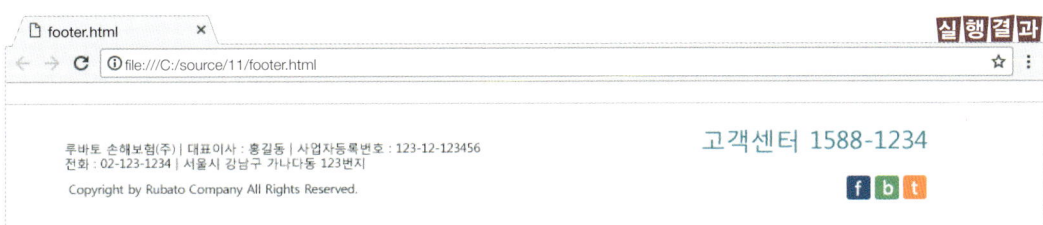

그림 11-9 footer.html의 실행 화면

웹 페이지의 하단인 [그림 11-9]의 전체 영역에 대해 [예제 11-5]의 ❶`<footer>` 태그를 사용합니다. 그리고 왼쪽의 주소와 오른쪽의 고객센터 영역에 대해서는 각각 ❷의 `id='address'`와 ❸의 `id='customer'`를 지정합니다.

❹에서 사용된 `border-top` 속성은 [그림 11-9]의 제일 상단에 보이는 회색 실선을 그리는 데 사용됩니다. ❺와 ❻에서 사용된 `float: left;` 명령은 주소 박스와 고객센터 박스를 가로 방향으로 배치하는 역할을 합니다.

06 전체 웹 페이지 레이아웃 완성하기

지금까지 [그림 11-5]의 손해보험 회사 홈페이지의 영역별 레이아웃에 대해 공부해보았습니다. 그럼 이제는 영역별 레이아웃을 하나로 통합하여 전체 웹 페이지를 화면 중앙에 배치해봅시다.

예제 11-6 손해보험 회사 웹 페이지 완성본 11\company.html

style
```
* {
  padding: 0;
  margin: 0;
}
li {
  list-style-type: none;
}
.clear {
❽ clear: both;
}
#page {
❸ width: 995px;
❹ margin: 0 auto;
  border: solid 1px red;
}
header {
  width: 995px;
  height: 100px;
  margin-top: 10px;
  border-bottom: solid 1px #cccccc;
}
#logo {
  float: left;
}
```

body
```
❶ <div id='page'>
    <header>
      <div id='logo'>
        <img src='img/logo.png'>
      </div>
      <div id='top'>
        로그인 ┊ 회원가입 ┊ 사이트 맵 ┊ 회사소개
      </div>
    </header>
❺ <div class='clear'></div> <!-- float 속성
  해제 -->
    <nav>
      <ul>
        <li><img src='img/menu01.png'></li>
        <li><img src='img/menu02.png'></li>
        <li><img src='img/menu03.png'></li>
        <li><img src='img/menu04.png'></li>
        <li><img src='img/menu05.png'></li>
        <li><img src='img/menu06.png'></li>
      </ul>
    </nav>
❻ <div class='clear'></div> <!-- float 속성
  해제 -->
    <section>
```

```
#top {
  float: right;
  margin: 30px 20px 0 0;
}
nav {
  width: 995px;
  height: 70px;
  margin-top: 10px;
}
nav li {
  float: left;
}
section {
  float: left;
  margin-top: 10px;
}
aside {
  float: left;
  margin-left: 20px;
  margin-top: 10px;
}
footer {
  width: 995px;
  border-top: solid 1px #cccccc;
  margin-top: 20px;
}
#address {
  float: left;
  margin: 30px 0 0 50px;
}
#customer {
  float: left;
  margin: 20px 0 0 180px;
}
```

```
        <img src='img/main_img.png'>
      </section>
      <aside>
        <ul>
          <li><img src='img/banner01.png'></li>
          <li><img src='img/banner02.png'></li>
        </ul>
      </aside>
❼ <div class='clear'></div> <!-- float 속성
   해제 -->
      <footer>
        <div id='address'>
          <img src='img/address.png'>
        </div>
        <div id='customer'>
          <img src='img/customer.png'>
        </div>
      </footer>
      <div class='clear'></div> <!-- float 속
       성 해제 -->
❷ </div> <!-- id page의 끝 -->
```

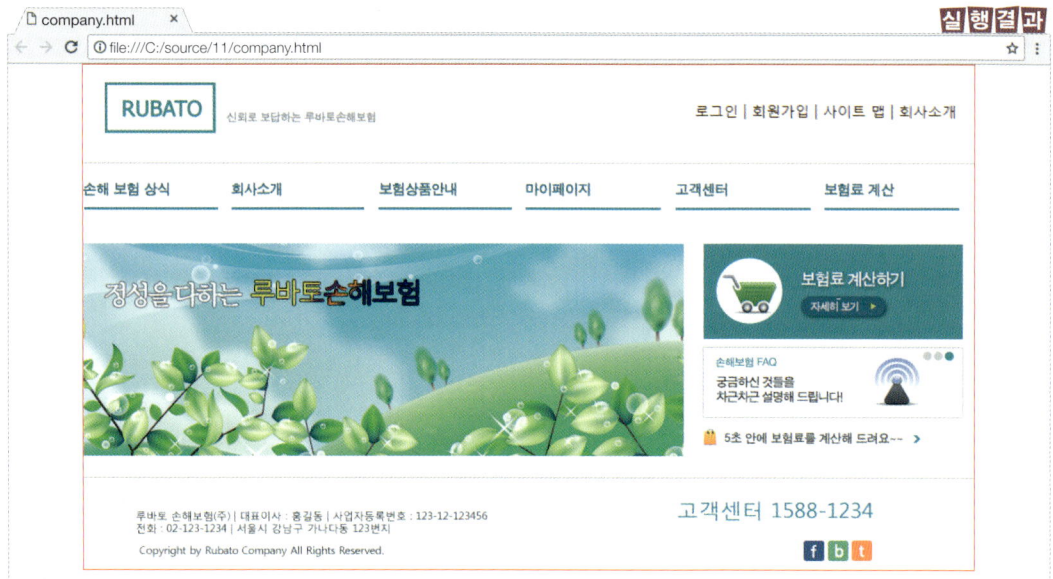

그림 11-10 company.html의 실행 화면

전체 웹 페이지의 중앙 정렬을 설명하고자 [그림 11-10]에 빨간색 박스를 그렸습니다. 이처럼 웹 페이지를 제작할 때는 전체 웹 페이지를 담는 박스를 만든 다음 이 박스를 중앙에 배치하는 경우가 많습니다.

전체 웹 페이지의 중앙 배치

[그림 11-10]의 빨간색 박스를 담은 박스를 나타내는 코드가 [예제 11-6]의 ❶과 ❷의 `<div>` 태그와 `id='page'`입니다. ❸의 `width: 995px;`은 박스 너비를 995px로 지정하고 ❹의 CSS 명령 `margin: 0 auto;`는 전체 웹 페이지를 의미하는 빨간색 박스를 중앙에 배치합니다.

TIP `margin: 0 auto;`

상단과 하단 마진에 0을 지정하고 왼쪽과 오른쪽의 마진을 `auto`로 하면 해당 박스가 중앙에 배치됩니다. 이 CSS 명령은 박스를 중앙에 배치할 때 사용합니다. 박스 안에 있는 텍스트나 이미지 등의 요소를 중앙에 정렬하고 싶을 때에는 177쪽에서 배운 CSS 명령 `text-align: center;`를 사용합니다.

float 속성의 해제

❺, ❻, ❼의 class='clear'와 CSS 명령인 ❽clear: both;는 해당 줄의 앞에서 사용된 float 속성을 해제함으로써 다음에 오는 요소가 새로운 줄에서 시작하게 만듭니다.

float 속성을 해제하는 clear 속성에 대한 자세한 설명은 10장의 '4. clear 속성206쪽'을 참고해 주세요.

요점 정리

01. HTML5 레이아웃 태그란?

HTML5의 5는 일종의 버전이며 2014년 10월에 W3C에서 제정된 HTML5가 가장 최신 버전입니다. HTML5에서는 웹 페이지를 체계적으로 레이아웃하기 위해 <header>, <nav>, <section>, <aside>, <footer> 등의 태그가 추가되었습니다.

02. <header> 태그

<header> 태그는 웹 페이지의 상단에 들어가는 요소(예 : 로고, 상단 메뉴, 메인 메뉴, 검색 창 등)를 포함합니다.

03. <nav> 태그

메인 메뉴는 웹사이트의 콘텐츠를 찾아갈 수 있는 내비게이션과 같은 역할을 하기 때문에 메인 메뉴와 같은 요소에 <nav> 태그를 사용합니다.

04. <section> 태그

<section> 태그는 상단 헤더, 내비게이션 메뉴, 사이드바, 하단 푸터를 제외한 일반적인 콘텐츠 영역에 사용합니다.

05. <aside> 태그

<aside> 태그는 콘텐츠 영역의 오른쪽 또는 왼쪽, 즉 양쪽 사이드에 사용되는 배너와 같은 요소에 사용합니다.

06. <footer> 태그

<footer> 태그는 웹 페이지의 제일 아래에 나타난 하단 메뉴, 회사 주소, 연락처 등과 같은 요소를 포함하는 영역에 사용합니다.

chapter 12
포토 아카데미 페이지를 만들어보자

12장에서는

12장에서는 지금까지 배운 내용을 종합하여 포토 아카데미 페이지를 만들어보려 합니다. 실습용 포토 아카데미 페이지는 상단 헤더, 메인 이미지, 서브 메뉴, 메인 콘텐츠, 하단 푸터로 구성되어 있습니다.

먼저 HTML5 레이아웃 태그를 이용하여 웹 페이지의 틀을 만든 다음 CSS를 이용하여 요소를 배치한 후 웹 페이지의 위에서부터 조각조각 완성해 나갈 겁니다. 실습을 통해 포토 아카데미 페이지의 단계별 제작 과정을 잘 이해한다면 어떠한 웹 페이지도 자신 있게 만들 수 있게 될 것입니다.

학습목표
+ 포토 아카데미 페이지의 구성 이해하기
+ 포토 아카데미의 기본 틀 만드는 법 이해하기
+ 포토 아카데미의 상단 헤더 만드는 법 익히기
+ 서브 메뉴와 메인 콘텐츠 만드는 법 익히기
+ 포토 아카데미의 하단 푸터 만드는 법 익히기

01 실습용 포토 아카데미 페이지 소개

먼저 [그림 12-1]의 실습용 포토 아카데미 페이지를 보며 웹 페이지의 구조와 단계별 제작 과정을 설명하겠습니다. 처음 웹사이트를 제작할 때는 전체 페이지를 블록으로 잘 나눈 다음 단계별로 차근차근 작업해야 합니다.

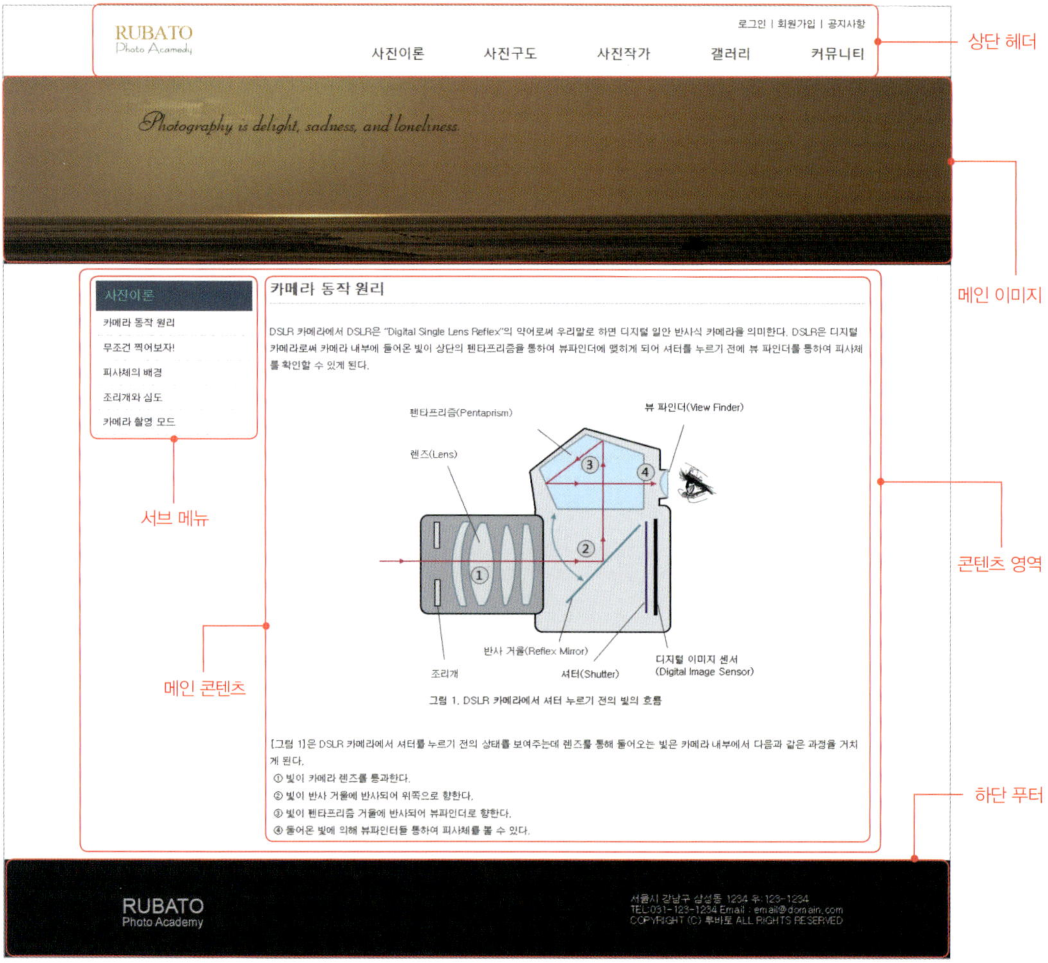

그림 12-1 실습용 포토 아카데미 페이지

[그림 12-1]의 실습용 포토 아카데미 페이지는 크게 상단 헤더, 메인 이미지, 콘텐츠 영역, 하단 푸터의 네 개 영역으로 나눌 수 있습니다. 그리고 콘텐츠 영역은 다시 서브 메뉴와 메인 콘텐츠, 두 개의 영역으로 나눌 수 있습니다.

이렇게 설계된 웹 페이지의 구조는 단계별 제작 과정을 거쳐 웹 페이지를 완성하게 됩니다. [그림 12-1]의 실습용 포토 아카데미 페이지는 여섯 단계로 나눠볼 수 있으며 다음과 같습니다. 이제 이 단계별 과정을 따라 웹 페이지를 제작하겠습니다.

- 1단계 : HTML5 레이아웃 태그와 CSS를 이용하여 웹 페이지의 기본 틀 만들기(242쪽)
- 2단계 : 상단 헤더 만들기(245쪽)
- 3단계 : 메인 이미지 만들기(248쪽)
- 4단계 : 서브 메뉴와 메인 콘텐츠 만들기(251쪽)
- 5단계 : 하단 푸터 만들기(255쪽)
- 6단계 : 소스 정리하여 완성하기(257쪽)

02 웹 페이지 기본 틀 만들기   1단계

자, 그림 11장의 '1. HTML5의 레이아웃 태그218쪽'에서 배운 HTML5 레이아웃 태그를 이용하여 [그림 12-1]의 웹 페이지 구조에 맞는 틀을 직접 만들어볼까요?

예제 12-1 웹 페이지 기본 틀 만들기   12\photo-academy-step1.html

```
style
.clear {
  clear: both;
}
header {
❷ width: 1140px;
  height: 100px;
❸ margin: 0 auto;
  border: solid 1px red;
}
#main_img {
❺ width: 100%;
  height: 250px;
  border: solid 1px red;
}
#contents {
❾ width: 1140px;
  height: 300px;
❿ margin: 0 auto;
  border: solid 1px red;
}
#sub_menu {
  width: 234px;
⓫ float: left;
  border: solid 1px red;
}
#main_contents {
```

```
body
❶ <header>
    상단 헤더
  </header>




❹ <section id='main_img'>
    메인 이미지
  </section>



❻ <section id='contents'>




❼ <nav id='sub_menu'>
    서브 메뉴
  </nav>

❽ <div id='main_contents'>
```

```
    width: 880px;
 ⓬ float: right;
    border: solid 1px red;
 }

 footer {
 ⓮ width: 100%;
    height: 150px;
    border: solid 1px red;
 }
```

```
      메인 콘텐츠
    </div>
  </section>
  <div class='clear'></div> <!-- float 속
  성 해제 -->
⓭<footer>
    하단 푸터
  </footer>
```

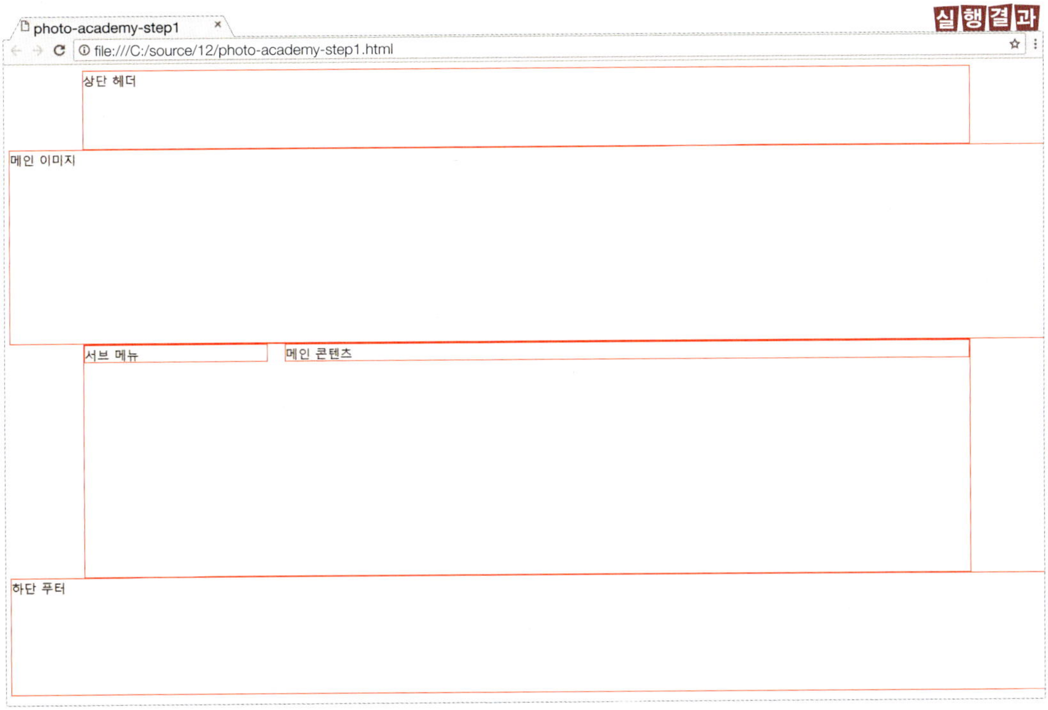

그림 12-2 photo-academy-step1.html의 실행 화면

상단 헤더 박스

상단 헤더 박스는 <header> 태그로 만든다고 했습니다. [그림 12-2]의 상단 헤더 박스를 위해 ❶에서 <header> 태그를 사용했습니다. ❷width: 1140px;로 박스의 너비를 1140픽셀로 지정했고 ❸margin: 0 auto;로 박스를 웹 페이지 중앙에 배치했습니다.

메인 이미지 박스

[그림 12-2]에서 메인 이미지가 들어 있는 메인 이미지 박스를 위해서 ❹<section> 태그를 사용합니다. [그림 12-2]의 메인 이미지 박스는 가로로 꽉 차 있기 때문에 ❺width 속성값을 100%로 지정했습니다.

콘텐츠 영역 : 서브 메뉴와 메인 콘텐츠

메인 이미지 다음에 오는 콘텐츠 영역을 위해 ❻<section> 태그를 사용합니다.

콘텐츠 영역은 서브 메뉴와 메인 콘텐츠로 나누어집니다. 서브 메뉴는 하나의 메뉴 안에 종속되어 있는 부 메뉴를 의미하기 때문에 메뉴 요소를 의미하는 ❼<nav> 태그를 사용합니다. 그리고 메인 콘텐츠에는 ❽<div> 태그를 사용합니다.

콘텐츠 영역은 ❾width: 1140px;과 ❿margin: 0 auto;에 의해 너비가 1140픽셀로 지정되어 중앙에 배치됩니다. 그리고 서브 메뉴와 메인 콘텐츠 박스는 ⓫float: left;와 ⓬float: right;에 의해 각각 왼쪽과 오른쪽에 배치됩니다.

하단 푸터 박스

⓭<footer> 태그로 [그림 12-2]의 하단 푸터 박스를 만들었습니다. 하단 푸터 박스는 [그림 12-2]에 나타난 것과 같이 가로 전체를 꽉 채우기 때문에 ⓮width 속성값을 100%로 하였습니다.

03 상단 헤더 만들기

2단계

첫 번째 단계로 HTML5 레이아웃 태그와 CSS를 이용하여 웹 페이지의 기본 틀을 만들어보았습니다. 잘 따라왔나요? 이제 [그림 12-2]의 웹 페이지 틀이 완성되었으니 그림의 상단 박스부터 차례대로 하나씩 만들어보겠습니다. 이번에는 두 번째 단계로 그림의 제일 상단에 있는 상단 헤더를 만들어봅시다.

예제 12-2 상단 헤더 만들기　　　　　　　　　　　　　　　　　　　　　12\photo-academy-step2.html

```
style
❺ * {
    padding: 0;
    margin: 0;
  }
❻ body {
    font-family: '돋움';
    font-size: 14px;
    color: #444444;
  }
  li {
❼   list-style-type: none;
  }
  header {
    width: 1140px;
    height: 100px;
    margin: 0 auto;
    border: solid 1px red;
  }
  #logo {
❽   float: left;
    margin: 20px 0 0 20px;
    border: solid 1px red;
```

```
body

<header>




❶ <div id='logo'>
      <img src='img/logo.png'>
   </div>
```

chapter 12 포토 아카데미 페이지를 만들어보자　245

```
        }
        #menus {                                    ❷ <nav id='menus'>
        ❾ float: right;
          border: solid 1px red;
        }
        #top_menu {                                 ❸ <div id='top_menu'>
          text-align: right;
          margin-top: 20px;
          border: solid 1px red;                       로그인 | 회원가입 | 공지사항
        }                                           </div>
        #main_menu {                                ❹ <ul id='main_menu'>
          margin-top: 20px;                            <li>사진이론</li>
          font-family: '맑은고딕';                     <li>사진구도</li>
          font-size: 20px;                             <li>사진작가</li>
          color: black;                                <li>갤러리</li>
          border: solid 1px red;                       <li>커뮤니티</li>
        }                                           </ul>
        #main_menu li {                             </nav>
        ❿ display: inline;                          </header>
          margin-left: 80px;
        }
```

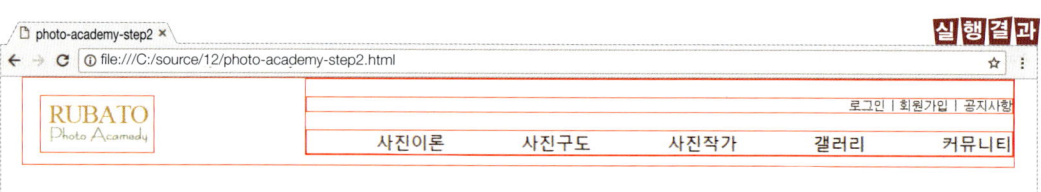

그림 12-3 photo-academy-step2.html의 실행 화면

로고 박스

[그림 12-3]의 왼쪽에 있는 로고 이미지를 담을 박스를 지정하는 데는 ❶ id='logo'를 사용합니다.

메뉴 박스 : 상단 메뉴 박스와 메인 메뉴 박스

[그림 12-3]의 오른쪽에는 두 개의 메뉴, 즉 '로그인 | 회원가입 | 공지사항'이 있는 상단 메뉴와 '사진이론 사진구도 사진작가 갤러리 커뮤니티'가 있는 메인 메뉴가 있습니다. 이 둘을 포함하는 박스가 ❷id='menus'입니다. 그리고 상단 메뉴와 메인 메뉴 박스의 영역을 각각 ❸id='top_menu'와 ❹id='main_menu'로 지정합니다.

패딩과 마진의 초기화

❺에서는 전체 선택자 *를 이용하여 웹 페이지의 패딩과 마진을 초기화합니다. 패딩과 마진의 초기화 작업에 대한 자세한 설명은 7장의 '4. 패딩과 마진 초기화하기[149쪽]'를 참고해주세요.

텍스트의 기본 글꼴, 크기, 색상 지정

웹 페이지에서 사용되는 텍스트, 즉 글자에 대한 기본 글꼴, 크기, 색상의 지정은 ❻의 태그 선택자 body 내에서 이루어집니다.

목록 각 항목의 글머리 삭제

목록의 각 항목을 의미하는 <li> 태그를 사용할 때에는 기본적으로 각 항목 앞에 점(•)이 붙게 되는데 이를 삭제하기 위해서 ❼의 CSS 명령 list-style-type: none;이 사용됩니다.

로고와 메뉴 박스의 배치

로고 박스(id='logo')와 메뉴 박스(id='menus')의 배치는 각각 id 선택자 #logo의 ❽float: left;와 id 선택자 #menus의 ❾float: right;에 의해 이루어집니다.

메인 메뉴의 수평 방향 정렬

메인 메뉴인 id='main_menu'의 각 메뉴인 **사진이론, 사진구도, 사진작가, 갤러리, 커뮤니티**의 수평 방향 정렬은 ❿display: inline;에 의해 수행됩니다. display 속성에 대한 자세한 설명은 10장의 '2. display 속성[197쪽]'을 참고해주세요.

04 메인 이미지 만들기
3단계

세 번째 단계에서는 243쪽의 [그림 12-2]의 상단 헤더 박스 아래에 있는 메인 이미지 박스에 메인 이미지를 삽입합니다.

예제 12-3 메인 이미지 만들기 12\photo-academy-step3.html

`style`
```css
#main_img {
❶ width: 100%;
  height: 281px;
❷ background-image: url('img/main_img.png');
❸ background-repeat: no-repeat;
❹ background-position: top center;
  margin-top: 20px;
}
```

`body`
```html
<section id='main_img'>
</section>
```

그림 12-4 photo-academy-step3.html의 실행 화면

[그림 12-4]의 메인 이미지를 보면 웹 브라우저 화면의 가로를 꽉 채우고 있죠? 보통 웹 사용자의 모니터 해상도는 제각각입니다. 좋은 웹사이트는 사용자의 모니터 해상도와 상관없이 잘 보여야 합니다. 우리도 그렇게 해봅시다. 모니터 해상도와 상관없이 [그림 12-4]처럼 메인 이미지를 웹 브라우저 화면에 가로로 꽉 채우려면 다음과 같이 처리하면 됩니다.

- CSS에서 메인 이미지가 들어가는 박스의 너비를 100%로 지정
- 메인 이미지 파일의 가로 크기를 사용자가 사용 가능한 최대 해상도(2048px)를 넘도록 2100px로 제작
- 이미지를 배경 이미지로 삽입하고 배경 이미지를 중앙에 배치

다음은 이 과정을 통해 메인 이미지를 만들면서 실제 사용된 CSS 소스에 대한 설명입니다.

- **메인 이미지 박스의 너비 100% 지정**
  ❶의 `width: 100%;`에서는 메인 이미지 박스의 너비를 100%로 지정합니다.

- **메인 이미지 파일의 가로 크기**
  ❷에서 사용된 배경 이미지 파일인 `main_img.png` 파일의 가로 크기는 2100픽셀입니다. 폴더를 열어 실제 이미지 파일의 크기가 2100픽셀로 되어 있는지 확인해주세요.

- **배경 이미지로 메인 이미지 삽입**
  ❷의 `background-image: url('img/main_img.png');`에 의해 메인 이미지 파일인 `main_img.png`를 이미지 박스에 삽입합니다.

- **배경 이미지 반복시키지 않기**
  ❸의 `background-repeat: no-repeat;`에 의해 배경 이미지를 반복시키지 않고 한 번만 화면에 나타나게 합니다. 배경 이미지의 반복에 대한 자세한 설명은 8장의 '3. 배경 이미지 반복 설정하기[165쪽]'를 참고해주세요.

- **배경 이미지의 중앙 배치**
  배경 이미지를 박스 중앙에 배치하기 위해서 ❹의 `background-position: top center;`를 사용합니다.

TIP 이미지 파일의 크기 확인하기

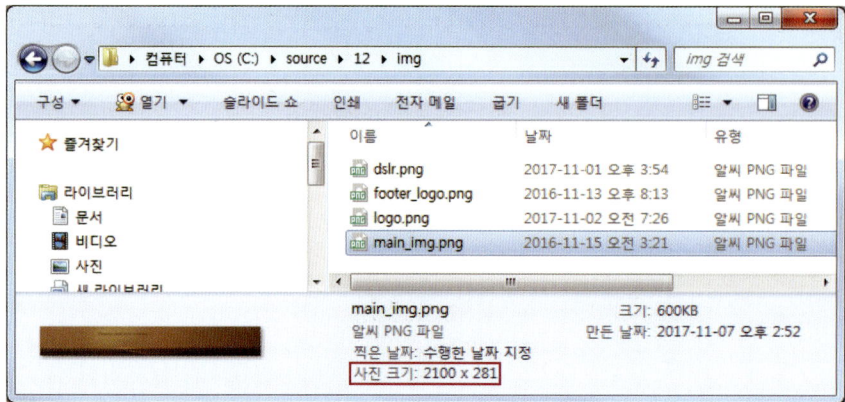

그림 12-5 이미지 파일의 크기 확인하기

이미지 파일의 크기는 [그림 12-5]의 하단의 빨간색 박스를 보면 이미지 파일의 가로 크기가 2100픽셀인 것을 확인할 수 있습니다.

05 서브 메뉴와 메인 콘텐츠 만들기

4단계

네 번째 단계에서는 243쪽의 [그림 12-2]의 메인 이미지 박스 아래에 있는 서브 메뉴와 메인 콘텐츠 박스를 만들겠습니다.

예제 12-4 서브 메뉴와 메인 콘텐츠 만들기 12\photo-academy-step4.html

```
style
li {
  list-style-type: none;
}
#contents {
  width: 1140px;
 ❹margin: 0 auto;
}
#sub_menu {
  width: 234px;
 ❺float: left;
  margin-top: 25px;
  border: solid 1px red;
}
❻#sub_menu h3 {
  font-size: 18px;
  color: #5df0c0;
  padding: 12px;
  background-color: #516e7f;
}
#sub_menu li {
  padding: 10px;
 ❼border-bottom: dotted 1px #cccccc;
}
#main_contents {
  width: 880px;
 ❽float: right;
  margin-top: 25px;
```

```
      border: solid 1px red;
  }
❾#main_contents h3 {
      font-size: 22px;
      padding-bottom: 8px;
      border-bottom: solid 1px #cccccc;
  }
  #main_contents p {
      margin-top: 30px;
❿    line-height: 180%;
  }
  #main_contents #figure {
      margin-top: 30px;
      text-align: center;
  }
  #main_contents li {
      padding: 5px;
  }
```

`body`

```
❶<section id='contents'>
  ❷<nav id='sub_menu'>
        <h3>사진이론</h3>
        <ul>
            <li>카메라 동작 원리</li>
            <li>무조건 찍어보자!</li>
            <li>피사체의 배경</li>
            <li>조리개와 심도</li>
            <li>카메라 촬영 모드</li>
        </ul>
    </nav>
  ❸<div id='main_contents'>
        <h3>카메라 동작 원리<h3>
        <p>DSLR 카메라에서 DSLR은 'Digital Single Lens Reflex'의 약어로 우리말로 해석하면 디지
        털 일안 반사식 카메라를 의미합니다. DSLR은 디지털카메라로 카메라 내부에 들어온 빛이 상단의 펜
        타프리즘을 통해 뷰파인더에 맞히게 되고 셔터를 누르기 전에 뷰파인더를 통하여 피사체를 확인할 수
```

```
            있게 됩니다.</p>
            <div id='figure'>
              <img src='img/dslr.png'>
            </div>
            <p>[그림 1]은 DSLR 카메라에서 셔터를 누르기 전의 상태를 보여주는데 렌즈를 통해 들어오는 빛은
            카메라 내부에서 다음과 같은 과정을 거치게 됩니다.</p>
            <ul>
                <li>① 빛이 카메라 렌즈를 통과합니다.</li>
                <li>② 빛이 반사 거울에 반사되어 위쪽으로 향합니다.</li>
                <li>③ 빛이 펜타프리즘 거울에 반사되어 뷰파인더로 향합니다.</li>
                <li>④ 들어온 빛에 의해 뷰파인터를 통하여 피사체를 볼 수 있습니다.</li>
            </ul>
        </div>
    </section>
```

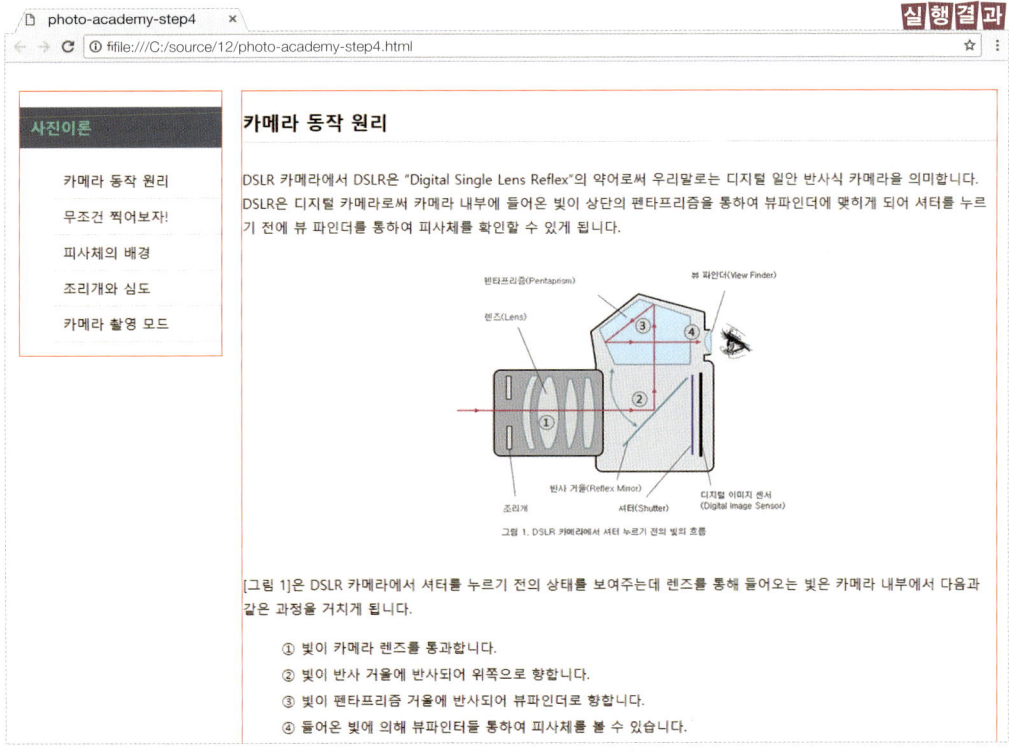

그림 12-6 photo-academy-step4.html의 실행 화면

❶ id='contents'는 [그림 12-6]에 존재하는 두 개의 빨간색 박스(서브 메뉴와 메인 콘텐츠)를 포함합니다. 서브 메뉴와 메인 콘텐츠 박스는 각각 ❷ id='sub_menu'와 ❸ id='main_contents'로 표현됩니다.

- **서브 메뉴와 메인 콘텐츠 박스의 중앙 배치**

  [그림 12-6]의 서브 메뉴와 메인 콘텐츠 박스를 가로 방향으로 중앙에 배치하려면 두 박스를 담고 있는 id='contents' 영역을 중앙에 배치하면 됩니다. 여기에 해당되는 것이 ❹ margin: 0 auto;입니다.

- **서브 메뉴와 메인 콘텐츠 박스의 배치**

  ❺ float: left;는 서브 메뉴 박스를 왼쪽에 배치하고, ❽ float: right;는 메인 콘텐츠 박스를 오른쪽에 배치합니다.

- **서브 메뉴의 글 제목 '사진이론' 꾸미기**

  [그림 12-6]의 왼쪽 서브 메뉴 박스의 상단에 있는 글 제목 '사진이론'을 꾸미는 것은 ❻ 후손 선택자 #sub_menu h3의 안에 있는 CSS 명령에 의해 이루어집니다.

- **서브 메뉴의 각 항목 밑에 점선 그리기**

  [그림 12-6]의 왼쪽 서브 메뉴의 각 항목 밑에 있는 점선은 ❼의 border-bottom: dotted 1px #cccccc;에 의해 그려집니다. 색상 코드 #cccccc는 옅은 회색을 의미합니다. 색상 코드에 관한 설명은 7장의 '2. 경계선 그리기'의 RGB 색상과 색상 코드[141쪽]'를 참고해주세요.

- **메인 콘텐츠의 글 제목 '카메라 작동 원리' 꾸미기**

  [그림 12-6]의 오른쪽 메인 콘텐츠 박스의 제일 상단에 위치한 글 제목 '카메라 작동 원리'를 꾸미는 것은 ❾ 후손 선택자 #main_contents h3의 안에 있는 CSS 명령에 의해 이루어집니다.

- **메인 콘텐츠 내의 단락의 줄 간격 지정**

  [예제 12-4]의 HTML 코드를 보면 <p> 태그가 두 군데, 즉 'DSLR 카메라에서~있게 된다.'와 '[그림 1]은~과정을 거치게 된다.'가 존재하고 있습니다. 이 두 단락의 줄 간격 180%의 지정은 ❿ line-height: 180%;에 의해 수행됩니다.

06 하단 푸터 만들기

5단계

다섯 번째 단계에서는 243쪽의 [그림 12-2]에서 제일 아래에 있는 하단 푸터를 만드는 방법에 대해 공부합니다.

예제 12-5 하단 푸터 만들기   12\photo-academy-step5.html

style
```css
footer {
❺ width: 100%;
  height: 150px;
  margin-top: 30px;
❻ background-color: #2c2a29;
}
#footer_box {
  width: 1140px;
  height: 150px;
❼ margin: 0 auto;
  border: solid 1px green;
}
#footer_logo {
❽ float: left;
  margin: 50px 0 0 30px;
  border: solid 1px red;
}
#address {
❾ float: right;
  margin: 50px 30px 0 0;
  color: white;
  border: solid 1px red;
}
```

body
```html
❶ <footer>
❷   <div id='footer_box'>
❸     <div id='footer_logo'>
        <img src='img/footer_logo.png'>
      </div>
❹     <ul id='address'>
        <li>서울시 강남구 삼성동 1234
        우:123-1234</li>
        <li>TEL:031-123-1234 Email :
        email@domain.com</li>
        <li>COPYRIGHT (C) 루바토 ALL
        RIGHTS RESERVED</li>
      </ul>
    </div>
  </footer>
```

그림 12-7 photo-academy-step5.html의 실행 화면

❶`<footer>` 태그 내에 있는 ❷`id='footer_box'`의 영역, 즉 [그림 12-7]의 초록색 박스는 두 개의 빨간색 박스(하단 로고와 주소)를 포함하고 있습니다. id 선택자 `#footer_box`의 CSS 명령으로 초록색 박스를 웹 페이지의 중앙에 배치함으로 그 안에 존재하는 하단 로고와 주소 박스가 자동으로 웹 페이지의 중앙에 위치하게 됩니다. 그리고 하단 로고와 주소 박스는 각각 ❸`id='footer_logo'`와 ❹`id='address'`로 표현됩니다.

- **전체 하단 푸터 박스(`<footer>` 태그 영역)**
  전체 하단 푸터 박스인 `<footer>` 태그의 영역은 너비를 지정하는 ❺`width: 100%;`에 의해 가로 방향으로 꽉 차게 되고, ❻`background-color: #2c2a29;`에 의해 배경색이 검은색에 가까운 짙은 회색으로 칠해집니다.

- **`id='footer_box'`의 중앙 배치**
  `id='footer_box'`의 영역인 [그림 12-7]의 초록색 박스는 ❼`margin: 0 auto;`에 의해 가로 방향으로 중앙에 배치하게 됩니다.

- **하단 로고 박스(`id='footer_logo'`)와 주소 박스(`id='address'`)의 배치**
  하단 로고 박스는 ❽`float: left;`에 의해 화면의 왼쪽에 배치되고, 주소 박스는 ❾`float: right;`에 의해 화면 오른쪽에 배치됩니다.

07 소스 정리하여 완성하기

6단계

지금까지 다섯 단계의 과정을 거쳐 243쪽의 [그림 12-2]에서 만들어진 웹 페이지 틀에 있는 박스들을 완성했습니다.

마지막으로 앞의 다섯 번째 단계의 결과 파일인 photo-academy-step5.html에서 작업 편의를 위해 표시한 경계선과 불필요한 줄을 삭제하면 최종 완성본인 photo-academy.html 파일을 얻을 수 있습니다.

예제 12-6 소스 정리하여 완성하기   12\photo-academy.html

```style
* {
  padding: 0;
  margin: 0;
}
body {
  font-family: '돋움';
  font-size: 14px;
  color: #444444;
}
li {
  list-style-type: none;
}
.clear {
  clear: both;
}
header {
  width: 1140px;
  height: 100px;
  margin: 0 auto;
```

```css
  /* border: solid 1px red; */
}
#logo {
  float: left;
  margin: 20px 0 0 20px;
  /* border: solid 1px red; */
}
#menus {
  float: right;
  /* border: solid 1px red; */
}
#top_menu {
  text-align: right;
  margin-top: 20px;
  /* border: solid 1px red; */
}
#main_menu {
  margin-top: 20px;
  font-family: '맑은고딕';
  font-size: 20px;
  color: black;
  /* border: solid 1px red; */
}
#main_menu li {
  display: inline;
  margin-left: 80px;
}
#main_img {
  width: 100%;
  height: 281px;
  background-image: url('img/main_img.png');
  background-repeat: no-repeat;
  background-position: top center;
  margin-top: 20px;
```

```css
}
#contents {
  width: 1140px;
  margin: 0 auto;
}
#sub_menu {
  width: 234px;
  float: left;
  margin-top: 25px;
  /* border: solid 1px red; */
}
#sub_menu h3 {
  font-size: 18px;
  color: #5df0c0;
  padding: 12px;
  background-color: #516e7f;
}
#sub_menu li {
  padding: 10px;
  border-bottom: dotted 1px #cccccc;
}
#main_contents {
  width: 880px;
  float: right;
  margin-top: 25px;
  /* border: solid 1px red; */
}
#main_contents h3 {
  font-size: 22px;
  padding-bottom: 8px;
  border-bottom: solid 1px #cccccc;
}
#main_contents p {
  margin-top: 30px;
```

```css
    line-height: 180%;
}
#main_contents #figure {
  margin-top: 30px;
  text-align: center;
}
#main_contents li {
  padding: 5px;
}
footer {
  width: 100%;
  height: 150px;
  margin-top: 30px;
  background-color: #2c2a29;
}
#footer_box {
  width: 1140px;
  height: 150px;
  margin: 0 auto;
  /* border: solid 1px green; */
}
#footer_logo {
  float: left;
  margin: 50px 0 0 30px;
  /* border: solid 1px red; */
}
#address {
  float: right;
  margin: 50px 30px 0 0;
  color: white;
  /* border: solid 1px red; */
}
```

body

```html
<header>
  <div id='logo'>
    <img src='img/logo.png'>
  </div>
  <nav id='menus'>
    <div id='top_menu'>
      로그인 | 회원가입 | 공지사항
    </div>
    <ul id='main_menu'>
    <li>사진이론</li>
    <li>사진구도</li>
    <li>사진작가</li>
    <li>갤러리</li>
    <li>커뮤니티</li>
    </ul>
  </nav>
</header>
<section id='main_img'>

</section>
<section id='contents'>
  <nav id='sub_menu'>
    <h3>사진이론</h3>
    <ul>
    <li>카메라 동작 원리</li>
    <li>무조건 찍어보자!</li>
    <li>피사체의 배경</li>
    <li>조리개와 심도</li>
    <li>카메라 촬영 모드</li>
    </ul>
  </nav>
  <div id='main_contents'>
    <h3>카메라 동작 원리</h3>
```

```html
      <p>DSLR 카메라에서 DSLR은 'Digital Single Lens Reflex'의 약어로 우리말로 해석하면 디지
      털 일안 반사식 카메라을 의미합니다. DSLR은 디지털 카메라로 카메라 내부에 들어온 빛이 상단의 펜타
      프리즘을 통하여 뷰파인더에 맺히게 되어 셔터를 누르기 전에 뷰파인더를 통하여 피사체를 확인할 수 있
      게 됩니다.</p>
      <div id='figure'>
        <img src='img/dslr.png'>
      </div>
      <p>[그림 1]은 DSLR 카메라에서 셔터를 누르기 전의 상태를 보여주는데 렌즈를 통해 들어오는 빛은
      카메라 내부에서 다음과 같은 과정을 거치게 됩니다.</p>
      <ul>
        <li>① 빛이 카메라 렌즈를 통과합니다.</li>
        <li>② 빛이 반사 거울에 반사되어 위쪽으로 향합니다.</li>
        <li>③ 빛이 펜타프리즘 거울에 반사되어 뷰파인더로 향합니다.</li>
        <li>④ 들어온 빛에 의해 뷰파인터들 통하여 피사체를 볼 수 있습니다.</li>
      </ul>
    </div>
</section>
<div class='clear'></div> <!-- float 속성 해제 -->
<footer>
  <div id='footer_box'>
    <div id='footer_logo'>
      <img src='img/footer_logo.png'>
    </div>
    <ul id='address'>
      <li>서울시 강남구 삼성동 1234 우:123-1234</li>
      <li>TEL:031-123-1234 Email : email@domain.com</li>
      <li>COPYRIGHT (C) 루바토 ALL RIGHTS RESERVED</li>
    </ul>
  </div>
</footer>
```

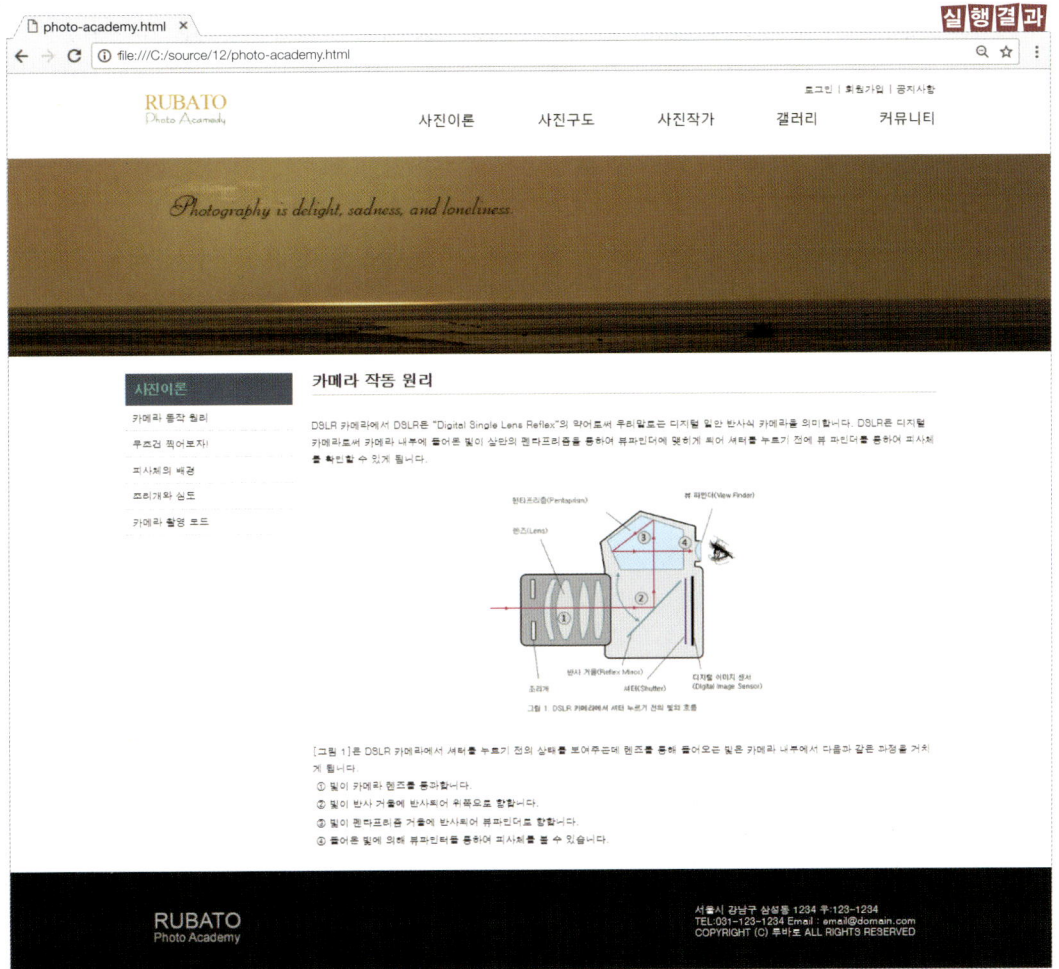

그림 12-8 photo-academy.html의 실행 화면

최종 완성본인 [예제 12-6]에서 빨간색으로 표시된 /* 와 */는 작업의 편의와 독자의 이해를 돕기 위해 경계선을 삽입한 CSS 명령을 주석 처리한 곳입니다.

지금까지 12장에서는 1~11장까지 배운 HTML과 CSS 지식을 이용하여 단계별로 웹 페이지를 제작해보았습니다. 이 제작 과정을 잘 이해하였다면 다른 웹 페이지를 제작할 때에도 별 어려움 없이 만들 수 있을 겁니다.

요점 정리

01. 실습용 포토 아카데미 페이지 구성
실습용 포토 아카데미 페이지는 상단 헤더, 메인 이미지, 콘텐츠 영역(서브 메뉴와 메인 콘텐츠), 하단 푸터의 네 개 영역으로 나누어집니다.

02. 웹 페이지 기본 틀 만들기
실습용 포토 아카데미 페이지의 상단 헤더에는 `<header>` 태그, 메인 이미지와 콘텐츠 영역(서브 메뉴와 메인 콘텐츠)에는 `<section>` 태그 그리고 하단 푸터에는 `<footer>` 태그가 사용됩니다.

03. 상단 헤더 만들기
상단 헤더는 로고, 상단 메뉴, 메인 메뉴의 요소로 구성됩니다. 각 요소의 레이아웃을 위해 각 요소에 `id` 속성을 부여한 다음 id 선택자를 이용하여 각 요소를 상단 헤더 내에 배치합니다.

04. 메인 이미지 만들기
메인 이미지는 `<section>` 태그를 사용합니다. 메인 이미지를 웹 브라우저 화면에 가로(수평) 방향으로 꽉 채우기 위해서는 `width` 속성값을 `100%`로 하고 `<img>` 태그가 아닌 CSS를 이용하여 배경 이미지로 삽입합니다. 이렇게 함으로써 해상도가 낮은 모니터에서도 가로 스크롤 바 없이 가로 방향으로 꽉 채워진 메인 이미지를 볼 수 있습니다.

05. 서브 메뉴와 메인 콘텐츠 만들기
콘텐츠 영역은 서브 메뉴와 메인 콘텐츠를 포함하는 박스로 `<section>` 태그를 사용합니다. 콘텐츠 영역 내에 있는 서브 메뉴와 메인 콘텐츠는 각각 `<nav>` 태그와 `<div>` 태그를 이용하여 표현하였습니다.

06. 하단 푸터 만들기

하단 푸터는 하단 로고, 주소, 저작권 정보 등을 포함합니다. 하단 푸터에는 `<footer>` 태그를 사용하였으며 레이아웃하는 방법은 상단 헤더의 경우와 유사합니다.

이 책을 끝내며

수고하셨습니다.

이 책을 읽은 여러분은 이제 웹사이트를 만드는 일의 첫 단계를 무사히 끝냈습니다. 아쉽게도 우리가 이 책에서 실습한 내용은 독자 여러분의 컴퓨터 내에서만 동작합니다. 여러분이 만든 웹 페이지나 웹사이트를 주변인과 함께 보려면 웹 서버가 필요합니다.

웹 서버란 웹사이트 운영 서비스를 제공하는 컴퓨터를 뜻합니다. 그렇다고 웹사이트를 운영하기 위해서 여러분이 서버를 운영할 필요는 없습니다. 보통은 서버 호스팅을 이용하는데, 이는 웹사이트를 운영할 만큼의 서버만 빌려 쓴다는 의미입니다.

또, 인터넷상의 주소도 필요합니다. 네이버 주소는 무엇일까요? 바로 http://www.naver.com입니다. 이런 것이 바로 인터넷상의 주소입니다. '도메인 주소'라고 하면 조금 더 아는 척할 수 있습니다. 웹상에는 수많은 컴퓨터가 있고, 이 컴퓨터에는 각각 주소가 있어 다른 컴퓨터와 연결해서 사용합니다.

쉽게 여러분의 스마트폰을 생각해보세요. 스마트폰에는 저마다 전화번호가 있습니다. 이 전화번호는 스마트폰으로 통신을 하기 위한 고유의 번호입니다. 컴퓨터에도 실은 이런 숫자 주소가 있습니다. 이를 IP 주소라고 합니다. 그런데 여러분은 친구의 전화번호를 모두 외우나요? 아니죠. 단축키나 혹은 이름을 입력해서 찾아보죠? 이렇게 저장된 이름이 바로 도메인 주소입니다.

이외에도 여러 가지 여러분이 더 알아야 할 것이 있습니다. 이 도서는 어디까지나 여러분에게 웹의 세계를 알려주는 입문의 역할만 합니다. 이 책을 통해 웹에 흥미를 느낀 독자분들은 앞서 소개한 다른 도서로 좀 더 깊이 있게 학습하길 바랍니다. 혹은 제 웹사이트(http://codingschool.info)에 놀러 오셔도 좋습니다.

모쪼록 이 책이 여러분의 호기심에 불을 지폈기를 바랍니다.

모두 수고하셨습니다.